高等院校小学教育专业系列精品教材

U0891236

小学英语
课程与教学论

（第二版）

主　编　吴俊芳　康　允
副主编　欧阳慧　袁苏敏　蒋　巍
参　编　汪微琦

南京大学出版社

图书在版编目(CIP)数据

小学英语课程与教学论 / 吴俊芳，康允主编. — 2版. — 南京 ：南京大学出版社，2023.7(2024.8重印)
ISBN 978-7-305-27178-6

Ⅰ. ①小… Ⅱ. ①吴… ②康… Ⅲ. ①英语课—教学研究—小学 Ⅳ. ①G623.312

中国国家版本馆CIP数据核字(2023)第129852号

出版发行 南京大学出版社
社　　址 南京市汉口路22号　　邮　编 210093

书　　名 小学英语课程与教学论
XIAOXUE YINGYU KECHENG YU JIAOXUELUN
主　　编 吴俊芳 康 允
责任编辑 曹 森　　编辑热线 025-83686756

照　　排 南京南琳图文制作有限公司
印　　刷 南京百花彩色印刷广告制作有限责任公司
开　　本 787 mm×1092 mm 1/16 印张 15.75 字数 383千
版　　次 2023年7月第2版 2024年8月第2次印刷
ISBN 978-7-305-27178-6
定　　价 49.80元

网址：http://www.njupco.com
官方微博：http://weibo.com/njupco
官方微信号：njupress
销售咨询热线：(025) 83594756

---

* 版权所有，侵权必究
* 凡购买南大版图书，如有印装质量问题，请与所购图书销售部门联系调换

前　言

教学法是教育科学的一个重要分支，是培养教师的一门重要的专业课，具有很强的综合性和实践性。它的主要任务是阐述教学的基本理论、一般规律和教学方法，并通过典型的案例对学生进行指导和训练，使学生具备从事教育教学的能力。

党的二十大报告提出要“加强交叉学科的建设”。《小学英语课程与教学论（第二版）》以对小学英语教育的研究为基础，以教育学、心理学、语言习得理论为依据而编写，力求体现《义务教育英语课程标准（2022 年版）》的课程理念和课程目标，本书的教学案例和教学视频注重体现小学生学科核心素养的培养要求，关注单元整体教学和“教一学一评”一体化设计的需要。

全书共八个章节。主要为第一章解读小学英语课程标准，主要讲述小学英语课程指导思想、课程设置要求、课程标准简介及课标对小学英语教师的素质的要求。第二章介绍小学英语教学的基本要求，讲述语言习得规律、小学生的认知特点和小学英语教学原则。第三章讲述小学英语教学方法与实施，介绍了外语教学法的主要流派，并结合案例详细介绍了小学英语课堂常用教学方法。第四章讲述小学英语单元整体教学设计，依据课标要求，围绕单元整体教学设计的概念和意义、原则和要素以及设计的路径，结合案例阐述如何进行单元整体教材和单元学情的分析。第五章讲述小学英语课时教学设计，详细介绍小学英语会话课、词汇课、语音课、读写课的概念和课标要求、设计内容、教学目标、教学流程，并附有典型课例供学生课堂讨论。第六章介绍小学英语课堂教学技能与运用，具体介绍导入技能、讲解技能、提问技能、操练技能和结束技能，附有优质课例供学生课堂讨论。第七章讲述小学英语教学评价，结合案例介绍了课堂评价、作业评价、单元评价、期末评价四种评价方式。第八章介绍了小学英语教学的其他组织形式，包括说课、微课、听课和评课，并附有各种案例和微课教学视频供学生课堂讨论。附录是小学英语教学资源，包括英语字母表(手写体)、常用课堂用语供读者参考。所提供的案例视频均可扫目录处二维码获取。

我们希望本书能为师范学校英语专业学生和将从事小学英语教学工作的教师奠定前期教学的基础,也能为小学英语教师的教学提供一定的指导和借鉴,在促进小学英语教学方法的研究发展上发挥有益作用。

本书的编写工作分工如下:吴俊芳编写前言、第二章和第八章;欧阳慧编写第一章;袁苏敏编写第三章;康允编写第四章和第五章;汪微琦编写第六章;蒋巍编写第七章。最后,吴俊芳统稿全书。

在编写和修订过程中,我们参考了国内同行的研究成果,已经在书中注明。由于编者水平有限,难免有疏漏之处,敬请读者指正,以便我们再次修订时完善。

编　者

2023 年 6 月

目 录

- 查看本书配套学习资源、精选课例
- 获取本书备课的相关资料

微信扫一扫

第一章

小学英语课程标准解读

章首语

《义务教育英语课程标准(2022 年版)》(以下简称《课标》)指明了新时代小学英语课程的性质和基本理念。本章从小学英语课程指导思想、课程设置要求、课程标准简介及课标对小学英语教师素质的要求四大方面概述小学英语课程。通过本章学习,希望学习者能够了解小学英语课程新标准、新变化、新理念,从而有效进行小学英语教学。

思维导图

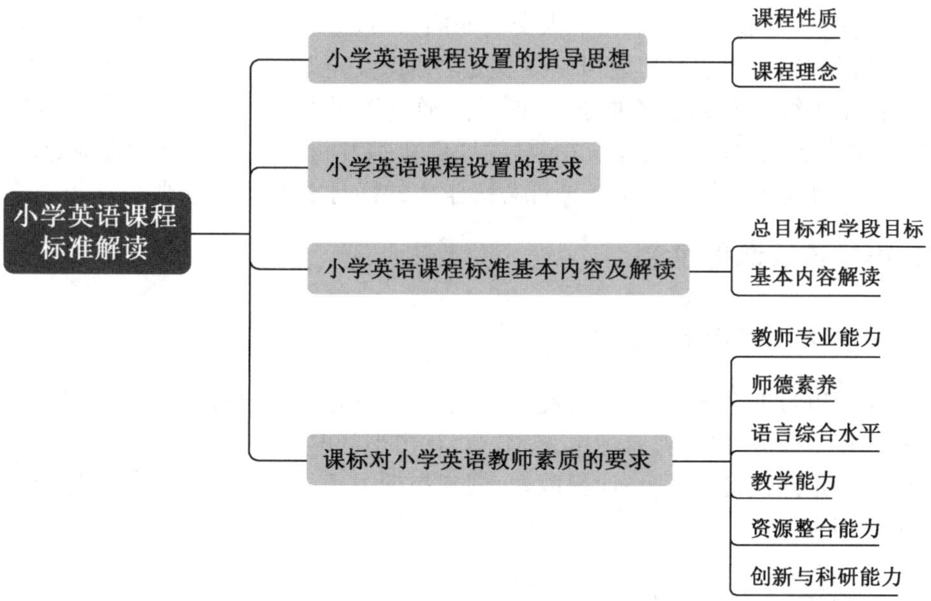

第一节 小学英语课程设置的指导思想

当今世界正处在大发展和大调整的变革时期，呈现出世界多极化和经济全球化以及信息化的发展态势。作为一个和平发展的大国，中国承担着重要的历史使命和国际责任与义务。英语属于印欧语系，是当今世界经济、政治、科技、文化等活动中广泛使用的语言，是国际交流与合作的重要沟通工具，也是传播人类文明成果的载体之一，对中国走向世界、世界了解中国、构建人类命运共同体具有重要作用。在义务教育阶段开设英语课程能够为提高整体国民素养，培养具有创新能力和跨文化交际能力的人才，提高国家的国际竞争力和国民的国际交流能力奠定基础。

一、小学英语课程性质

《课标》对义务教育阶段的英语课程价值进行了全新定位，指出在义务教育阶段开设英语课程对青少年的未来发展具有重要意义。学习和运用英语有助于学生了解不同文化，比较文化异同，汲取文化精华，逐步形成跨文化沟通与交流的意识和能力，学会客观、理性看待世界，树立国际视野，涵养家国情怀，坚定文化自信，形成正确的世界观、人生观和价值观，为学生终身学习、适应未来社会发展奠定基础。

《课标》明确了课程性质为：义务教育英语课程体现工具性和人文性的统一，具有基础性、实践性和综合性特征。就工具性而言，英语课程承担培养学生基本英语素养和提高学生思维品质的任务，即学生通过英语课程掌握基本的英语语言知识，发展基本的英语听、说、读、写技能，初步形成用英语与他人交流的能力，进一步促进思维品质的发展，为今后继续学习英语和用英语学习其他相关科学文化知识奠定基础。就人文性而言，英语课程承担着提高学生综合人文素养的任务，即学生通过英语课程能够开阔视野，丰富生活经历，形成跨文化意识，增强爱国主义精神，发展创新能力，形成良好品格和正确的人生观与价值观。工具性与人文性统一的英语课程为学生的终身发展奠定基础。

二、小学英语课程理念

（一）发挥核心素养的统领作用

英语课程以习近平新时代中国特色社会主义思想为指导，全面贯彻党的教育方针，落实立德树人根本任务，以培养有理想、有本领、有担当的时代新人为出发点和落脚点。围绕核心素养确定课程目标，选择课程内容，创新教学方式，改进考试评价，指导教材建设，开展教师培训。

（二）构建基于分级体系的课程结构

遵循外语学习规律，借鉴国际经验，立足我国义务教育阶段英语教育实际，充分考虑学习条件、学习时限和学生学习经验等方面的差异，按照英语能力发展进阶，建立循序渐进、可持续发展的九年义务教育英语分级体系，由低到高明确学习内容与要求。课程以分级体系为依据，因地制宜，因材施教，确定起始年级和学习内容要求，灵活安排教学进度。

（三）以主题为引领选择和组织课程内容

英语课程内容的选取遵循培根铸魂、启智增慧的原则，紧密联系现实生活，体现时代特征，反映社会新发展、科技创新成果，聚焦人与自我、人与社会和人与自然等三大主题范畴。内容的组织以主题为引领，以不同类型的语篇为依托，融入语言知识、文化知识、语言技能和学习策略等学习要求，以单元的形式呈现。

（四）践行学思结合、用创为本的英语学习活动观

秉持在体验中学习、在实践中运用、在迁移中创新的学习理念，倡导学生围绕真实情境和真实问题，激活已知，参与到指向主题意义探究的学习理解、应用实践和迁移创新等一系列相互关联、循环递进的语言学习和运用活动中。坚持学思结合，引导学生在学习理解类活动中获取、梳理语言和文化知识，建立知识间的关联；坚持学用结合，引导学生在应用实践类活动中内化所学语言和文化知识，加深理解并初步应用；坚持学创结合，引导学生在迁移创新类活动中联系个人实际，运用所学解决现实生活中的问题，形成正确的态度和价值判断。

（五）注重“教一学一评”一体化设计

坚持以评促学、以评促教，将评价贯穿英语课程教与学的全过程。注重发挥学生的主观能动性，引导学生成为各类评价活动的设计者、参与者和合作者，自觉运用评价结果改进学习。注重引导教师科学运用评价手段与结果，针对学生学习表现及时提供反馈与帮助，反思教学行为和效果，教学相长。坚持形成性评价与终结性评价相结合，逐步建立主体多元、方式多样、素养导向的英语课程评价体系。

（六）推进信息技术与英语教学的深度融合

重视教育信息化背景下英语课程教与学方式的变革。充分发挥现代信息技术对英语课程教与学的支持与服务功能，鼓励教师合理利用、创新使用数字技术和在线教学平台，开展线上线下融合教学，为满足学生个性化学习需要提供支撑，促进义务教育均衡发展。①

第二节　小学英语课程设置的要求

一、小学英语课程设置必须符合英语教学的特点和规律

小学英语课程必须根据英语教学主体、教学客体、教学环境的特点进行设置。教学主

① 中华人民共和国教育部：《义务教育英语课程标准（2022 年版）》，北京师范大学出版社，2022 年版，第 2—3 页。

体指教授英语的教师和学习英语的学生；教学客体指目的语；英语教学是在学校环境中教学生学会英语，不同于目的语环境中的自然学习，环境对学习有极大的制约作用。同时英语课程设置必须符合英语教学的特点和规律。

二、小学英语课程设置必须符合儿童的身心发展规律

小学阶段的儿童开始系统地接受正规的学校教育，他们活泼好动、注意力易分散、喜欢多问、兴趣较广。因此小学英语课程设置要以小学生的认知发展水平和特点为基础，要考虑小学生的年龄特征。“玩”是儿童的天性，“游戏”是儿童重要的学习方式，所以小学英语教学的主要形式是“活动”。对于小学低年级的学生，教师更应注意使用丰富多样的教学资源，使教学内容、形式与过程更为直观、生动、形象，以适应儿童的认知特点。

三、小学英语课程设置必须体现创新精神

创新学习理论要求教师能带领小学生走向自主创新学习之路，使儿童开发自己无穷的想象力、创造力。那么课程设置中必须体现创新精神，以培养学生的创新意识、创新精神、创新思维、创新能力以及创新个性为主要目标。特别是在小学阶段，教师尤其需要注意培养学生浓厚的学习兴趣、积极的学习态度、良好的学习习惯和创造性运用语言的意识。

四、小学英语课程设置必须突出实践性

《课标》以学生“能用英语做事情”的描述方式设定各学段目标要求，旨在强调培养学生的英语核心素养。各种语言知识的呈现和学习都应从语言使用的角度出发，为学生提升“用英语做事情”的能力而服务。小学英语课程设置必须突出以学生为中心，以主动学习、主体实践为特征。坚持教、学、评相结合，让学生在实践中学，在实践中用。在课程设置中，发挥学生的主动性，给学生一定的空间，让学生自己设计、亲自体验、自我评价。①

第三节　小学英语课程标准基本内容介绍及解读

一、小学英语课程的总目标和学段目标

（一）总目标

《课标》突出了学科本位、整体育人的地位。将目标从综合语言运用能力转向了由语言能力、文化意识、思维品质和学习能力四个方面构成的核心素养目标，体现了全新的育人价值观。英语课程围绕核心素养，体现课程性质，反映课程理念，确立课程目标。学生应通过本课程的学习，达到如下目标。

① 邢佳伟：《小学英语课程与教学》，教育科学出版社，2013年版，第27页。

1. 发展语言能力

小学生能够在感知、体验、积累和运用等语言实践活动中，认识英语与汉语的异同，逐步形成语言意识，积累语言经验，进行有意义的沟通与交流。这也体现了英语课程的工具性的特点。

2. 培养文化意识

小学生能够了解不同国家的优秀文明成果，比较中外文化的异同，发展跨文化沟通与交流的能力，形成健康向上的审美情趣和正确的价值观；加深对中华文化的理解和认同，树立国际视野，坚定文化自信。

文化意识不仅包含对外国文化的意识，也包含对本国文化的意识。这里的文化不仅涉及英语国家文化，还包括非英语国家的文化。我们要鉴赏的是优秀文化、优秀的文明成果。小学生通过对国外文化的接触与了解，进行中外文化的比较，加深对中华文化的理解和认同，坚定对我们祖国文化的自信。

3. 提升思维品质

小学生能够在语言学习中发展思维，在思维发展中推进语言学习；初步从多角度观察和认识世界，看待事物，有理有据、有条理地表达观点；逐步发展逻辑思维、辩证思维和创新思维，使思维体现一定的敏捷性、灵活性、创造性、批判性和深刻性。

思维品质指人的思维个性特征，反映学生在理解、分析、比较、推断、批判、评价、创造等方面的层次和水平。思维品质的提升有助于学生学会发现问题、分析问题和解决问题，对事物做出正确的价值判断。

4. 提高学习能力

小学生能够树立正确的英语学习目标，保持学习兴趣，主动参与语言实践活动；在学习中注意倾听、乐于交流、大胆尝试；学会自主探究，合作互助；学会反思和评价学习进展，调整学习方式；学会自我管理，提高学习效率，做到乐学善学。浓厚的学习兴趣、端正的学习态度、有效的学习方法、自觉的学习能力，才有助于将终身学习的理念实施下去。

（二）学段目标

义务教育阶段英语课程各个学段的目标是指基于核心素养的语言能力、文化意识、思维品质和学习能力四个方面来划分的，每个方面包含了三个维度的要求。义务教育英语课程分为三个学段，各学段目标设有相应的级别，而小学阶级分两级呈现，即一级建议为3～4年级学段应达到的目标，二级建议为5～6年级学段应达到的目标。

1. 语言能力

语言能力指运用语言和非语言知识以及各种策略，参与特定情境下相关主题的语言活动时表现出来的语言理解和表达能力。英语语言能力的提高有助于学生提升文化意识、思维品质和学习能力，发展跨文化沟通与交流的能力。语言能力学段目标包含感知与积累、习得与建构、表达与交流，这三个维度的要求是根据学生从语言知识的掌握到语言知识的运用逐步深入的。

表 1-1　小学英语课程语言能力学段目标

表现	3～4 年级	5～6 年级
	一级	二级
感知与积累	能感知单词、短语及简单句的重音和升降调等；能有意识地通过模仿学习发音；能大声跟读音视频材料；能感知语言信息，积累表达个人喜好和个人基本信息的简单句式；能理解基本的日常问候、感谢和请求用语，听懂日常指令等；能借助图片读懂语言简单的小故事，理解基本信息；能正确书写字母、单词和句子。	能领悟基本语调表达的意义；能理解常见词语的意思，理解基本句式和常用时态表达的意义；能通过听，理解询问个人信息的基本表达方式；能听懂日常学习和生活中简单的指令、对话、独白和小故事等；能理解日常生活中用所学语言直接传递的交际意图；能读懂语言简单、主题相关的简短语篇，获取具体信息，理解主要内容。
习得与建构	在听或看发音清晰、语速较慢、用词简单的音视频材料时，能识别有关个人、家庭，以及熟悉事物的图片或实物、单词、短语；能根据简单指令作出反应；体会英语发音与汉语发音的不同；能借助语音、语调、手势、表情等判断说话者的情绪和态度；能在语境中理解简单句的表意功能。	在听或看发音清晰、语速适中、句式简单的音视频材料时，能获取有关人物、时间、地点、事件等基本信息；能识别常见语篇类型及其结构；能理解交流个人喜好、情感的表达方式；能根据图片，口头描述其中的人或事物；能关注生活中或媒体上的语言使用。
表达与交流	能围绕相关主题，运用所学语言，进行简单的交流，介绍自己和身边熟悉的人或事物，表达情感和喜好等，语言达意；在书面表达中，能根据图片或语境，仿写简单的句子。	能围绕相关主题，运用所学语言，与他人进行简单的交流，表演小故事或短剧，语音、语调基本正确；在书面表达中，能围绕图片内容或模仿范文，写出几句意思连贯的话。

2. 文化意识

文化意识指对中外文化的理解和对优秀文化的鉴赏，是学生在新时代表现出的跨文化认知、态度和行为选择。文化意识学段目标包含比较与判断、调适与沟通、感悟与内化，这三个维度的要求是对学生从中外文化的了解和比较逐步升华到对中华优秀传统文化的高度认同，培养学生的文化自信和社会责任感。

表 1-2　小学英语课程文化意识学段目标

表现	3～4 年级	5～6 年级
	一级	二级
比较与判断	有主动了解中外文化的愿望；能在教师指导下，通过图片、配图故事、歌曲、韵文等获取简单的中外文化信息；观察、辨识中外典型文化标志物、饮食及重大节日；能用简单的单词、短语和句子描述与中外文化有关的图片和熟悉的具体事物；初步具有观察、识别、比较中外文化的意识。	对学习、探索中外文化有兴趣；能在教师引导下，通过故事、介绍、对话、动画等获取中外文化的简单信息；感知与体验文化多样性，能在理解的基础上进行初步的比较；能用简短的句子描述所学的与中外文化有关的具体事物；初步具有观察、识别、比较中外文化异同的能力。
调适与沟通	有与人交流沟通的愿望；能大方地与人接触，主动问候；能在教师指导下，学习和感知人际交往中英语独特的表达方式；能理解基本的问候、感谢用语，并作出简单回应。	对开展跨文化沟通与交流有兴趣；能与他人友好相处；能在教师引导下，了解不同文化背景下人们待人接物的礼仪；能注意到跨文化沟通与交流中彼此的文化差异；能在人际交往中，尝试理解对方的感受，知道应当规避的谈话内容，适当调整表达方式，体现出礼貌、得体与友善。

（续表）

表现	3～4 年级	5～6 年级
	一级	二级
感悟与内化	有观察、感知真善美的愿望；明白自己的身份，热爱自己的国家和文化；能在教师指导下，感知英语歌曲、韵文的音韵节奏；能识别图片、短文中体现中外文化和正确价值观的具体现象与事物；具有国家认同感，对中华优秀传统文化感到骄傲。	对了解中外文化有兴趣；能在教师引导下，尝试欣赏英语歌曲、韵文的音韵节奏；能理解与中外优秀文化有关的图片、短文，发现和感悟其中蕴含的人生哲理；有将语言学习与做人、做事相结合的意识和行动；体现爱国主义情怀和文化自信。

3. 思维品质

思维品质指人的思维个性特征，反映学生在理解、分析、比较、推断、批判、评价、创造等方面的层次和水平。思维品质学段目标包含观察与辨析、归纳与推断、批判与创新，这三个维度体现了小学生个体认知发展的特点，有助于他们学会发现问题、分析问题和解决问题，对事物作出正确的价值判断。

表 1－3　小学英语课程思维品质学段目标

表现	3～4 年级	5～6 年级
	一级	二级
观察与辨析	能通过对图片、具体现象和事物的观察获取信息，了解不同事物的特点，辅助对语篇意义的理解；能注意到不同的人看待问题是有差异的；能从不同角度观察周围的人与事。	能对获取的语篇信息进行简单的分类和对比，加深对语篇意义的理解；能比较语篇中的人物、行为、事物或观点间的相似性和差异性，并作出正确的价值判断；能从不同角度辩证地看待事物，学会换位思考。
归纳与推断	能根据图片或关键词，归纳语篇的重要信息；能就语篇信息或观点初步形成自己的想法和意见；能根据标题、图片、语篇信息或个人经验等进行预测。	能识别、提炼、概括语篇的关键信息、主要内容、主题意义和观点；能就语篇的主题意义和观点作出正确的理解和判断；能根据语篇推断作者的态度和观点。
批判与创新	能根据个人经历对语篇内容、人物或事件等表达自己的喜恶；初步具有问题意识，知晓一问可有多解。	能就作者的观点或意图发表看法，说明理由，交流感受；能对语篇内容进行简单的续编或改编等；具有问题意识，能初步进行独立思考。

4. 学习能力

学习能力指积极运用和主动调适英语学习策略、拓展英语学习渠道、努力提升英语学习效率的意识和能力。学习能力学段目标包含乐学与善学、选择与调整、合作与探究，这三个维度的要求有助于学生掌握科学的学习方法，养成良好的终身学习习惯。

表 1－4　小学英语课程学习能力学段目标

表现	3～4 年级	5～6 年级
	一级	二级
乐学与善学	对英语学习感兴趣、有积极性；喜欢和别人用英语交流；乐于学习和模仿；注意倾听，敢于表达，不怕出错；乐于参与课堂活动，遇到困难能大胆求助。	对英语学习有较浓厚的兴趣和自信心；能积极参与课堂活动，注意倾听，大胆尝试用英语进行交流；乐于参与英语实践活动，遇到问题积极请教，不畏困难。
选择与调整	能在教师帮助和指导下，制订简单的英语学习计划；能意识到自己英语学习中的进步与不足，并作出适当调整；能尝试借助多种渠道学习英语。	能在教师指导下，制订并完成简单的英语学习计划，及时预习和复习所学内容；能了解自己英语学习中的进步与不足；能在教师指导下，初步找到适合自己的英语学习方法；尝试根据学习进展调整学习计划和策略；能借助多种渠道或资源学习英语。
合作与探究	能在学习活动中尝试与他人合作，共同完成学习任务；能在学习过程中积极思考，发现并尝试解决语言学习中的问题。	能在学习活动中与他人合作，共同完成学习任务；能在学习过程中认真思考，主动探究，尝试通过多种方式发现并解决语言学习中的问题。

二、小学英语课程内容

按照义务教育阶段英语课程的总目标要求，《课标(2022 年版)》对课程内容进行了调整，由《课标(2011 年版)》语言技能、语言知识、文化意识、情感态度和学习策略五项缺乏关联性的内容转向了以服务核心素养培养为目标的“主题、语篇、语言知识、文化知识、语言技能和学习策略”六个紧密相连的要素而整合的课程内容(见图 1－1，图 1－2)。围绕这六要素，运用学习理解、应用实践、迁移创新等活动，推动学生核心素养在义务教育全过程中持续发展。这改变了英语学习脱离语境的碎片化、表层化、模块化的教学模式，提倡践行英语学习活动观。

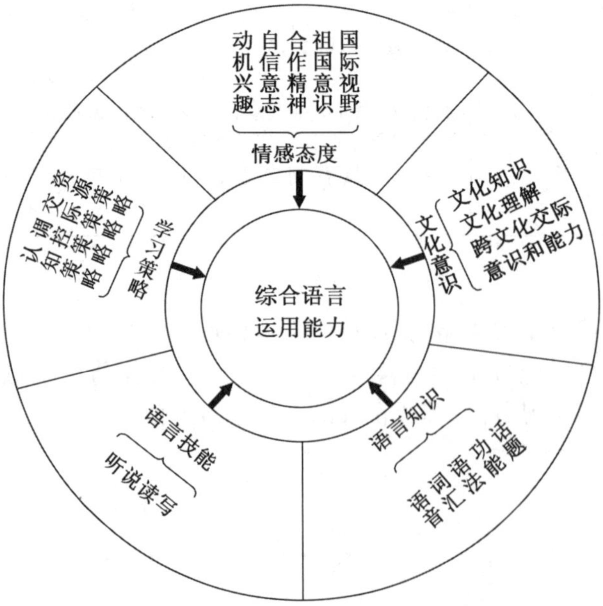

图 1－1　小学英语课程内容(2011 版)

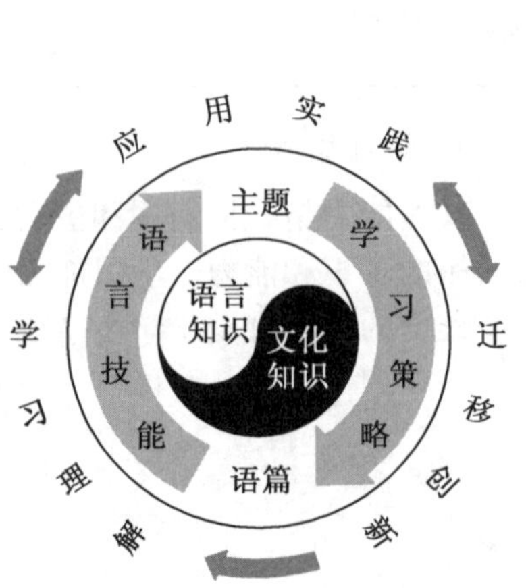

图 1－2　小学英语课程内容(2022 版)

小学英语课程内容分两级呈现，建议 3～4 年级学习一级内容，5～6 年级学习二级内容；兼顾小学英语开设起始年级区域差异，设置预备级和“级别＋”（见图 1－3）。预备级主要满足 1～2 年级教学需要，以视听说为主。“级别＋”为学有余力的学生提供选择。对各“级别＋”的内容要求用“＋”标识。

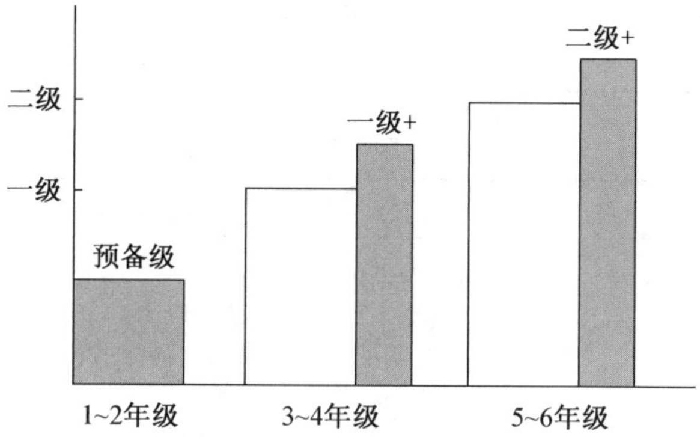

图 1－3　小学英语课程内容分级示意图

小学英语课程内容六个要素的学习范围和学习要求具体描述如下：

（一）主题

主题包括人与自我、人与社会、人与自然三大范畴。其中，“人与自我”以“我”为视角，设置“生活与学习”和“做人与做事”等主题群；“人与社会”以“社会”为视角，设置“社会服务与人际沟通”“文学、艺术与体育”“历史、社会与文化”和“科学与技术”等主题群；“人与自然”以“自然”为视角，设置“自然生态”“环境保护”“灾害防范”和“宇宙探索”等主题群。各主题群下设若干子主题。具体内容要求见表 1－5 至表 1－6。

表 1－5　主题内容要求（一级）

范畴	主题群	子主题内容
人与自我	生活与学习 做人与做事	1. 身边的事物与环境； 2. 时间管理； 3. 生活自理与卫生习惯； 4. 个人喜好与情感表达； 5. 家庭与家庭生活； 6. 学校、课程，学校生活与个人感受； 7. 饮食与健康。
人与社会	社会服务与人际沟通 文学、艺术与体育 历史、社会与文化	1. 班级与学校规则，规则意识； 2. 团队活动与集体生活，参与意识与集体精神； 3. 校园、社区环境与设施，爱护公共设施； 4. 同伴交往，相互尊重，友好互助； 5. 尊长爱幼，懂得感恩； 6. 常见的体育运动项目，运动与健康； 7. 交通法规，安全意识； 8. 常见职业与人们的生活； 9. 常见节假日，文化体验。

（续表）

范畴	主题群	子主题内容
人与自然	自然生态 环境保护	1. 天气与日常生活； 2. 季节的特征与变化，季节与生活； 3. 身边的自然现象与生态环境； 4. 常见的动物，动物的特征与生活环境。

表 1-6　主题内容要求(二级)

范畴	主题群	子主题内容
人与自我	生活与学习 做人与做事	1. 学习与生活的自我管理； 2. 乐学善学，勤于反思，学会学习； 3. 健康、文明的行为习惯与生活方式； 4. 运动与游戏，安全与防护； 5. 自信乐观，悦纳自我，有同理心； 6. 情绪与情感，情绪与行为的调节与管理； 7. 生活与学习中的困难、问题和解决方式； 8. 零用钱的使用，合理消费，节约意识； 9. 劳动习惯与技能，热爱劳动。
人与社会	社会服务与人际沟通文学、艺术与体育历史、社会与文化科学与技术	1. 校园与社区环境保护，公益劳动与公共服务； 2. 自尊自律，文明礼貌，诚实守信，孝亲敬长； 3. 个人感受与见解，倾听、体谅他人，包容与宽容； 4. 运动、文艺等社团活动，潜能发掘； 5. 对社会有突出贡献的人物及其事迹； 6. 中外名胜古迹的相关知识和游览体验； 7. 世界主要国家的传统节日，文化体验； 8. 科学技术改变生活。
人与自然	自然生态环境保护灾害防范宇宙探索	1. 中国主要城市及家乡的地理位置与自然环境； 2. 世界主要国家的名称、地理位置与自然景观； 3. 人与自然相互依存，绿色生活的理念和行为； 4. 种植与养殖，热爱并善待生命； 5. 自然灾害与人身安全，灾害防范基本常识； 6. 地球与宇宙探索。

（二）语篇

语篇分不同的类型。语篇类型既包括连续性文本，如对话、访谈、记叙文、说明文、应用文、议论文、歌曲、歌谣、韵文等，也包括非连续性文本，如图表、图示、网页、广告等。语篇类型也可分为口语与书面语等形式，还可分为文字、音频、视频、数码等模态。语篇类型体现基础性、通用性和适宜性。具体内容要求见表 1-7。

表 1-7 语篇类型内容要求

级别	内容要求
一级	1. 歌谣、歌曲、韵文； 2. 日常简短对话、独白； 3. 配图故事、叙事性日记等； 4. 人物介绍、物品介绍、地点介绍等； 5. 书信、活动通知、操作指令、生日及新年贺卡、邀请卡等； 6. 其他语篇类型，如提示牌、告示牌、菜单、购物单、简单图表、图片、视频等。
二级	1. 日常简单对话、独白； 2. 记叙文，如配图故事、叙事性日记、人物故事、寓言、幽默故事、童话等； 3. 说明文，如介绍类短文、科普类短文、简短书面指令、操作程序等； 4. 应用文，如贺卡、邀请卡、书信、活动通知、启事、活动安排与计划、宣传海报、规则、问卷等； 5. 新媒体语篇，如简单社交媒体信息、网页、电子邮件等； 6. 其他语篇类型，如歌曲、韵文、剧本、图表、图示、图片、视频等。

（三）语言知识

语言知识包括语音、词汇、语法、语篇和语用知识，是发展语言技能的重要基础。以下针对语言知识所包含的各要素，列出了小学生应学习的内容和要求。

1. 语音知识

语音和语义密不可分，语言依靠语音实现其社会交际功能。英语的语音包括元音、辅音、重音、意群、语调与节奏等。说话者通过语音的变化表达意义和观点，传递态度、意图、情感等。具体内容要求见表 1-8。

表 1-8 语音知识内容要求

级别	内容要求
一级	1. 识别并读出 26 个大、小写字母； 2. 感知字母在单词中的发音； 3. 感知简单的拼读规则，尝试借助拼读规则拼读单词； 4. 感知并模仿说英语，体会单词的重音和句子的升调与降调。
二级	1. 借助拼读规则拼读单词； 2. 使用正确的语音、语调朗读学过的对话和短文； 3. 借助句子中单词的重读表达自己的态度与情感； 4. 感知并模仿说英语，体会意群、语调与节奏； 5. 在口头表达中做到语音基本正确，语调自然、流畅。

2. 词汇知识

词汇指语言中所有单词和固定短语的总和。词汇中的任何词语都是通过一定的句法关系和语义关系与其他词语建立起联系的，并在语境中传递信息。词汇学习不只是记忆单词的音、形、义，还包括了解一定的构词法知识，更重要的是在语篇中通过听、说、读、看、写等活动，理解和表达与各种主题相关的信息和观点。具体内容要求见表1-9。

表1-9　词汇知识内容要求

级别	内容要求
一级	1. 知道单词由字母构成； 2. 借助图片、实物理解词汇的意思； 3. 根据视觉或听觉提示，如图片、动作、动画、声音等，说出单词和短语； 4. 根据单词的音、形、义学习词汇，体会词汇在语境中表达的意思。
二级	1. 在语境中理解词汇的含义，在运用中逐步积累词汇； 2. 在特定语境中，运用词汇描述事物、行为、过程和特征，表达与主题相关的主要信息和观点； 3. 能初步运用500个左右的单词，就规定的主题进行交流与表达，另外可以根据实际情况接触并学习三级词汇和相关主题范围内100～300个单词，以及一定数量的习惯用语或固定搭配。

3. 语法知识

英语语法知识包括词法知识和句法知识。词法关注词的形态变化，如名词的数、格，动词的时、态(体)等；句法关注句子结构，如句子的种类、成分、语序等。词法和句法之间的关系非常紧密。在语言使用中，语法知识是“形式—意义—使用”的统一体，与语音、词汇、语篇和语用知识紧密相连，直接影响语言理解与表达的准确性和得体性。具体内容要求见表1-10。

表1-10　语法知识内容要求

级别	内容要求
一级	1. 在语境中感知、体会常用简单句的表意功能； 2. 在语境中理解一般现在时和现在进行时的形式、意义、用法； 3. 围绕相关主题，在语境中运用所学语法知识描述人和物，进行简单交流。
二级	1. 在语篇中理解常用简单句的基本结构和表意功能； 2. 在语境中理解一般过去时和一般将来时的形式、意义、用法； 3. 在语境中运用所学语法知识描述、比较人和物，描述具体事件的发生、发展和结局，描述时间、地点和方位等。

4 语篇知识

语篇是表达意义的语言单位，是人们运用语言的常见形式。在使用语言的过程中，人们需要运用语篇知识将语言组织为意义连贯的篇章。语篇知识是有关语篇如何构成、如何表达意义，以及人们如何使用语篇达到交际目的的知识。语篇中各要素之间存在复杂的关系，如句与句、段与段、标题与正文、文字与图表之间的关系。语篇知识在语言理解与表达过程中具有重要作用，有助于语言使用者理解听到、看到或读到的语篇，以及在口头和书面表达过程中根据交流的需要选择恰当的语篇类型、设计合理的语篇结构、规划语篇的组成部分、保持语篇的衔接和连贯。具体内容要求见表1-11。

表 1－11　语篇知识内容要求

级别	内容要求
一级	1. 识别对话中的话轮转换； 2. 知道语篇有不同类型，如对话、配图故事； 3. 体会语篇中图片与文字之间的关系。
二级	1. 判断故事类语篇的开头、中间和结尾，辨识时间、地点、人物，以及事件的发生、发展和结局等； 2. 发现语篇中段落主题句与段落内容之间的关系； 3. 利用语篇的标题、图片等信息辅助语篇理解。

5. 语用知识

语用知识指在特定语境中准确理解他人和得体表达自己的知识。学习和掌握一定的语用知识有助于学生根据交际目的、交际场合的正式程度、参与人的身份和角色，选择正式或非正式、直接或委婉、口语或书面语等语言形式，得体且恰当地与他人沟通和交流，提升有效运用英语的能力和灵活应变的能力。具体内容要求见表 1－12。

表 1－12　语用知识内容要求

级别	内容要求
一级	1. 使用简单的称谓语、问候语和告别语与他人进行得体的交流； 2. 在语境中使用基本的礼貌用语与他人交流； 3. 对他人的赞扬、道歉、致谢等作出恰当的回应。
二级	1. 根据具体语境的需求，初步运用所学语言，得体表达自己的情感、态度和观点； 2. 在具体语境中，如购物、就医、打电话、问路等，与他人进行得体的交流； 3. 对他人的邀请、祝愿、请求与帮助等做出恰当的回应。

（四）文化知识

文化知识既包括饮食、服饰、建筑、交通，以及相关发明与创造等物质文化的知识，也包括哲学、科学、历史、语言、文学、艺术、教育，以及价值观、道德修养、审美情趣、劳动意识、社会规约和风俗习惯等非物质文化的知识。文化知识的学习不限于了解和记忆具体的知识点，更重要的是发现、判断其背后的态度和价值观。具体内容要求见表 1－13。

表 1－13　文化知识内容要求

级别	内容要求
一级	1. 人际交往中英语与汉语在表达方式上的异同，如姓名、称谓、问候等； 2. 不同国家或文化背景下的学校生活、家庭生活、饮食习惯等的异同； 3. 中外典型文化标志物和传统节日的简单信息。
二级	1. 不同文化背景下，人们的行为举止、生活习俗、饮食习惯、待人接物的礼仪，应当规避的谈话内容； 2. 中外重大节日的名称、时间、庆祝方式及其意涵； 3. 简单的英语优秀文学作品（童话、寓言、人物故事等）及其蕴含的人生哲理或价值观； 4. 为人类社会进步作出重大贡献的中外代表人物及其成长经历；

（续表）

级别	内容要求
	5. 中外主要体育运动项目、赛事，优秀运动员及其成就和体育精神； 6. 中外艺术领域有造诣的人物及其作品； 7. 世界主要国家的基本信息（如首都、国旗和语言等）、旅游文化（重要文化标志物等）和风土人情等，对文化多样性的感知。

（五）语言技能

语言技能分为理解性技能和表达性技能，具体包括听、说、读、看、写等方面的技能及其综合运用。听、读、看是理解性技能，说、写是表达性技能。语言技能中的“看”通常指利用多模态语篇中的图形、表格、动画、符号，以及视频等理解意义的技能。理解多模态语篇，除了需要使用传统的阅读技能之外，还需要观察图表中的信息，理解符号和动画的意义。理解性技能和表达性技能在语言学习过程中相辅相成、相互促进。具体内容要求见表 1－14 至表 1－15。

表 1－14　语言技能内容要求（一级、一级＋）

语言技能	内容要求
理解性技能	1. 理解课堂中的简单指令并作出反应； 2. 根据图片和标题，推测语篇的主题、语境及主要信息； 3. 在听、读、看的过程中有目的地提取、梳理所需信息； 4. 推断多模态语篇（如动画、图书及其他印刷品的封面和封底、邀请卡及贺卡）中的画面、图像、声音、色彩等传达的意义； 5. 借助语气、语调、手势和表情等推断说话者的情绪、情感、态度和意图； 6. 课外视听活动每周不少于 30 分钟； 7. 课外阅读量累计达到 1 500～2 000 词。
表达性技能	1. 在语境中与他人互致简单的问候或道别； 2. 演唱所学的简单英语歌曲； 3. 大声跟读音视频材料，正确朗读学过的对话、故事和文段； 4. 交流简单的个人和家庭信息，如姓名、家庭情况等； 5. 表达简单的情感和喜好，如喜欢或不喜欢、想要或不想要； 6. 简单介绍自己的日常起居和生活，如作息时间、一日三餐、体育活动、兴趣爱好等； 7. 简单介绍自己的学校和学校生活，如学校设施、课程、活动，以及同学、老师等； 8. 简单介绍自己喜欢的动物，如外形特征和生活环境等； 9. 用简单的语句描述图片或事物； 10. 在教师指导下进行简单的角色扮演； 11. 正确书写字母、单词和句子； 12. 根据图片或语境，仿写简单的句子。
	＋1. 在画面的提示下，为所学对话、故事或动画片段配音； ＋2. 口头描述事件或讲述小故事。

表 1－15　语言技能内容要求(二级、二级＋)

语言技能	内容要求
理解性技能	1. 理解日常学习和生活中的简单指令,完成任务; 2. 借助图片、图像等,理解常见主题的语篇,提取、梳理、归纳主要信息; 3. 在听和读的过程中,根据上下文线索和非文字信息猜测语篇中词汇的意思,推测未知信息; 4. 归纳故事类语篇中主要情节的发生、发展与结局; 5. 对语篇中的信息进行分类; 6. 比较语篇中人物、事物或观点间的相似性和差异性,尝试从不同视角观察、认识世界; 7. 概括语篇的主要内容,体会主要信息之间的关联; 8. 理解多模态语篇(如动画、海报、图书及其他印刷品的封面和封底等)传达的意义,提取关键信息; 9. 课外视听活动每周不少于 30 分钟; 10. 课外阅读量累计达到 4 000～5 000 词。
	＋阅读有配图的简单章节书,理解大意,对所读内容进行简单的口头概括与描述。
表达性技能	1. 运用所学的日常用语与他人进行简单的交流,如询问个人基本信息; 2. 完整、连贯地朗读所学语篇,在教师指导下或借助语言支架,简单复述语篇大意; 3. 围绕相关主题和所读内容进行简短叙述或简单交流,表达个人的情感、态度和观点; 4. 在教师帮助下表演小故事或短剧; 5. 简单描述事件或讲述简单的小故事; 6. 围绕图片内容,写出几句意思连贯的描述; 7. 模仿范文的结构和内容写几句意思连贯的话,并尝试使用描述性词语添加细节,使内容丰富、生动; 8. 正确使用大小写字母和常见标点符号,单词拼写基本正确; 9. 根据需要,运用图表、海报、自制绘本等方式创造性地表达意义。
	＋1. 结合相关主题进行简短的主题演讲,做到观点基本明确、逻辑比较清楚、语音正确、语调自然; ＋2. 结合主题图或连环画,口头创编故事,有一定的情节,语言基本准确。

(六) 学习策略

学习策略主要包括元认知策略、认知策略、交际策略、情感管理策略等。其中,元认知策略有助于学生计划、监控、评价、反思和调整学习过程,提升自主学习能力;认知策略有助于学生采用适宜的学习方式、方法和技术加工语言信息,提高学习效率;交际策略有助于学生发起、维持交际,提高交际效果;情感管理策略有助于学生调控学习情绪,保持积极的学习态度。具体内容要求见表 1－16。

表 1－16　学习策略内容要求

级别	学习策略	内容要求
一级	元认知策略	1. 在学习时集中注意力; 2. 在交流中注意倾听、积极思考; 3. 尝试运用多种途径学习英语,遇到问题主动向老师或同学请教; 4. 在教师指导下制订简单的学习计划,并付诸行动; 5. 能意识到自己英语学习中的进步与不足,并作出适当调整。

（续表）

级别	学习策略	内容要求
	认知策略	1. 在词语与相应事物之间建立联系； 2. 在新旧语言知识之间建立联系； 3. 在语境中学习词汇和语法； 4. 通过分类等方法加深对词汇的理解和记忆； 5. 积极运用所学英语进行表达和交流； 6. 注意观察生活和媒体中使用的简单英语。
	交际策略	1. 没听懂对方说的英语时，会请对方说慢一些或再说一遍； 2. 在表达遇到困难时，用简单的手势、指示代词等手段辅助表达。
	情感管理策略	1. 对英语学习有兴趣，乐于参与学习活动； 2. 敢于开口，表达中不怕出错； 3. 有与同伴合作学习的愿望，乐于与他人共同完成学习任务。
二级	元认知策略	1. 根据需要进行预习，对所学内容主动复习和归纳； 2. 在教师指导下制订简单的学习计划，合理安排学习时间； 3. 主动利用图书馆和相关资源进行拓展学习； 4. 初步借助词典等简单的工具书学习英语； 5. 主动了解英语学习方法，探索适合自己的学习方法； 6. 对学习过程和效果进行自我评价和反思，根据需要调整计划，遇到问题主动请教。
	认知策略	1. 运用已有语言积累和生活经验完成新的学习任务； 2. 借助图表、思维导图等工具归纳、整理所学内容； 3. 借助拼读规则拼读生词； 4. 在学习内容与个人经历之间建立有意义的联系； 5. 养成按意群阅读的习惯。
	交际策略	1. 借助非语言信息线索理解他人表达的信息； 2. 能在口头表达中借助目光、表情、手势、动作等非语言手段表达意思。
	情感管理策略	1. 保持对英语学习的积极态度和自信心，主动参与各种学习和运用语言的实践活动； 2. 主动与同学开展合作学习，乐于与他人分享学习资源和策略方法； 3. 遇到困难或取得进步时能有效调整自己的情绪。

三、小学英语课程标准基本内容解读

（一）强化课程育人导向

《课标》基于义务教育培养目标，将党的教育方针细化为英语课程应着力培养的核心素养，体现正确价值观、必备品格和关键能力的培养要求。育人导向渗透在课程理念、课程目标、课程内容、课程实施和课程评价中。

第一，课程理念强化育人导向。课程理念体现课程的价值取向，是课程目标、课程内容、课程实施等的基础与依据。英语课程从四项素养的规定形成总体目标，以分为总，没有直接阐述立德树人的总体目标，要求教师自己把握分项目标中立德树人的总体指向。英语课程内容以主题范畴为引领、以时代性和现实性为前提向下扎根，体现了德智体美劳育交叉融合的育人内涵。例如，《课标》中“人与自然”子主题内容主要融合了德育、美育和劳育，通过人与自然和谐共处等主题内容的学习和主题浸润，让学生在潜移默化中获得德育、美育和劳育的熏陶和体验。

第二，课程目标突出“核心素养”的培育。《课标》提出了英语课程要围绕立德树人根本任务，确立以培养和发展学生核心素养为宗旨的课程目标。引导学生坚定理想信念，厚植爱国主义情怀，使学生成为具有家国情怀、国际视野和一定跨文化沟通与交流能力的时代新人。英语课程核心素养着力培养的正确价值观对应“社会主义核心价值观”。正确价值观是课程设计的基本要求，也是衡量课堂教学和实施评价的核心要素。英语课程核心素养既是课程内容的纲要，也是教学环节的主线；既是学生发展的目标，也是教师价值的追求；既是学习活动的导向，也是学业质量的标尺；既是教材编写的依据，也是教师培训的指引。对于小学英语课程建设来说，核心素养的培养和发展是英语课程能否将立德树人根本任务真正落到实处的关键，应处于学校教育的中心地位。核心素养进入课程、进入教材、进入课堂、进入评价，成为贯穿课程教育各环节的主线，是学科育人目标递进与升华的核心要素和基本保障。①

（二）优化课程内容结构

《课标》以习近平新时代中国特色社会主义思想为统领，基于核心素养发展要求，遴选重要观念、主题内容和基础知识，设计课程内容，增强内容与育人目标的联系，优化内容组织形式，设立跨学科主题学习活动，加强学科间相互关联，带动课程综合化实施，强化实践要求。

一是主题方面。《课标》通过设置主题的方式呈现内容，并划分了“人与自我”“人与自然”“人与社会”三个维度。不同维度下的子主题涉及个人感受与见解、校园与社区环境保护等，有明确的价值导向，学生通过学习不仅获得知识，还能了解知识背后蕴含的文化、价值等，有利于全方位地学习知识与个人成长。②

二是知识方面。首先是语言知识的整合。《课标》的语言知识包含语音知识、词汇知识、语法知识、语篇知识和语用知识。在语音知识方面，《课标》对学生的语音学习要求整体提高。例如，在小学阶段，要求三四年级学生能正确读出26个英文字母，五六年级学生在口头表达中做到语音基本准确；在词汇知识方面，《课标》更加注重学生利用词汇进行表达。二级词汇方面要求学生能初步运用500个左右的单词，并根据实际情况接触并学习三级词汇和相关主题范围的100～300个单词以及一定数量的习惯用语或固定搭配。在语法知识方面，《课标》更加注重语法知识的运用。在二级语法方面要求学生在语境中理

① 梅德明：《正确认识和理解英语课程性质和理念——基于〈义务教育英语课程标准（2022年版）〉的阐述》，《教师教育学报》2022年第3期。

② 于燕、马勇军：《2022年版与2011年版义务教育英语课程标准比较研究》，《教师教育论坛》2022年第10期。

解一般过去时和一般将来时的形式、意义与用法。在语篇知识方面，语篇知识的概念放大了语篇在英语课程中的作用，学生听说读写等语言技能的形成须以语篇学习为载体，将语篇知识转换为语言技能。在语用知识方面，《课标》要求学生在具体语境中运用恰当的语言形式表达自己的态度和观点。其次是文化知识的整合。与2011年版相比，《课标》中文化知识的内涵更为丰富，既包括饮食、服饰、建筑、交通，以及相关发明与创造等物质文化的知识，也包括哲学、科学、历史、语言、文学、艺术、教育，以及价值观、道德修养、审美情趣、劳动意识、社会规约和风俗习惯等非物质文化的知识。[①]

三是语篇方面。《课标》新增“语篇类型”，共包括四个级别。明确在小学阶段，一级是学生常用的语篇类型，如歌谣、配图故事等；二级包括日常简单对话、独白以及记叙文、说明文等。一个单元围绕一个主题，包含若干个语篇，每个语篇都有一个单元主题下的具体语境，“主题语境＋语篇材料”构成活动的学习材料。每一个单元的活动就是在学习这些材料中展开的，学生通过学习掌握语言知识，获取文化知识，理解主题意义。语篇是由语言知识构成的，传递一个完整的文化知识。解读语篇需要掌握相应的语言知识，理解主题意义需要学习相关的文化知识，“语言知识＋文化知识”组成学习活动的知识内容。[②]

四是英语活动观方面。《课标》倡导以学生为中心、指向核心素养发展的学习活动观。以学生为主体、开展常态化的英语学习活动是英语教学的基本形式，是学生学习和运用英语的主要途径，是英语教师整合教学内容、重组教学要素、激发学生学习热情、实施深度教学的重要保证。英语学习活动观的提出为落实课程目标提供了有力保障，为整合课程内容、实施深度教学提供了有效路径，是变革学习方式、提升小学英语教与学效果的重要举措。[③] 根据《课标》，学习活动包含学习理解、应用实践和迁移创新三类活动。课程内容的学习以单元为载体，通过整合课程内容和相互关联、层层递进的学习活动，推动学生英语课程核心素养的发展。活动观具有整合性、关联性、层次性、融合性、实践性和发展性等内在特征。

（三）强调学段衔接

《课标》立足我国义务教育阶段学生英语学习与发展现状，充分考虑学生学习起点、学习时限和学习条件的不同，按照英语能力发展进阶，以分级体系为依据，因地制宜、因材施教，确定起始年级和相应的学习内容及要求，灵活安排教学进度，优化了2011年版课标的分级方式。

《课标》注重幼小衔接，基于对学生在健康、语言、社会、艺术领域发展水平的评估，合理设计小学1～2年级课程，注重活动化、游戏化、生活化的学习设计。依据学生从小学到

---

① 于燕、马勇军：《2022年版与2011年版义务教育英语课程标准比较研究》，《教师教育论坛》2022年第10期。

② 王蔷、钱小芳、吴昊：《指向英语学科核心素养的英语学习活动观——内涵、架构、优势、学理基础及实践初效》，《中小学外语教学(中学篇)》2020年第7期。

③ 梅德明、王蔷：《新时代义务教育英语课程新发展——义务教育英语课程标准(2022年版)解读》，《基础教育课程》2022年第10期。

初中在认知、情感、社会性等方面的发展，合理安排不同学段内容，体现学习目标的连续性和进阶性。① 小学英语课程内容分二级呈现，建议 3～4 年级学习一级内容，5～6 年级学习二级内容；兼顾小学英语开设起始年级区域差异，设置预备级。预备级主要满足 1～2 年级教学需要，以视听说为主。

（四）研制学业质量标准

《课标》根据核心素养发展水平，结合课程内容，整体刻画不同学段学生学业成就的具体表现特征，形成学业质量标准，引导和帮助教师把握教学深度与广度，为教材编写、教学实施和考试评价等提供依据。

《课标》详细描述了三个学段的学业质量标准，其中小学阶段一级共有 12 条标准，二级有 15 条标准。每一条质量标准对应一个核心素养的要素。英语学业质量标准以学生在语言能力、文化意识、思维品质和学习能力等方面的核心素养及其学段目标为基础，结合英语课程的内容和学生英语学习的进阶情况，从学习结果的角度描述各学段学业成就的典型表现。

（五）增强课程实施指导

《课标》针对“内容要求”提出“学业要求”“教学提示”，细化了考试与评价建议，注重实现“教—学—评”一致性，增加了教学、评价案例，不仅明确了“为什么教”“教什么”“教到什么程度”，而且强化了“怎么教”的具体指导，做到好用、管用。

第一，“教学提示”为教学和教研提供指导。针对小学教育阶段的预备级、一级、二级分别给出“教学提示”。“教学提示”增强了课程实施指导，是《课标》的亮点之一。这些教学提示指向“教什么”“如何教”和“如何学”，学段特征明显，操作性强，为基层教师开展教学设计、教学实施和教学研究提供指导。

第二，教学建议围绕核心素养培育。《课标》提出的七条教学建议都围绕育人主线展开，从指导思想到教学设计思路、教学内容分析、教学方式的选择，再到对学生的学习指导和教学与评价的关系，最后落实到对信息技术的有效利用，涵盖了课程的方方面面，将核心素养的各要素有机融入各条建议中，呼应各学段“教学提示”。从整体来看，与 2011 年版课标相比，《课标》的教学建议语言更精炼，各条目间有机关联，指导性强。②

第三，评价建议突出“教—学—评”一致的评价理念。《课标》中评价部分包括“教学评价”和“学业水平考试”两部分，明确指出教学评价应贯穿始终，评价的目的在于改进教学和提升学生学习效果。一方面，“教学评价”内涵丰富，包括教学评价的作用、基本原则、内容与方式，为教师展现了一幅如何在教学中实施评价的全景图，指导性、实践性强。另一方面，“学业水平考试”强调要依据课程目标、课程内容与学业质量标准进行科学命题，综

① 毛浩然、刘艳芹、林杏：《〈义务教育英语课程标准（2022 年版）〉的拐点、难点与奇点》，《教育评论》2022 年第 5 期。

② 赵尚华：《义务教育英语课程标准（2022 年版）解读》，《全球教育展望》2022 年第 6 期。

合测试学生核心素养发展水平。①

第四，提出教学研究与教师培训建议。《课标》增加了“教学研究与教师培训”方面的内容，明确了教师是确保英语课程有效实施的关键要素，强调了教学研究与教师培训对提升教师专业化水平的重要作用，从教研、理念、教材、课例、反思、课堂和机制等方面给出了具体指导。着力引导教师建立学习和研究共同体，正确、全面认识英语课程的育人价值和育人途径，把握课程内容精髓，更新教育教学理念，从英语课程的育人价值层面重新审视和定位课堂教学的功能，在全面、准确、透彻理解教材编写意图的基础上，对教材内容进行科学、合理的重组或取舍，实施精准教学，为落实《课标》和提升教师专业发展提供了保障。②

第四节　课程标准对小学英语教师素质的要求

一、小学英语教师的教育专业知识

教育学为教育的发展与改进提供依据，为提高教学水平提供理论指导。小学英语教师是教师群体的一部分，应该了解和掌握教育学基础知识，如教育基本理论、中外教育史、教育科学研究方法等。否则，就不会将教育科学理论与小学英语的教学实际相结合，更不会对自己的教育教学行为进行反思。

心理学是研究人的行为和心理活动规律的科学。教学是师生双边活动，小学英语教学也不例外。小学英语教师的教学活动既要遵循教学的一般规律，又要遵循儿童的身心发展规律。小学英语教师能否在课堂上准确把握与合理运用小学生的感觉与知觉、记忆、思维与想象、情绪与情感、意志、注意、言语与技能、能力等特点，取决于他们所掌握的心理学知识。准确把握学生的心理和生理特点，有助于教学的高效进行。③

二、小学英语教师的师德素养

新时代的小学英语教师除了传授知识外，还肩负着育人的神圣使命，他们的根本任务是“为党育人、为国育才，培养出一代又一代拥护中国共产党和我国社会主义制度、立志为中国特色社会主义事业奋斗终身的有用人才。”教师要牢记这一使命，做到心中有国家、有民族，自觉将国家、民族利益和个人的事业发展统一起来，这也是新时代师德素养的精髓。

小学英语教师要提升自己的师德素养，不仅应爱岗敬业，还应有高度的政治觉悟和深深的家国情怀，毫无保留地将自己的知识全部教授给学生，要热爱学生、热爱教育事业、认

① 李亮：《〈义务教育英语课程标准（2022 年版）〉解读：教、学、评视角》，《天津师范大学学报（基础教育版）》2022 年第 5 期。

② 赵尚华：《义务教育英语课程标准（2022 年版）解读》，《全球教育展望》2022 年第 6 期。

③ 王立坤：《新课程背景下小学英语教师专业发展研究》，《教学管理与教育研究》2019 年第 9 期。

真备课、授课、批改作业。如今，英语学科的教学素材为学生提供了多元文化融合的学习环境，能使学生更清醒地认识到文化之间的差异，认识到不同语言文化背后的人生观、世界观、价值观的差异。小学英语教师应提高自身的政治觉悟，坚守中国立场，坚定“四个自信”，树立国家意识，深挖英语教材内容的思政元素，在教学中引领学生形成正确的“三观”，成为其健康成长的指导者和引路人。

三、小学英语教师的语言综合水平

英语是小学英语教师的专业，因而小学英语教师要具有系统而扎实的语言基础知识和听、说、读、写、译方面的技能和能力，具体要求如下：

听：能听懂难度相当于大学二年级的录音材料。能听懂说英语国家人士关于社会生活的专题报告、讲座。能听懂难度相当的美国之音（VOA）“英语特别节目”中较熟悉的有关政治、经济、文化、科技等方面的报道。

说：能用英语组织课堂教学和课外教学活动，能就所熟悉的题材举办讲座和发言。能对一般性事件进行连贯性描述，语言语调自然、准确，语言基本正确。能与外籍人士就一般性问题进行交谈，语言使用得体，表达自然。

读：能读懂难度相当于大学二年级的读物，如小说、传记及一般性说明文章（文化知识、新闻报道、简易科普文章），能阅读有关英语教学理论方面的书籍。要有 4 000～4 500 个认知词汇量，其中 2 000～2 500 个常用词语要能在听、说、读、写、译等交际活动中较正确地灵活运用。

写：能缩写或改写课文，并能在一课时内就指定或熟悉的内容写 200～250 字的文章。能写一般叙述文、议论文、应用文，如便条、通知、书信、故事梗概、读书报告及教学方案，要求中心突出，层次清楚，语言正确，问题恰当。能用粉笔流利地书写规范、工整的斜体行书。

译：能运用翻译基本理论，初步熟悉汉英两种语言对比，并掌握常用的翻译技巧。能笔译较浅显的文章，译文忠实原文，语言通顺。能基本胜任外宾的生活口头翻译。

工具书的使用：能熟练使用英—汉、汉—英、英—英单解及英汉双解词典，能熟练地使用简易百科全书及语法等工具书，有一定的独立解决语言问题及部分知识疑难问题的能力。

文化素养：要求具有较宽的知识面，对英、美国家的地理、历史、社会状况、文化传统、风俗习惯等方面的文化背景知识有较系统的了解。熟悉中国文化，并具有较好的汉语表达能力。

四、小学英语教师的教学能力

（一）语言示范能力

在英语教学中，听、说、读、写既是英语教学的目的，又是英语教学的手段。要对学生进行这几方面的基本训练，教师首先要有过硬的基本功。

1. *教师要有纯正的语音语调*

小学英语教师在语言教学时应该做到吐字清晰，发音流畅、抑扬顿挫，语音、语调富有激情，富有亲和力、感染力和吸引力。教学过程中要符合真实的语言交际，要注意对句子重读、弱读的处理，充分考虑句子的意群，保证语言教学的真实性和实用性。

2. 教师要有演唱能力

小学英语课本中穿插了一定数量的歌曲，它们融知识性与趣味性于一体，而且这些歌曲的歌词多是课文中的单词或句子。学生通过唱歌既能及时、有效地对所学的知识进行巩固和练习，也能舒缓紧张的学习气氛，凝聚注意力。

3. 教师要有一定的口语能力

教师不仅能用简练、准确的语言组织课堂教学活动，做到语言运用规范、得体，还能根据所提供的情景进行恰当的交流，能在对中西方文化差异有初步认识的基础上，避免日常交流及课堂教学中的语用失误。

4. 教师要有良好的板书能力

做到字迹工整、规范，设计合理。书写字体正确，书写流畅，格式规范，整体感觉美观大方。板书设计文字内容完整，能突出书本上的重难点知识。

如果教师语言实践能力较差，语言的示范能力发展不平衡，就不可能全面使用以功能交际为主的综合教学法。因此，小学英语教师必须通过专门的培训，具有大学英语专业本科以上的语言水平，而且还要有计划地提高英语语言能力，接受继续教育培训，以便通过再学习来更新知识，使语言技能更成熟。

（二）综合教学技能

目前小学英语教材的内容与学生的学习和生活有密切联系，其主要形式是“情景会话”，趣味性较强。小学生天性活泼好动，他们学习英语的积极性主要依赖于对它的兴趣。为了使学生能在真实的语言环境中进行语言实践，克服母语对于英语学习的干扰，教师必须具备以下教学技能。

1. 能唱

结合学生学习的水平编写、教唱学生喜爱的英语歌曲。这样不但能帮助学生自然而然地学习英语语音语调的知识和技能，还能培养学生学习英语的兴趣，陶冶学生情操，活跃课堂教学气氛，寓教于乐，是英语教学和素养训练的重要手段。

2. 会画

具有四级或五级简笔画的技能。在教学中能运用既利于学习又能说明问题的简笔画。这样的教学可以使课堂妙趣横生，帮助学生直接理解所学的英语，视听结合，印象深刻，是英语教师直观教学的重要辅助手段。

3. 会制作

能设计制作适用于教学的各种教具，包括教学课件、录像及图片、卡片、动物头饰、面具模型等教具，这样可以使英语教学丰富多彩，可以直观形象地把英语和他所代表的事物紧密联系起来，有利于培养学生的观察力，更能激发学生的学习兴趣。

4. 善表演

能充分利用体态语，以丰富的表情，协调的动作表达意义和情感，做得有声有色。英语教师在教学中必须充分发挥自己的技能，增强语言的感染力。这样可以给学生以美的感受，激发学生学习英语的兴趣。

5. 能组织课堂教学

掌握一定的教学方法并能运用到教学实践中。小学英语教师必须针对不同学段的儿童认知规律、学习特征来组织课堂活动，如带领学生唱歌、玩游戏、角色扮演、小组竞争或领读、两人对话、小组操练等。同时，教师也应做好教学预设，对于课堂上的生成性问题能及时解决并调整教学策略。

6. 能组织课外活动

具有组织学生开展英语课外活动，创造英语学习环境的能力。课外活动是课堂教学的延伸，对于巩固和拓展课堂教学、将知识转化为技能、密切师生关系、激发和培养学生的英语学习兴趣、增强学生的学习信心，有着不可替代的作用。

7. 能操作、使用现代化教学设备

用计算机（或投影仪）将课堂中教师需要演示的文字、声音、图片、视频、影片等有机结合到英语教学中，以取代录音机等传统教学仪器和大部分板书。在信息技术蓬勃发展的大环境下，采用线上与线下教学相结合的混合式教学模式，可以有效提高英语课堂教学质量。

五、小学英语教师拓展整合课程资源的能力

《课标》指出，英语教材是指英语教学中使用的教科书以及与之配套使用的练习册、活动册、故事书、自学手册、录音带、录像带、挂图、卡片、教学实物、计算机软件等。由此可见，英语教师不应该只把规定的教科书作为唯一的教学资料和教学依据。凡是对学生在这一学习阶段适用的、符合《课标》规定的课程目标和教学要求的材料都可以拿来使用。在满足《课标》基本要求的前提下，教材应尽可能灵活多样，满足不同学生的需要。英语教学的特点之一是要使学生尽可能多地从不同渠道、以不同形式接触和学习英语，亲身感受和直接体验语言及语言运用。因此，在小学英语教学中，除了合理有效地使用教科书以外，教师还应该积极利用其他课程资源，特别是广播影视节目、录音、录像资料、直观教具和实物、多媒体光盘资料、各种形式的网络资源、报纸杂志等。拓展整合英语课程资源是培养学生语言交际能力的潜在优势，因此教师要认真研究、综合利用各种资源，为提高学生的综合素质创设有利的条件。

（一）拓展整合课程资源应遵循的原则

1. 科学性原则

结合学生实际，依据语言习得的客观规律，充分体现不同年龄阶段、不同层次学生的学习特点及学习需要。

2. 趣味性原则

以兴趣引路、实践为主,选取简单易懂、生动有趣的内容,激发学生的学习兴趣和学习动机。

3. 前瞻性原则

有利于学生的全面发展和长远发展,应渗透思想道德方面的教育,帮助学生形成正确的人生观和价值观。

4. 灵活性和开放性原则

充分挖掘各种学习资源,将课堂教学、校本课程和课外活动相融合,使学生获得丰富多彩的学习体验和个性化发展。

5. 课内外相结合原则

充分利用课内外的学习和活动,让学生体验和感受英语学习为他们带来的快乐,提高学生的英语运用能力和创新能力。

(二) 整合课程资源的途径

1. 加强教师整合资源的能力,对教材进行“二次开发”

教师不仅是课程教学的实施者,更是课程资源的开发者。教师自身专业素质决定了课程资源开发的广度与深度,所以,教师要不断提升教师的自身,充分理解课程整合的意义,拓展课程资源空间,收集生活中与小学英语学习内容相关的素材,并与教学内容有机整合,丰富学生的学习内容,同时发挥教研组成员的作用,通过互助和合作,在交流经验和共享课程资源的过程中,积累开发利用各级各类的课程资源对教材进行的“二次开发”。教师对教材的再次开发和利用可以使教材和学生的经验生活更紧密相连,从而实现“用教材而非教教材”的先进理念。

2. 充分利用多媒体教学设备

多媒体教学设备的普及,将之运用于课堂教学,与教学内容有效整合,能够激发学生的学习兴趣,提高课堂教学的容量,让传统单一枯燥的教学手段变得丰富多彩。利用多媒体教学设备与现代化信息技术手段可以让学生在充分感知的基础上,将多种感官有机结合,让所学知识教学情景等多层次、多维度直观形象地呈现于课堂,激发学生参与热情,为学生课堂探究交流提供广阔平台。

3. 丰富学生的学习资源

在小学英语教学中,除了合理有效地使用教科书以外,还应该积极利用其他课程资源,特别是一些影视节目、录音、录像资料、各种形式的网络资源(慕课、微课)等。教师还可以指导学生使用一些交互式教学平台或 App 软件,丰富课堂活动。另外,教师在课堂上可以组织学生制作单词图片卡片,绘制情景图,编创儿歌故事,鼓励学生交流学习资源,这些都不失为整合课程学习资源的好方法。

4. 充分利用课外活动

教师要善于将课内资源灵活地转化为课外资源。比如冬天即将来临,学生日复一日地做同一种操，已经不能达到健身热身的效果，我们可以用课堂上经常开展的热身活动和朗朗上口的英语儿歌开展英语儿歌加舞蹈的特色晨练，学生在老师的带动下结合所学的英语儿歌，如“Heads, shoulders, knees and toes” “If you are happy”等伴着音乐喊着英语口令，做着热身动作，接着一首兔子舞“left, left, right, right, go, back, jump, jump, jump”不仅锻炼了身体还复习了英语知识，可谓一举两得。①

5. 合理利用条件性课程资源

校内的条件性资源主要有教师、学生、场所、设备、课外活动时间、校园广播、宣传板报和英语环境氛围等。为了开发与利用上述资源，英语学科组可整体规划，做到人尽其才、物尽其用。具体工作可从以下几方面开展：① 合理利用学校广播、板报、墙壁和走廊，努力营造英语校园文化氛围；② 组织丰富多彩的英语课外活动，增强学生英语学习的兴趣与能力；③ 为学生提供上网机会，引导学生合理利用国内外的英语学习网站；④ 建立学校课程资源管理制度，规范资源的开发积累与管理利用等。

学生的学习与生活环境涉及学校、家庭和社区，除了开发与利用校内资源，教师还要考虑家庭资源与社区资源。家庭资源主要包括家长的英语背景、家庭影音器材、英语录音带、多媒体光盘资料和书刊等；社区资源主要来源于学生的生活场所，如商店、市场、公园、旅游景点、少儿活动中心等。

六、小学英语教师的创新与科研能力

（一）小学英语教师的创新能力

在小学英语教学中发扬创新精神，是优化教学质量的突破口。我们要保证英语课堂教学改革工作的稳步前进，就必须在英语教学中采取多种方法和手段发扬创新精神，寻求创新试点，实现创新教育。

1. 增强创新意识

为了提升自己的精神境界和专业水平，小学英语教师要学习和借鉴前辈、同行成功的教学经验，不能墨守成规，应该随着基础教育改革的前进不断吐故纳新。在教学实践中形成自己独特的教学风格，和同行探讨教学中的创新思想。

2. 改变教学方法

教师不仅要教学生“学会”知识，还要教学生“会学”知识，要进行学习方法的指导。传统的英语教学是让学生被动地接受知识，而教育创新要求指导学生如何获取知识、巩固知识，如何创造性地将已有的知识应用到具体问题中去，使教学达到“不教而教”的目的。

3. 创建新型师生关系

师生之间应建立相互信任、相互尊重、相互理解的新型平等、合作的关系，而不是教师作为课堂的中心，主宰整个课堂。在实施教育创新时，我们要充分发挥教师的主导作用，

---

① 许亚萍：《农村小学英语课程资源整合的措施》，《新课程学习》2014 年第 10 期。

突出学生的主体地位，创建能激发学生的求知欲，好奇心的新型课堂，让学生兴趣盎然地进行学习。

（二）小学英语教师的科研能力

近年来，随着我国素质教育改革不断推进，小学教师的科研素质越来越受到社会的广泛关注。小学英语教师不仅应当在教育工作中更加努力，同时还应当积极地进行科研，促进现代教育理论知识的发展，并最终形成自己独特的教学方式，真正为教育发展作出贡献。

1. 转变思想观念

教师要转变对科研的认识和理解，主动提升自身的科研能力，积极从事教育研究，去除科研工作的神秘化，逐渐消除科研工作只有专家才能进行的旧观念。同时，主动研究、探索、发现英语教学中的新问题，提高实践能力，从而帮助学生提高英语学习的兴趣和水平。

2. 更新理论知识

教育科研是科学范围中的一部分，具有一定的时代性。在进行教育科研的过程中，教师需要对新的知识和理论要有认识，提升自身的价值观念和正确的教学方法论，从而促使科研中的时代性得到凸显。

3. 深入探索学习

教师应当积极深入小学各年级中了解学生的英语学习实际需求和学习困难，从而促使科研能够向多样性和全面性的方向发展。此外，教师应当积极将科研与实际教学结合，从教学实践中找到方法来完善科研，在科研中提炼精髓，这不仅能提升教师科研的素质，同时也能促使教育实践得到更好的提升。

本章小结

《课标》明确了小学英语课程的性质是具有工具性和人文性双重性质及小学英语课程四大基本理念；小学英语课程设置必须符合英语教学的特点和规律、儿童的身心发展规律、体现创新精神、突出实践性。通过对《课标》基本内容的介绍，了解小学英语课程的总目标、学段目标及课程内容。《课标》要求小学英语教师具有良好的师德素养、扎实的英语语言综合能力、较强的教育教学能力，拓展整合课程资源能力以及创新与科研能力，因此，要成为一名优秀的小学英语教师，须在教学实践中不断学习、不断创新。

课后思考

1. 目前我国小学英语新《课标》的指导思想和基本理念是什么？作为教师应如何在小学英语教学中实现它？

2.《课标》对小学英语教师提出了哪些要求？作为一名未来的小学教师你认为应具备哪些素质？

参考文献

[1] 中华人民共和国教育部. 义务教育英语课程标准(2022 年版)[S]. 北京:北京师范大学出版社,2022.

[2] 邢佳伟. 小学英语课程与教学[M]. 北京:教育科学出版社,2013.

[3] 梅德明. 正确认识和理解英语课程性质和理念——基于《义务教育英语课程标准(2022 年版)》的阐述[J]. 教师教育学报,2022,9(3).

[4] 毛浩然,刘艳芹,林杏.《义务教育英语课程标准(2022 年版)》的拐点、难点与奇点[J]. 教育评论,2022(5).

[5] 于燕,马勇军. 2022 年版与 2011 年版义务教育英语课程标准比较研究[J]. 教师教育论坛,2022,35(10).

[6] 王蔷,钱小芳,吴昊. 指向英语学科核心素养的英语学习活动观——内涵、架构、优势、学理基础及实践初效[J]. 中小学外语教学(中学篇),2021,44(7).

[7] 梅德明,王蔷. 新时代义务教育英语课程新发展——义务教育英语课程标准(2022 年版)解读[J]. 基础教育课程,2022(10).

[8] 赵尚华.《义务教育英语课程标准(2022 年版)》解读[J]. 全球教育展望,2022,51(6).

[9] 李亮.《义务教育英语课程标准(2022 年版)》解读:教、学、评视角[J]. 天津师范大学学报(基础教育版),2022,23(5).

[10] 王立坤. 新课程背景下小学英语教师专业发展研究[J]. 教学管理与教育研究,2019(9).

[11] 许亚萍. 农村小学英语课程资源整合的措施[J]. 新课程学习,2014(10).

第二章

小学英语教学的基本要求

章首语 在英语教学中，学生是学习的主体，也是教学的中心。小学英语教学必须符合小学生的身心发展特点和小学英语教学规律，才能确保教学质量。本章介绍了语言习得规律、小学生的认知特点、小学英语教学原则等内容。其中，小学生的认知特点及小学英语教学原则是本章的重点。通过本章的学习，希望学习者能了解小学生的认知特点和语言学习特点，掌握小学英语教学原则，遵循教学规律，进而有效地实施小学英语教学。

思维导图

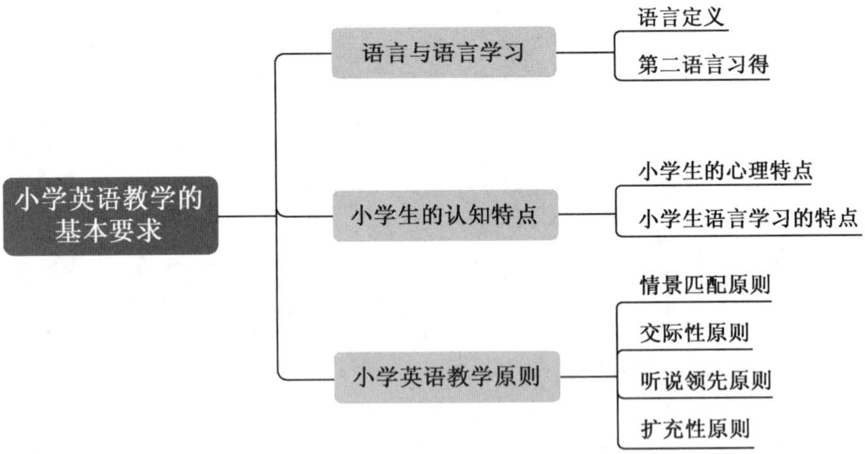

第一节　语言与语言学习

一、语言定义

语言(Language)是人类最重要的交际工具,是人们进行沟通的主要表达方式。人们借助语言保存和传递人类文明的成果。汉语、法语、俄语、西班牙语、阿拉伯语、英语是世界上的主要语言。汉语是世界上使用人口最多的语言,英语是世界上使用最广泛的语言。语言是人们交流思想的媒介,它必然会对政治、经济、社会、科技乃至文化本身产生影响。语言这种文化现象是不断发展的,其现今的空间分布也是过去发展的结果。语言是由词汇按一定的语法所构成的复杂的符号系统,它包括语音系统、词汇系统和语法系统。语言是人类所特有的交际工具,随着人类社会的出现而产生和发展。

二、母语习得

母语习得是指儿童不自觉地、自然地掌握母语的过程和方法,通过大量接触语言在交际中掌握语言,不注重语言形式而注重意义,语言规律的掌握是无意识的,习得过程是由不自觉到自觉,是我们常说的第一语言习得,即儿童母语的习得。

(一) 母语习得研究

语言是一个充满着抽象规则的复杂体系,而且还存在许多不规则的现象,但儿童居然能够在他出生的前几年里,在身体和智力不完全发展的情况下,顺利地掌握了母语,这对饱尝外语教学艰辛的教师来说,简直是奇迹。历代语言学家面对幼儿习得母语的惊人能力,不免搓手嗟叹。20 世纪 50 年代,美国语言学家乔姆斯基(Noam Chomsky)提出人类有“语言习得机制”,在全球掀起了一股研究母语习得的热潮。从 60 年代起,美国的一些大学,如斯坦福大学、加州大学洛杉矶分校和夏威夷大学先后成立了专门研究小组,利用录音机、录像机等现代科学手段,把幼儿从出生到五岁的生活全部记录下来,以此来破译幼儿习得母语的秘诀,甚至还有的学者通过解剖人的大脑来研究人习得母语的生理机制。随着对相关材料的分析、研究,大量论文和专著出版,许多学者根据儿童习得的研究成果,纷纷提出外语教学的假设和实验。

据国外习得研究资料表明,在美国出生的幼儿,到 5 岁就习得了全部英语发音,掌握了基本语法,用于交际的词汇量达 2 200 个;能分辨常用词语的歧义,懂得运用得体的语言开展交际,基本的口语能力已经具备。在 5～10 岁阶段,语音、语法已无多大进展,主要学习英语的拼法,扩大词汇量,加深词义的细微理解,着重于读写能力的培养。

一位美国学者,通过大量资料分析,得出了“幼儿有惊人的习得语言的能力”的结论,认为五名语言学家用五年时间全天工作,利用对英语的分析,编制成计算机程序,还不如一个普通婴儿出生后五年习得英语的能力。19 世纪末期,法国语言教师古因(F. Gouin)提出的序列教学法(Series Method)就是模仿幼儿习得母语的体现。古因原来在法国教拉丁文，他跑到汉堡去学德语。他以为学习的捷径无过于掌握语法，于是花了10天工夫去强记语法和248个不规则动词。学完后就心满意足地去学校听课，结果一句话也听不懂。于是他又改变了方法，花了8天时间去背800个词根，可是仍然无效，接着他又捧着一本词典去翻译歌德和席勒的作品，在8天之内译了8页，但是一句话也讲不出来。他出于无奈，找了一本坊间的德语课本，背了一些基本句型和生活用语。三个星期后，他又去试验他的德语，还是无法和德国人交流。最后，他又去背单词，在30天内居然记住了300 000个单词。但是等他满怀信心地去听课时，仍然一个词都听不懂。为了巩固这些单词，他还不得不先后硬背词典三遍，甚至把眼睛也弄坏了。暑假过后，他心灰意冷地回到家里，却发现在他离家这段时间，他三岁的侄儿学会了讲法语。于是古因着手观察儿童如何学话，发现儿童是使用语言来观察世界、组织经验的；儿童是按事物发展的次序，整句话地学，而且每学一种新的表达方法，需要使用几天才记得住。根据这些观察，古因创造了序列教学法——一种早期的直接教学法，让成年人像儿童学母语那样来学习外语。

（二）儿童母语习得过程

儿童母语的习得过程大体上分为5个阶段：

1. 喃语阶段

又称语前阶段，6个月到1岁，牙牙学语，模仿大人的话，能听懂一些词和句子，能用特定的声音来表示一定的意义。在不同文化环境中生活的婴儿，他们发出的声音大致是相同的，比如：da，da，bu，bu。

2. 单词句阶段

1岁至1岁半，真正学话阶段，常表现为一个词、单词短语。这时，文化的差异出现了，一个英国的幼儿开始发出英语语音，一个中国幼儿开始发出汉语语音。一岁后，模式化的、真正的语言产生了。幼儿说出的句子可能只是由单一词构成，但随语境的不同可以表示各种意义。例如“妈”在幼儿语言中可以表示“妈妈，抱我”“我要妈妈”“妈妈，我饿了”等。

3. 双词句阶段

1岁半，开始出现两个词语在一起（一为轴心词，一为开放词）的现象。

轴心词数量少，但使用频率高；开放词数量多，但使用频率低。这两类词的组成方式有两种：① 轴心词＋开放词；② 开放词＋轴心词。例如：more cake（再要些蛋糕），more sing（再唱一会儿）就是由轴心词＋开放词构成；push it（推开它），close it（关上它）就是由开放词＋轴心词构成。

4. 电报句阶段

2岁半左右，实词句阶段，只用实词，不用虚词。逐渐开始使用代词、介词、连词、动词词尾、助动词等。例如：All gone candy（糖吃完了），bye-bye Mum（妈妈再见），Money Mum（妈妈的钱）等。这种句子和大人们发的电报相仿，故称为“电报句”。

5. 成人句阶段

3岁半至5岁，初级阶段基本完成。开始了解并掌握语言的社会功能，能意识到语言有一个规则体系，并能重复使用。幼儿出现了发话高潮，好像突然之间孩子说话了，常常一连几句，有时还说个不停。不过这时是典型的自我中心语言，为了表示自己会说，什么话都说，甚至对着爸爸说“Beat dad”（打死爸爸），对着妈妈说“Mum is bad”（妈妈好坏）。更加有趣的是，如果幼儿在两岁时由保姆全天照应，而保姆使用的又是地方方言，这时如果保姆离开了，孩子说的话竟全是保姆的方言，且十分地道，只有当孩子不再听到这一方言时他才不使用。

大约 5 岁时，儿童习得语言的过程已基本完成。虽然他们掌握的词汇数量还很有限，但基本的语法已经掌握，已经能分辨正确的表达方法和错误的表达方法，能区别语句的同义关系和歧义关系。这时儿童对语言的运用已不限于表达眼前的事物，他们已经能够谈论以前发生过的事情，也能谈论他们计划要做的一些事情，甚至谈论一些实际上不存在的事情。

（三）母语习得分析

母语习得研究的大量资料表明：幼儿有惊人的学习能力，有自己的习得方法，注意在观察的基础上总结规则，并且善于创造性地运用。现分析如下：

1. 幼儿习得母语的方法

幼儿出生不久就进入母语习得阶段，但 1～2 岁主要是听、观察，说一些单词句、双词句，这是对语言信息的接收阶段。这个阶段，幼儿认知水平较低，但所使用的方法却是很科学的。他善于把从成人那儿听来的话切成“块片”，先一个一个积攒起来，能够说一个词时，就说一个词；能说两个词时，就说两个词，即先化整为零，各个击破，待积少成多，总结出规则后再化零为整，说出完整的句子。

2. 幼儿习得母语注意内化规则

幼儿从父母或保姆交谈中接收到许多信息，先储存起来，到一定的时候对语言规律做出假设加以运用，在运用中不断完善自己的认识。这是一个完整的认识过程。如：foot—feet—foots—feets—footses—feetses—feets—feet 分别表示“名词复数”的习得过程。名词复数一般是在词尾加 s 或 es，但有些名词有不规则复数形式。这对幼儿未见文字只是听音，总结出规律，绝非易事。上面 foot 的例子说明：① 幼儿总是先习得名词的单数；② 在听到许多名词都有词尾“s”的情况下，偶尔听到 feet，会误以为是单数，与 foot 相同；③ 听懂词尾“s”，是表示复数，幼儿形成假设，加 s 就是复数；④ 发现词尾 s 读音不同，进行各种试探；⑤ 慢慢区分开词尾 s 读法不同；⑥ 最后弄清了 feet 是不规则复数。[①]

3. 幼儿母语习得有极大的创造性

有学者从对幼儿的观察中发现，幼儿所说的话并非都是从成人那里听来的。换句话说，幼儿会运用所归纳出的规则创造性地说出许多新句子。尤其是在 4 岁左右（说话高潮期），幼儿的话往往一语惊人。如我们上面提到的：“妈妈好坏。”这绝不是父母教的，一定是在总结出“××好坏”的句子规律后创造性地使用。至于“我终于吃到豆沙馅了”，这就

① 黎茂昌、潘景丽：《新课程小学英语教学理论与实践》，四川大学出版社，2011 年版，第 21 页。

不是简单的单词替换,而是表现了幼儿“猎奇”“创新”的习得倾向。这句话有三个短语:① 终于;② 吃到了;③ 豆沙。对一个 4 岁幼儿来说,“吃到了”是早已熟悉了的,“豆沙”可能也已经说过多次了,而“终于”显然是新项。幼儿用这个新项表达自己的亲身经历和感受,这也许是第一次。幼儿正是在创造性地运用语言活动中发展交际能力的。

(四) 母语习得的特点

母语习得的特点有很多,如幼儿可以充分接触母语,语言输入自然,且总是伴随着上下文情景;幼儿可以全日制地接触语言,其语言学习环境友好、宽容且具有支持性;幼儿习得语言总是由听到说。周围的人如父母、姐姐等等都十分耐心,总能给予应有的鼓励,很少纠错;幼儿习得语言以交际为目的,内部动机比较高。研究也揭示了幼儿习得母语的策略、语言环境等方面的特点:

1. 策略方面

从策略来看,儿童习得语言以倾听策略为主。与成人不同,儿童总是要经过长时间的倾听才能开始咿呀学语。为此,母亲总会给婴幼儿唱儿歌,诵童谣,并不期望他们去理解意思,而是让其倾听语言的节奏,感知语言的语调。在语言表达上,儿童采用的经常是电报式的话语,能充分利用有限的语言资源来表达自己的愿望和要求。语言虽然笨拙,但他们却乐此不疲。另外,儿童对“关照式语言”(care-taker talk)比较敏感。儿童习得语言是一个双向交流的过程,在这个交流过程中儿童总能有适合他们认知结构的“关照式语言”形式。儿童可以根据具体情况及时调整策略,以朗诵、叙述、歌曲以及肢体动作对语言刺激作出反应。儿童喜欢齐声回答、抢先回答。

2. 语言环境方面

从语言环境来看,儿童习得语言的前提是有充足的语言材料,婴儿从出生之日起就浸泡在母语中。儿童习得母语具有理想的客观环境,能引起儿童的好奇心和兴趣。父母同儿童之间的感情纽带和亲密关系对儿童有很大的吸引力,使他们非常想用话语同成人建立联系。母语就是在这种自然环境中通过交流获得的,家庭、街头乃至整个社会都是儿童习得母语的环境。

3. 语言能力习得方面

儿童的语言习得可以分做语音、词汇、语法等方面。儿童习得语言不是从单音,而是从语言组合开始的,儿童学习词汇时首先建立的是音与义之间的联系。儿童的语法学习是在无意识的状态下进行的,既没有讲解,也没有机械的练习,从单句到完整句子,再从完整句子到复杂句子,经过使用和验证逐渐地完全掌握母语。儿童对语言规则的习得采用的是归纳方式,创造性地使用语言,是一个自我比较、自我纠正、逐步成熟的过程,亦即乔姆斯基所说的“发现规则——试用规则——修正规则”的过程。从习得方式上讲,儿童习得母语以模仿为主,行为主义语言学习观反映的就是儿童母语习得的这一特点。模仿行为是贯穿儿童母语学习过程的决定性工具,是一种自然条件反射的学习方式,儿童在学习中通过模仿——出错——改错——再模仿,从而获得与外界语言体系的一致性。

4. 中介语方面

中介语是母语习得的自然途径。3～5 岁的儿童很容易对自己听到的语言进行概括和简化，到 9～11 岁时，儿童的语言能力才得到充分发展，语言语法规则在大脑中才完成内化，中介语转化为成熟语。而中介语的发展过程是一个自然发展过程，很少有外部的意识性干预。

三、第二语言习得

第二语言习得（Second Language Acquisition/SLA，简称“二语习得”）指的是“在自然的或有指导的情况下通过有意识或无意识吸收掌握母语以外的一门语言的过程”。生活在多民族地区的人们，一般都会说母语以外的其他语言。这些语言基本上是和说本族语者直接交往而学会的，这就是第二语言习得。

张国扬、朱亚夫在《外语教育语言学》中认为，在第二语言习得研究中成就最大、影响最广的要数美国语言学家斯蒂芬·克拉申（Stephen D. Krashen）。克拉申的第二语言习得理论主要由以下五个假设组成：习得—学得差异假设（The Acquisition-Learning Hypothesis），监检假设（The Monitor Hypothesis），输入假设（The Input Hypothesis），情感过滤假设（The Affective Filter Hypothesis），自然顺序假设（The Natural Order Hypothesis）。

1. 习得—学得差异假设

克拉申第二语言习得理论的出发点和核心是他对“习得”和“学得”的区分，以及对它们各自在习得者第二语言能力形成过程中所起的作用的认识。根据“习得—学得差异”这一假设，成人是通过两条截然不同的途径逐步习得第二语言能力的。第一条途径是“语言习得”，这一过程类似于儿童母语能力发展的过程，是一种无意识地、自然而然地学习第二语言的过程。也就是说，在学习过程中学习者通常意识不到自己在习得语言，而只是在自然交际中不知不觉地学会了第二语言。第二条途径是“语言学习”，即通过听教师讲解语言现象和语法规则，并辅之以有意识地练习、记忆等活动，达到对所学语言的了解和对其语法概念的“掌握”。习得的结果是潜意识的语言能力，而学得的结果是对语言结构有意识的掌握。克拉申认为，只有语言习得才能直接地促进第二语言能力的发展，才是人们运用语言时的生产机制；而把对语言结构有意识的了解作为“学得”的结果，只能在语言运用中起监检作用，而不能视为语言能力本身的一部分。克拉申强调“习得”是首要的、第一位的，但也并不排斥“学得”的作用。

2. 监检假设

监检假设与“习得—学得差异”假设密切相关，它体现出“语言习得”与“语言学习”的内在关系。根据这一假设，语言习得与语言学习的作用各不相同。一般说来，语言习得能“引导”我们讲第二语言，并直接关系到我们说话的流利程度；而语言学习只起“监检”或“编辑”的作用。换句话说，当我们开口说话时，话语由“习得”系统产生，经“学得”系统监检后成为“真言”而吐露出口。语言学习的这种监检功能可能在我们说话或写作之前，也可能在其后。然而，它能否充分发挥作用还有赖于以下三个条件：

(1) 语言使用者必须要有足够的时间才能有效地选择和运用语法规则。

(2) 语言使用者的注意力必须集中在所用语言的形式上，也就是说，语言使用者必须保证其正确性。

(3) 语言使用者必须已经具有所学语言的语法概念及语言规则的知识。

在口头交谈中，人们往往没有时间去斟酌语法，注重的是说话内容而不是形式。语法规则如果不是习得来的，一时也用不上。因此，在口头交流中，如果一方过多地使用语法监检，不时地纠正自己讲话中的语法错误，就会说起话来结结巴巴，使对方失去交谈的兴趣，因而达不到交流思想的目的。但在事先准备的正式发言和写作中，语法的使用能提高语言的准确性，为演讲或文章增添色彩。

克拉申区别出三种不同的监检使用类型：第一种是使用得比较成功的。这种人在口头使用语言时常有失言，但经人指出后能够自己改正；在写作时，由于较注重语言的形式，很少会出现错误。第二种是使用过度的人，这种人对语言的规则懂得很多，却不敢作口头表达，书面语一般都比较准确。第三种是使用不足的人，这种人能做口头表达，但错误很多，不能自己改正。

3. 输入假设

输入假设也是克拉申第二语言习得理论的核心部分。这一假设表明了克拉申对第二语言习得者是如何接受并吸收语言材料这一过程的实质的认识。以前的外语教学由于受结构主义语言学的影响，大力提倡先学句子结构（即句型），然后再将这些学得的句型用于交际中加以练习。他们认为只有这样才有可能培养学生流畅地说外语的能力。而克拉申则认为，只有当习得者接触到"可理解的语言输入"(comprehensive input)，即略高于他现有语言技能水平的第二语言输入，而他又能把注意力集中于对意义或信息的理解而不是对形式的理解时，才能产生习得。如果习得者现有水平为"i"，能促进他习得的就是"i+1"的输入。根据克拉申的观点，这种"i+1"的输入并不需要人们故意去提供，只要习得者能理解输入，而他又有足够的量时，就自动地提供了这种输入。按照输入假设，说话的流利程度是随时间的流逝自然而然地达到的，不能直接教会。

克拉申认为，理想的输入应具备以下几个特点：

(1) 可理解性(comprehensibility)。理解输入语言的编码信息是语言习得的必要条件。不可理解的(incomprehensible)输入只是一种噪音。

(2) 既有趣又有关(interesting and relevant)。要是语言输入对语言的习得有利，必须对它的意义进行加工，输入的语言材料越有趣、越有关联，学习者就会在不知不觉中习得语言。

(3) 非语法程序安排(not grammatically sequenced)。语言习得关键是足够的可理解的输入。如果目的是"习得"而不是"学习"，按语法程序安排的教学不仅不必要，而且不足取。

(4) 要有足够的输入量。要习得一个新的语言结构，单靠几道练习、几篇短文远远不够，它需要连续多个小时的有内容有乐趣的广泛阅读和许多的会话才能解决问题。

4. 情感过滤假设

情感过滤假设认为，有大量适合输入的环境并不等于学生就可以学好目的语，第二语言习得的进程还受着许多情感因素的影响。语言输入必须通过情感过滤才有可能变成语言“吸入”(intake)。情感过滤的过程如图 2－1 所示：

输入⟶{过滤 / 语言习得器}⟶习得的能力

图 2－1　情感过滤过程

从图 2－1 中可以看出，在语言输入到达大脑语言习得器官的过程中，过滤是输入的语言信息必须越过的第一道障碍。也就是说，情感因素起着促进或阻碍的作用。克拉申在总结过去第二语言教学中的经验时指出，在习得第二语言或外语的过程中，习得者并不吸收他所听到的一切，有几个心理上的因素影响着他习得语言的速度和质量。影响因素如下：

(1) 动力。学生的学习目的是否明确，直接影响他们的学习效果。目的明确则动力大，进步快；反之，则收效甚微。

(2) 性格。所有的文献几乎都一致表明，那些比较自信、性格外向、乐于把自己置于不熟悉环境、自我感觉良好的学生在学习中进步较快。

(3) 情感状态。主要指焦虑和放松这互为对照的精神状态。它在较大程度上也影响着外人。在第二语言或外语的学习中，焦虑较少的人容易得到更多的语言输入。同样，心情放松和感觉舒适的学生在较短的时间内显然学得更好。

5. 自然顺序假设

这一假设认为，人们对语言结构知识的习得实际上是按一定顺序进行的，其次序是可以预测的。近年来语言习得理论研究的结果表明，无论儿童或成人，无论学母语或学第二语言，都按一定的自然顺序来习得语言结构。也就是说，有些语言结构先习得，另一些语言结构后习得。例如，一些实验研究表明，在儿童和成人将英语作为第二语言学习时，掌握进行时先于掌握过去时，掌握名词复数先于掌握名词所有格等。

克拉申指出，自然顺序假设并不要求人们按这种顺序来制定教学大纲。实际上，如果我们的目的是要习得某种语言能力的话，那么就有理由不按任何语法顺序来教学。

第二语言习得理论或模式是在对第二语言习得过程及其规律的研究的基础上提出来的。这些理论虽然不能直接被用来解决外语课堂中的实际问题，但它们对外语教学是有一定的启发和指导意义的，因为第二语言习得和外语学习两者都涉及一种新的语言以及该语言能力的发展过程等问题。在外语教学过程中，借助于第二语言习得的理论或模式来指导和探讨外语教与学的过程，这对改革外语教学方法，提高外语教学质量都具有极其重要的意义。

四、第二语言学得

(一) 外语的学得与习得的比较

“习得”(acquisition)和“学得”(learning)是两个有特定意义的学术概念。习得是指幼儿在非教学条件下主动地获得母语的过程。英语动词 acquire 是“to get for oneself by one's work”，词义主动、积极；名词 acquisition 表示过程和结果，译成“习得”，十分精当。

“学得”是指人在习得母语后有意识且通常是在教学环境里学得第二语言或外语的过程。英语 learning 是动名词，译为“学得”，也表示过程和结果，与“习得”对称。

一般认为，习得与学得的差别在于以下几点，见表 2-1。

表 2-1　习得与学得的区别

习得	学得
潜意识	有意识
无正规讲授	有讲授
无计划	有计划
无教材	有教材
自然环境	非自然环境

根据习得和学得的特点，有学者对它们做出以下比较：

1. 习得不易，学得更难

幼儿习得母语并不像过去人们认为的那样，跟着大人模仿，学会一句，使用一句。幼儿从通过“听”接收语言信息，到积累信息、归纳规则，经历了一个反复的、复杂的观念操作过程。而当幼儿能说出单词句，发展到双词句直到句子，这又是一个物质操作和观念操作结合的过程。幼儿的观念操作是看不见的，只有通过物质操作外化为语言行为时，才能发现所归纳的规则是否正确；而当发现归纳的规则不全面时，又得重新观察，不断修正，全由幼儿独立操作，大人帮不上忙，其中艰辛，可想而知。好在幼儿别无所求，一门心思在习得，且习有所得，得有所乐，所以幼儿乐此不疲，并不觉得很累。学得外语大致上要经历习得相同的过程，但因受到许多因素的影响，学得的过程更复杂，学得更难了。

2. 学得理当超过习得

尽管幼儿习得母语主客观条件都十分优越，但外语学得的优势也是不可忽视的。

第一，学外语的学生主体意识已经形成，智力已得到很大的发展，抽象思维能力已达到很高的水平，具备自觉接收、储存、加工信息的能力，能集中注意力、抓住重点、科学地分配力量，能在比较短的时间里学得比较多的东西。

第二，学外语的学生已有第一语言的经验，发音器官得到训练，有比较灵活的适应性；已形成的认知结构，对操作新语言信息可以起到储存、对比和监控作用，能加速新语言规则的内化过程。

第三，教学是有目的、有计划、有步骤地进行的，教学内容是总结前人的经验，是经过优化组合安排的，而且由浅入深，循序渐进，信息集中，避免了不必要的重复，缩短了学习的周期。

（二）对教学的启示

1. 教学时使用简单的语言，使语言具有可理解性

借鉴儿童母语习得的照顾式语言，教师应简化自己的教学语言，保证语言输入的可理解性，并适当借助动作、手势、表情等身势语，使输入的材料具有趣味性，能吸引小学生的注意力。

2. 采用隐性的教学方式，尽量使学生能自然习得语言

儿童在学习母语时，从不进行外界强加的听力训练，而是在不自觉的状态下大量接受并体验听的内容，从而自然地获得听的能力。因此，在小学英语教学中应采用隐性的教学方式，以促成自然习得的产生，尤其是听力的自然习得。

3. 教师纠错时要注意方式方法

儿童外语学习中同样会出现母语习得中的电报语言现象，这属于语言学习过程中的正常现象，不必大惊小怪，也不必苛求。对于学生表达中的错误，教师在纠错时要讲究方法，不可挫伤学生的积极性。但对初学者要有意识地扩展其使用的句子，恰当地把他们还不能表达或遗漏的部分补全。

4. 教学时尽量使学生能接触语言、使用语言

儿童习得母语并不能单靠模仿或机械地重复，还要通过不断地接触语言材料，内化语言规则，创造性地使用语言。教学中教师应该让学生尽可能多地接触语言、使用语言，没有足够的语言输入和输出就不可能真正学得语言。

5. 按照学生学习特点来设计词汇教学

根据儿童母语习得的特点，教师在词汇教学中，尤其是在小学英语的词汇教学中要注意实物联想和现实重现，利用直观教具、图片、行为等，帮助学生建立单词与所表达内容之间的直接联系，以避免翻译中介。根据中国学生记忆特点，教师也可采用词块记忆的教学方式教授词汇。

6. 小学英语教学应以模仿为主

行为主义强调刺激、反应、模仿，从某种程度上来说有其合理之处，反复模仿的目的就是要做到“熟能生巧”。听说教学法就是行为主义的具体体现，听说教学法的成功同时也说明了外语教学中训练强化的作用。对小学生来说，这种模仿重复会更为重要。总之，外语学习过程与母语学习有着惊人的相似之处，二者都可以通过培养习惯的方法来完成。①

① 黎茂昌、潘景丽：《新课程小学英语教学理论与实践》，四川大学出版社，2011 年版，第 8 页。

第二节　小学生的认知特点

一、小学生的心理特点

语言的教学，尤其是小学阶段的语言教学，必须符合小学生的心理发展特点，谈及儿童学习和心理发展就不得不提及一个人，他就是维果茨基。

维果茨基(Lev Vygotsky，1896—1934)是苏联卓越的心理学家，创立了心理发展的文化历史理论。他的文化历史理论博大精深，其基本主张概括如下：人的心理活动是社会学习的结果，是文化和社会关系内化的结果；心理发展本质上是一个社会发生过程；文化是以神经心理系统的形式被内化的，形成了人的大脑的生理活动；高级神经活动是高级心理过程形成和发展的基础；高级神经活动内化了从人类的文化活动与中介符号中引申出来的社会意义；社会活动与实践活动促进了感觉运动格式的内化；高级心理机能的内化过程在本质上具有历史性；在不同的文化历史环境中，知觉、随意注意、记忆、情绪、思维、语言、问题解决、行为等具有不同的形式。

在维果茨基心理学思想中，最近发展区、活动、心理工具、内化是四个非常重要的概念。而这四个概念之间的内在联系就构成了一个完整的关于教育教学的思想体系，这就是被西方人称之为"社会性建构"的思想。[①] 目前的研究都普遍证实了维果茨基的社会性建构思想，也提醒学校教育工作者，一方面，要创造民主、鼓励儿童活动和交往的学校文化氛围，精心设计教室的环境，给学生提供可以用来进行智力活动的时间、空间和材料，以促进学生智力的发展；另一方面，应有目的地帮助学生学习同伴讨论的技能，以真正使同伴交往成为促进儿童认知发展的有效途径。

对维果茨基理论进行的实证研究表明，维果茨基关于儿童心理起源于社会交往的理论是非常正确的，学校、教室、幼儿园作为影响儿童心理发展的重要环境应该受到充分的重视，而教师或其他成人对儿童的指导作用更不容忽视。同时，应该给儿童提供儿童间相互交往的环境并让他们学会交往的方法。学校、教师、同伴这些社会文化因素的形式、水平直接影响儿童心理的发展。

了解维果茨基的基本理论之后，分析儿童心理特征时主要从小学生的感知觉、注意、记忆、思维特点四个方面进行分析。

(一) 小学生感知觉的特点

感知包括感觉与知觉。感觉是人脑对直接作用于感官的刺激物的个别属性的反应，知觉是对事物的整体反应。总体来说，小学生的感知能力较差，抽象思维能力尚未形成，思维形式以感觉运动模式为主，模仿能力较强，学生往往对新颖动作的示范感兴趣，而对老师的讲解缺少热情。

---

① 黄秀兰：《维果茨基心理学思想精要》，广东教育出版社，2014 年版，第 15 页。

（二）小学生注意的特点

注意是心理过程对有关对象的指向与集中。在小学阶段，注意的发展主要有以下表现：

（1）由无意注意占优势逐步发展到有意注意占主导，小学低年级学生无意注意仍起重要作用，他们的有意注意基本上是被动的。

（2）对具体生动、直观形象的事物的注意占优势，对抽象材料的注意处于逐步发展阶段，特别是低年级学生的知识水平和言语水平很有限，具体形象思维占重要地位。凡是生动、具体、形象的事物，形式新颖、色彩鲜艳的对象，都比较容易引起学生的兴趣和吸引他们的注意。

（3）注意有明显的情绪色彩。总体来说，小学生的有意注意水平低，注意的范围狭窄，注意的稳定性、分配和转移能力以及自觉性和灵活性都较差。

（三）小学生记忆发展的特点

小学生记忆发展的特点是无意识记忆占主导地位，并逐步向有意识记忆发展。从小学三年级开始，孩子的有意识记忆逐渐占据主导地位，即使是抽象材料也能花功夫努力记住，并能自觉检查记忆的效果。小学生记忆发展的另一特点是从机械识记向意义识记发展。小学阶段学生们的机械记忆力比较强，尤其是低年级阶段，他们是机械识记为主，无意识记忆明显胜于有意识记忆，有的学生能在漫不经心的时候记住那些让他们感兴趣的事物，而且记忆的时间比较长，效果也比较好。随着知识的增长，理解能力的提高，中高年级学生的意义识记逐渐占据主导地位。小学阶段正是记忆迅速发展的黄金时代，教师要激发孩子记忆的积极性，促进他们记忆力的发展。

（四）小学生的思维特点

思维是人脑对客观现实间接和概括的反应，是借助语言、表象、动作实现的，是理性认识阶段，它揭示事物的内在联系和本质特征①。思维分为直观动作思维、具体形象思维、词语逻辑思维。小学生思维能力发展的特点，主要表现在以下几个方面：

（1）学生思维的发展是从具体到抽象，从低级到高级，既有连续性又有阶段性的发展变化过程。

（2）抽象逻辑思维发展不平衡。在整个小学时期，儿童的抽象逻辑思维水平不断提高，思维中抽象的成分日渐增多，但在不同的学科、不同的教学内容中表现出不平衡性。

（3）抽象逻辑思维从不自觉到自觉。

（4）辩证逻辑思维初步发展。小学儿童辩证逻辑思维发展水平随着年龄的增长而提高。小学三年级以前是辩证逻辑思维的萌芽期，四年级是辩证逻辑思维发展的转折期。整个小学阶段辩证逻辑思维发展水平尚不高，属初级阶段。

① 邢家伟：《小学英语课程与教学》，教育科学出版社，2015 年版，第 3 页。

二、小学生语言学习的特点

小学生独有的心理特征决定了他们的英语学习不同于成人，他们在语音学习、词汇学习、听说学习方面表现出一定的独特性。

（一）语音学习的特点

儿童先天具有较强的语音的感知和语音辨析能力及语音模仿能力，大多数有关年龄变量对儿童英语学习能力的研究表明：儿童时期开始学习第二语言的人最后达到的语言水平较高，在发音方面尤其如此①。通常，如果学习者在六岁之前说第二语言，那么他将很少或无母语口音；在七岁至十二岁之间开始说第二语言，那么他可能有轻微的母语口音；在十二岁以后学习第二语言，那么他将几乎总是带一定的母语口音。儿童在语音的感知方面有其独特的心理特征，有研究发现，儿童对单音节词和开音节词的掌握相对较为容易，如 car、cow 等，在感知以爆破音结尾的词时精确性差，分化较为困难，例如，儿童总是把词尾的辅音吞掉，把 love mummy 读成[lʌmʌmi]；对辅音相连的感知和模仿都较为困难，例如，在学习"sw""gr""fr"时，他们往往去掉其中一个辅音或增加一个元音，对近似音容易产生泛化现象，如 hen 和 hand。

因此，在英语教学中，对学生在感知、模仿和分化上较为困难的音，对容易产生泛化的音，教师应给予重点的指导和练习，使他们在初学英语阶段掌握正确的语音，以免对后续的学习产生负面的定势影响。学习过英语的孩子，如果当时学的发音不标准的话，在后续的学习中将要比初学者花更多的时间和精力进行纠正。

（二）词汇学习的特点

在儿童语言里，词作为意义单位所起的作用远比它们作为结构所起的作用要大得多。儿童对词的掌握更关注词的意义，忽略词在句子的位置、语法结构等。儿童母语学习词类发展方面的研究发现：儿童会更早学会，并且容易被记忆和检索。大量的英语教学实践和研究也发现儿童英语词类的发展与儿童母语词类学习发展非常相近。此外，学者 Anglin（1970）曾研究了儿童与成人对词汇意义认识的差异，并对儿童词汇习得的发展过程进行了追踪调查，研究结果在一定程度上揭示了儿童英语词汇习得的一些重要特征：(1) 儿童倾向于将一组词按主题横向组合起来，成年人则一般将同类的词按句法特征进行分类。例如，提示词 table，儿童的反应是 eat，而成年人常见的联想是 chair。这显然与儿童的认知环境与抽象能力有关。(2) 儿童对词义的理解逐渐由具体向抽象发展。成年人比儿童对词汇的抽象意义更容易接受，更倾向于使用暗喻式的表达法，如：3 岁左右的儿童否认 bright 和 hard 可用来描写人，但到 12 岁左右，儿童便对这种搭配习以为常。(3) 儿童对事物和词的理解逐渐概括化。由于儿童的内部言语尚未得到充分发展，在识记词汇时总是要出声读，通常还有动作和歌曲的支持。此外，由于小学阶段的儿童记忆和思维都具有

---

① 宋燕、任筱：《浅析小学生英语学习特点及几点教学建议》，《中小学外语教学（小学篇）》2017 年第 4 期。

高度直观性和形象性的特点，所以儿童在识记单词时，如果能将单词和实物、图片、有关记忆的歌曲和顺口溜或一定的情景结合在一起，那么对词汇的识记效果比起机械地重复效果要好得多。而且儿童的短时记忆也很容易遗忘，必须经常重复，还要用多种形式来反复刺激，才能进入长时记忆，取得较好的记忆巩固效果。

（三）听说学习特点

小学阶段的儿童听觉敏锐，模仿力强，他们先天具有较强的对语音、语调的听辨和感知能力，他们更倾向于用听觉而不是以了解发音的方式去处理语言，听是儿童获取语言信息的重要途径，所以小学英语课堂上录音材料被广泛应用。但是对于英语学习而言，学龄初期儿童由于积累的词汇还很少，更缺乏系统的语法知识，因此，他们通过听觉获取信息的过程中表现出需要其他信息辅助听觉信息获得的特点，借助于非言语信息的支持来理解输入的信息。因此，教师和学生之间以及学生互相之间在语言交流过程中的声调、语气、丰富的表情、手势或体态等信息以及输入的语言材料中的插图、声音、动画等非言语信息都是儿童完成语义辨识过程，即真正达到言语理解所必不可少的条件，它有助于儿童理解当前输入的信息，有助于儿童对自己当前话语表达的适用性、切合性做出更准确的判断。

儿童通过听觉学习英语的过程中所表现出的独特性对小学阶段英语教育具有重要指导意义。学生非常不喜欢通过纯粹的朗读或者抄写的方式来记忆单词，一般倾向于用图形和图像辅助记忆或者编顺口溜和对话的方式进行记忆。在儿童英语听说能力发展过程中，有人认为有一个重要的时期——“沉默期”应该值得注意和重视。这个时期一般出现在初学语言的时期，在较长时间里，儿童通过“听”来提高语言能力，也就是说，通过接受可理解的语言输入来发展语言能力，他们往往保持沉默，极少用新的语言来表达自己。当语言能力积累到一定程度，儿童就开口“说”话了。所以这一阶段不应该强迫学生过早地进行语言的输出的活动，如说或写。对于这一观点，很多人持有不同的看法。“沉默期”的存在并不是第二语言和外语学习的独特现象，有时这种现象的出现并不是由于缺少可理解的语言输入或由于个体学习者的语言能力局限所致，而主要反映了学习者的一种心理状态，即自信心。学龄初期正是儿童英语听说能力发展的最佳时期。如果在这一时期，我们为儿童创设一个良好的听力训练环境，加大可理解的语言信息的输入量，在此基础上，为儿童创设使用英语的活动和环境，鼓励他们大胆开口说、练，就能够充分利用儿童听说能力的先天优势，使他们的听说能力得到较大的提高，或者至少缩短儿童语言学习的“沉默期”。教师要关注学生的“沉默期”，否则学生一旦失去学习兴趣或者基础差距多大，就会影响以后的学习。

教师采用丰富的多媒体资源和灵活的教学方法——“听、说、背、唱、演、编、玩、猜”等，充分调动学生学习英语的兴趣和表现欲，对提高学生的英语水平效果显著。小学生学习英语的基本形式是模仿，他们学习语言时，从整体把握语言，不为个别词句所困扰，但由于他们认知能力的局限，当接触语言时，主要注重语言能用来做什么。因此，儿童在运用语言与他人交流时，更注重语言的交际功能和意义，而不太关注语言的语法结构和形式，与成人相比，儿童更容易获得运用语言交际的能力。儿童一般喜欢学习短的词语，与他人进行简短的对话，他们对节奏感和旋律感比较强的英语歌曲、歌谣非常感兴趣，也容易学会。

(四) 母语迁移

在汉语学习方面，学龄初期的儿童已经具有一定的母语知识基础，一般 5～6 岁的学前儿童已经掌握 3 500 个以上的口头词汇和进行人际交流的初步经验，这是儿童语言学习的一个非常重要的基础。但对于英语学习而言，处于初学阶段的儿童的先前英语学习的经验和知识基础几乎为空白，因此，他们在学习英语过程中，常常会借鉴母语学习的一些经验来学习英语，这就是母语迁移现象。

根据教育心理学的原理，母语由于其与外语的相似成分而对外语习得产生的积极的、有益的影响叫作正迁移，能促进外语学习者对外语的习得和运用。反之，母语由于其与外语的相异成分而对外语习得产生的消极的、不利的影响叫作负迁移，是学习者掌握和运用外语的障碍。在习得过程中，正、负迁移同时存在并共同作用于外语习得。那么应如何在小学英语教学中发挥母语的正迁移作用，以提高教学效果，需注意以下几点。

第一，适当运用母语理解课堂用语。语言作为交流工具必然与特定的情境相联系，如果脱离实际运用而单纯孤立地学习语言知识，那么势必导致最初学习时的语言情境与将来实际的应用或迁移情境相差太大，造成迁移受阻。这也是大部分初学英语的小学生对于最简单的课堂用语都很难听懂的原因之一。因此教师在最初使用一些课堂用语时，很有必要用汉语来做一些解释，以使学生能够明白老师的要求。

第二，适当借助母语进行语音教学。由于英语和汉语发音系统的不同，中国小学生学习英语发音时，经常会遇到一些各式各样的困难。教语音，完全靠模仿而不对发音要领进行讲解是不会达到预期目的的，有时，教师要善于比较英语和汉语两种发音的近似程度和差异，要善于总结规律，还要善于利用汉语把英语发音要领和口形部位讲解清楚，使用母语纠正、区分英语发音和汉语发音的不同，以便把英语说正确。

第三，加强母语与英语的比较为教单词做铺垫。在讲解一些抽象名词时，汉语中很难找到与之相对应名词，可以使用学生熟悉的母语来讲解，那样的教学效果会事半功倍。

第四，讲解英汉文化差异也可以利用母语优势。英语教学中要注重语言和文化的关系，在学习语言的同时也要了解文化，树立文化意识并注重文化知识的传授。如果具有不同民族文化背景的人在交际活动中既熟悉对方的文化，又能向对方介绍自己国家的文化时，应积极发挥母语文化的参照作用。所以学生在语言使用中，语法正确、结构正确不等于就能够进行正确的交流，对文化差异的不理解也会导致语言交流的失败。但有些文化现象是不容易用英语讲清楚的，有时连比较简单的文化现象也需要用汉语注解。

在外语习得过程中，母语对英语学习的影响不应该仅仅看作消极的干扰，而应看作一种必不可少的知识基础，一个重要的促进因素。小学英语教师和学生都应该正确地认识到母语在外语学习中的积极促进作用，恰当地发挥母语正迁移的作用。但是过多的母语介入势必会阻碍外语知识的获得，对外语的学习起到一定消极的作用。因此学生在外语习得过程中既不能完全排斥母语，也不应该过分依赖母语。在实际的教学中小学英语教师亦应依据教学实际，灵活转变教学方法。唯有这样方可有效分析及解决母语所造成的影响，进而有效提升小学英语教学的质量，尽最大可能给孩子们营造学习和习得外语的氛围，尽可能地让学生在自然的状态中学习英语。

第三节　小学英语教学原则

教学原则是根据教学目标、教学的客观规律，在总结教学实践经验基础上得来的，是教学工作所必须遵循的一般原理或准则。简而言之，教学原则是反映一定前提下的客观的教学规律，是教学所必须遵循的基本准则。我国学术界基本公认的一般教学原则有：因材施教原则、系统性原则、理论联系实际原则、直观性原则、巩固性原则、量力性原则、思想性和可行性统一原则、教师主导作用与学生主体作用相结合原则①。

小学英语教学原则是指导小学英语教学的原理、准则。一方面，它要接受一般教学原则的指导，体现出共性；另一方面，它又要反映小学英语教学自身的特点，体现出个性。因此，小学英语教学原则不仅是一般教学原则在小学英语教学中的运用，也是小学英语教学特殊规律的反映。要想更好地组织小学英语教学活动，正确地评价小学英语教学活动，离不开一系列教学原则的指导。根据英语课程标准，小学英语教学过程的规律以及我国小学外语教学条件和小学生心理特征，我们提出突出英语教学的四个基本原则，并从理论和教学实践两个主要方面进行阐述。

一、情景匹配原则

情景有两层意义，一是指景物、场景和环境；另一层是指人物、情节，以及有场景、景物所唤起的人的情绪和内心境界。情景匹配原则是指在教学中充分利用形象，通过设计出一些真实性和准确性的具体场合，创设活泼、生动、准确、形象的场景，让学生触景生情，激起学生的学习情绪，激发学生表达思想的欲望，从而引导学生从整体上理解和运用语言，并促进学生的语言能力及情感、意志、想象力、创造力的整体发展。

情景教学原则提出的主要依据有四点：第一，教学内容的特点。从教学内容上看，小学英语教学存在着一个特点，即英语与汉语之间有着完全不同的发音、字形书写、表达方式和句子结构，这给以汉语作为母语的学生在学习中造成一定思维阻力。情景教学主要通过创设形式多样的情境，把简单、刻板的教与学融合在多姿多彩的真情实景中，为学生提供尽可能多地用英语进行练习的可能，从使用率最高的实物、动作、图片、幻灯片、录音、录像、表演以及师生会话、歌曲、游戏、比赛等手段运用电脑软件进行情景教学。第二，小学生的心理和年龄特点。小学生心理发展是开放的。他们有着强烈的求知欲，爱幻想，思维有明显的具体形象性特征，情景教学可以使学生充分发挥其想象力、创造力。第三，语言的习得规律。小学英语教学不能过于强调学生对词汇句型的背诵记忆和语法规则的掌握理解，要注重学生无意识学习或自然学习。语言是在语境中学习，在应用中掌握的。第四，小学生的学习规律。情景教学可充分挖掘学生的无意识心理活动，同时也能充分调动学生的有意识心理活动，使学生在轻松愉快的气氛中进行积极的、有创造性的学习，促成小学生由无意识学习向有意识学习过渡，进而使整个身心得到和谐发展。

① 王蔷：《小学英语教学法教程》，高等教育出版社，2009 年版，第 26 页。

教师贯彻这一原则应注意以下几个问题：

（一）在情景中学，情景中运用

新课程理念下的小学英语课堂教学，教师对教材内涵把握不仅要把握住教材中的语言知识，更要把握住教材提供的语言情境。教师在整个课堂教学过程中，无论是呈现新知识，还是巩固、复习旧知识，都应使学生尽量在一种有意义的情境中进行。结合学生的生活经验，使教材成为一个与书本、生活相融，知识与情景并存且灵活的、有利于学生实际的情境。教师可利用图片、模型、实物、简笔画等教具，利用表情、手势、动作等体态，利用CAI课件、录音、录像等现代教学设备，利用游戏、歌曲、角色扮演等形式对学生实施直观教学，使英语教学变得生动、形象；为英语教学提供各种教学语境和真实的交际场合，营造英语交际情境和气氛，这样学生不借助翻译就能理解所学内容，明白句子的意思和使用场合，这样学生能把语言和它表达的情境直接联系起来，做到听到句子就想到情景，看到情景句子就能脱口而出，从而促进学生直接用英语思维，增加课堂使用英语的机会。情景教学拆去了传统教与学的樊篱，让师生和谐地融为一体，在欢乐、活跃的氛围中激发学生的学习热情，培养学生的学习兴趣，化抽象为直观，化刻板为生动，帮助学生找到英语学习的捷径。

（二）强化英语学习环境，克服本族语的干扰

英语教学的最终目的是培养学生用英语进行交际的能力。这种能力只有通过大量地接触英语，使学生沉浸在英语交际的氛围中才能较快地形成。然而以汉语为母语的学生最初接触英语时，都免不了用汉语为中介把英语和所表达的事物联系起来，这实际上还是用汉语进行思维。教师在运用情景教学原则时充分利用各种教具创设英语学习情境，能使课堂教学形象化、趣味化、交际化，缩短了英语与所表达事物的距离，加快了教学的节奏。经常使用实物、图片、简笔画等直观手段，这既有助于儿童对英语词汇的理解和记忆，又能使英语教学活动生动活泼，丰富多彩。应当注意的是，直观教具要灵活多变、丰富多彩，教师既要有备而来，预先准备好一些实物或图片、幻灯片，又要善于临场发挥，捕捉“道具”，如学生的文具、衣物、现有的设备、景物等，并辅之以简笔画，使教具直观充实且不流于重复。

另外要强化英语学习环境。小学英语教学的课时较少，要想在有限的时间内，最大限度地进行英语实践，必须摆正英语和汉语的位置。要在小学英语课堂上突出英语特点，排除汉语语言干扰，师生需要共同树立英语课上尽量说英语，不说或少说汉语的概念，积极引导学生克服汉语对英语学习的负迁移，把英语课堂视为用英语进行交际的场所，将英语教学过程视为用英语进行教和学的活动过程，还应该积极开辟英语教学的第二课堂，举行诸如英语晚会、英语辨音比赛、英语口语比赛、表演英语小品等，目的就是让学生多说、多看、多听，不仅增加了他们口语练习的机会，而且让他们对这种语言有身临其境之感。

实践证明：课堂活动中使用英语，有利于学生语言的提高，因为教师在课堂上用汉语越多，对学生学习英语的障碍就越大，教师的每一句汉语或每一个词都会减少学生用英语理解和思维的时间，切断学生直接用积极猜想、联想的思路，剥夺学生用英语听说的机会。因此，英语教学的过程要成为有意识地控制使用母语、有目的地以英语作为交际工具的过程。

二、交际性原则

现代汉语对交际的解释是“人与人之间的交往，或人际往来”。交际一词的英语是“communication”。在英语教学中，交际性原则指的是英语教师在教学中通过设计一定的教学活动，在师生之间、学生之间进行思想、感情及信息交流，形成学生初步的听说读写的语言能力以及培养和发展学生实际应用英语的能力。

交际性原则提出的主要依据有三点：第一，小学英语教学目标。小学英语教学的最终目标是培养小学生具有以听、说能力为主的初步交际能力，即培养小学生在真实生活中运用英语的能力。第二，英语教学的实质就是交际。第三，英语是一种交际工具。学生只有时时处在“学英语”的环境中，才能更快地掌握好、运用好英语这项基本技能。

教师在英语教学中必须贯彻交际性原则，这关系到小学英语教学阶段教学任务的完成和教学目标的实现。教师在贯彻交际性原则时应注意以下几个问题：

（一）培养课堂交际氛围

培养课堂交际氛围可以让学生进入一种比较轻松自由的英语学习状态，同时还可以逐步提高英语课的交际性。以下是在课堂上常采用的几种方法：

1. 问候

在一堂课的开端，教师可以通过互相问候、即兴礼貌用语来建立交际感情，吸引学生进入外语课堂情景，创造良好的交际气氛。例如，一般来说，教师在上课之前都可以说：“Nice to see you again. It's a good day.”结合课堂内容问些相关的话，比如在学习“What color is it?”一课时，可以说：“Hello, Xiao Ling. What color is your bag?”教师在进行这些对话时，态度要真诚，面带微笑，对学生的回答作出反应，避免应付性、形式化的问候，以培养良好的交际氛围。

2. 提问

提问是一种练习。练习是学生运用所学知识试着进行交际的过程。练习语言运用和交际，不能把练习当作检查，否则学生会有压力感。学生对交际性练习的适应有一个过程，交际氛围要逐步培养。教师在问问题的时候应该有所期待，但是又不宜用眼睛盯着学生等回答。在学生回答不上来的时候，教师可以适当插话，进行提示和启发，并给出一些暗示。如果学生回答了，教师应及时地做出反应，接上或者表示自己的赞赏和肯定。常用的鼓励性语言有：Good! /Well done! /Great! 或者按英语的习惯，使用礼貌用语，例如Thank you! /Please!

3. 应答

这指的是教师的应答，也就是在学生提出或者回答问题之后教师的反应。教师的回答应该根据学生及班级情况灵活多样，并注意培养协商式的交际氛围，起到交际表率的作用。比如学生问：“How are you, Miss Peng?”教师在回答了“I'm OK.”之后还可以再接着说：“How nice you are! And how are you?”

（二）组织好英语课堂活动

胡春洞认为："学生学语言时，不但要动嘴说，而且要'动手动脚''指手画脚'才能收到好的效果。"要达到课堂交际的目的，教师必须组织好课堂活动。我们根据英语的教学情况，把"活动"理解为"活"+"动"。活，指激活；动，指行动。具体来说，包括以下三个方面：

1. 把文字活化为话语

话语指的是现实生活中的语言。在小学英语学习阶段，教材往往是以对话的形式出现的。这种对话是生活中交际话语的再加工。教师应该把这些语言内容通过教师或者多媒体课件化为有声有色的话语，让学生全面、直观地认知新的语言。例如在教材中出现：

Lily：Mum，this is my English teacher，Miss Wang.

Mother：Nice to meet you!

Teacher：Nice to meet you，too!

教师在开展新学的教材内容时，应通过现实的表演把这段教材呈现出来。比如在Lily介绍老师时，必须先看Mother再看Miss Wang，并要有介绍时所用的手势。这样才能让学生体会到真正的交际，让学生动起来。这种动，不仅使身体和兴趣"动"了起来，并且把他们的主体意识也"动"了起来。如果教师不把文字材料转化为话语，而仅仅是带读或者是跟读，学生的积极性提高不起来，英语课堂也就难以逃脱照本宣科和填鸭式的旧模式。我们学语言，而语言功能却消失了，这当然不是学语言的正确方法。

2. 把教材内容活化为实际生活

小学英语阶段的教材是按照结构—功能相结合的原则编写的，并以对话的形式体现语言功能。这些对话往往是在一定的情景下进行的，在教学中，可以先学习教材上的情景对话，然后再结合实际进行练习。例如，教材出现了Li Lin is from Beijing，在课堂上则可以根据实际开展小组活动相互询问："Where are you from?"学生回答："I'm from Shanghai. She is from Xi'an."然后统计出来自上海的有几个，来自西安的有几个。这样既学习了新的语言知识，练习了语言结构，还增进了彼此的了解，达到了交际目的。

有时，教师还可以触景生情，利用教室的现场情况，把教材内容化为实际生活。比如在学习"What color is the wall? What color is Xiao Hong's clothes? What color is the teacher' bag?"这比课本上"What color is it?"要更直观、更能让学生接受。不把教材内容化为实际生活，不把课本的话化为学生可以接受的、想说的话，语言学习就不自然，不能真正达到交际的目的。

3. 把教学活化为交际

教学是师生之间双方的活动，课堂要以学生为中心，教学过程要交际化。有的时候，教师提几个问题让学生回答并不是真正的交际，真正的交际是要让学生自己亲身实践，让学生相互之间主动提问、交流，并在交流的过程中把英语的结构和语言功能掌握好。打个比方：教师是导游，学生是游客。导游告诉游客路怎么走，去哪里玩，玩些什么。到时候，若学生迷了路或者去了不该去的地方、做了不该做的事，那也是正常情况。这时候导游站出来指点就可以了。真正的交际在于让学生自己去感受语言，体验交流和交际的乐趣。这样，才是真正把交际引入教学过程。

（三）打破某些教学常规

打破常规就是朝着真正的交际发展，就是建立新的课堂规律，给学生带来耳目一新的感觉，降低学生的焦虑水平，让学生真正地融入我们的英语课堂交际。从目前的小学英语教学实际出发，可以采用以下相关建议：

1. 重新选择课堂座位的摆放方式

目前大多数课堂都是采用传统的“秧田形”座位摆放法，这样可以让所有的学生看见教师，而学生之间互相看不见，这是传统的以教师为中心的课堂座位摆放法。除此之外，还有很多可以加强课堂交际性的座位摆放法。例如，“田字形”摆放法：将学生每四人分成一组，座位成田字形摆放。“圆形”摆放法：将课桌撤掉，只留下椅子，并将其摆成圆形，教师可以站在圆形的中间。“马鞍形”摆放法：将学生的课桌椅摆成马鞍形或半圆形，教师站在前方；“V”形或“U”形摆放法：将学生分成两队，呈两条相对的 V 或 U 形，教师站在前面的位置。“O”形桌椅摆放法：把桌椅全部撤掉，让学生坐在地上上课，不过，这种方法需要一定的教学条件，如干净的地板等。在以上课桌摆放中，教师还可以坐在课桌上，或者和学生一起坐在地上，给学生一种亲和、宽松的游戏氛围，更好地降低其焦虑感，创设一个开放式的小学英语课堂环境。

2. 站立交谈

英语课堂经常进行的“结对子”活动或“小组活动”一般都是坐在位子上进行的。小学生往往都比较爱动，坐久了站起来交谈还能让他们兴致勃勃，并在课堂紧张的氛围中得到放松。这样的姿势变了，形式活泼了，交谈的效果自然就不一样。

3. 采用不同往常的方式

学会了的站起来，没学会的坐着。小学英语课堂经常需要有检查学生掌握情况的环节。以前我们惯用的方式是让不会的学生站起来，会的坐着。这其实是变相体罚，对英语课堂气氛很不利，教师可以反其道而行之，让会的站，不会的坐。“站立”由惩罚变成了表扬，会的站起来“休息”一下，坐着的还需努力，最后全体都站起来，皆大欢喜。

三、听说领先原则

听说领先原则是指在小学英语教学中，教师侧重对学生进行听、说的教学和训练，使学生在具备了一定的听、说能力的基础上，再强化读、写的教学与训练。

听说领先原则提出的主要依据有三点：第一，小学生的心理和生理特点。小学生（6～12 岁），善于模仿，胆子比成人大，喜欢开口对话，记忆力强，而语法分析、阅读则比较困难，是学习听、说的关键期。从口语入手可以充分调动学生学习英语的积极性，培养他们学习英语的兴趣。第二，语言的内在规律。人类使用的任何一种语言都是先有口语，后有书面语。书面语是口语的记录符号，是语言产生和发展的内在规律。据美国保尔·兰金教授统计，“听”占人们日常语言活动的 45%，“说”占 30%，“读”占 16%，“写”仅占 9%。

听、说是口语，学口语有助于学习书面语，是学习读和写的开路先锋。第三，语言的教学规律。口语是学习语言的基础，先从开口训练，符合语言教学规律，同时也可以使课堂教学自然化，有利于培养学生学习语言的良好习惯，也有利于培养良好的课堂气氛。

教师贯彻这一原则应注意以下几个问题：

(一) 正确认识听、说、读、写的关系

听、说、读、写是英语的四项功能，也是四项技能。这四者之间紧密联系、相互依赖、相互促进。雷弗斯(Revers)认为，当我们说和写时，依赖于我们已经知道的东西。我们能流利地阅读是因为我们能识别那些能大声说出来的短语。在学习过程中，它们又各有难易两个方面。在英语教学中，听、说、读、写四会既是教学目的，也是教学手段。教学语言知识中的语音、词汇、语法均要通过听、说、读、写的大量、不断的训练才能熟练掌握。作为教学手段，几乎每节英语课上都要进行这四项技能的训练。听、说、读、写的全面训练应贯穿全部教学的始终，但在不同的教学阶段要有所侧重。小学是基础阶段的基础，在这个最基础的阶段中，训练的特点是听说领先，读写逐步跟上。对学生进行听、说、读、写全面训练不仅可以保持学生的学习兴趣，还能减轻学生的疲劳。因为在听、说、读、写的交替训练中，学生除了要用脑外，还要调动各种感官，听说要用耳、动口，读、写要用眼、动手，从而提高训练效果。

(二) 创造听说的条件，变单纯练习为真实交际

语言的最主要的功能是人际交往。它和意识一样，是由于和他人交往的迫切需要而产生的。而且，儿童的语言是在个体与环境相互作用中，尤其是在与人们言语交际中，在认知发展的基础上发展起来的。因此，听说训练过程理应是交际过程。

听说的训练一般包括两个阶段：语言能力阶段和交际能力阶段。语言活动不同于交际活动，但是两者又紧密联系。一般来说，我们都是在进行了充分的语言活动后再进行交际活动。语言活动的成功与否直接影响交际活动的顺利进行，“单纯练习”是指不以解决当前实际问题为目的的听说活动；“真实的交际”是指内容是说者和听者希望表达和了解的，与生活相连，形式为“双向互动”，我们传统的课堂教学往往只限于语言活动，比如，模仿、重复、记忆等，很少有真正的“双向互动”。一些语言的运用也仅仅是模拟的场景，学生并没有真正的交际愿望和需要，仅仅是为了操练语言而操练语言，缺少灵活性。这种听说练习方式脱离了学生现实生活，与学生的实际需要相距较远，因而失去了“交际性”，也无法达到真正的“双向互动”。杰斯珀森说过，教好外语的首要条件看来是要尽可能让学生接触外语和使用外语。学外语就像学游泳一样，学生必须泡在水中，而不是偶尔沾沾水，必须潜到水里去。这样，他才像一个熟练的游泳者那样乐在其中。因此，教师要给学生创造练习听说的机会，让他们多听多说，变“单纯练习”为“真实的交际”活动。

(三) 以口语为基础，突破听辨第一关

语言是交际的工具，而口头交流又是一种非常普遍而重要的交流形式。所以，口语教学也是英语教学的基础，从口语入手才能抓住英语学习的关键。因此，小学英语教学应该

把口语能力训练摆在第一位，把学生推到语言实践的主体位置，把日常生活情景对话作为教学的一个中心。通过以学生为主体的大量语言实践活动，使学生敢于开口说话，进而获得语言基本技能，促进语感的养成。口语能力的培养越是从小抓起越好，因为年纪越大，越容易产生“羞口”的现象，而这种现象在我国是比较普遍的。因此，小学生学习英语注重口语训练意义深远。

口语语言是有声语言。在口语交际中，语音是十分重要的因素。语音、语调、语速是否符合英语的标准和规范，直接关系到口头交际的质量。在对小学生进行口语训练中，遇到的首要问题就是“听”的问题。只有听准、听清楚、听明白，才能模仿得清楚，才能说得准确、清楚、明白。要想达到《小学英语教学大纲》的教学目的——“使学生敢于开口，打下较好的语音基础”，就必须首先训练听力，只有先听好，才能说好。如果不敢开口或说不好，往往都是没有听好、没听准、没听懂；或者虽然当时听准了，但没有及时巩固，后来又忘了。所以教学中，教师要尽可能帮助学生先听好，多听多练。要充分发挥小学生的听觉敏锐、辨音能力强的特点，集中精力训练听。

语音练习是听力训练的专门练习，可以使学生发好音，读好单词、短语和句子，练好重音及语调，辨别清楚不同的发音或读音。教师在训练听的过程中，要给学生以具体的方法指导，介绍正确的听的方法或技巧，提出明确的要求。特别是听音时，要向学生强调不要一听见音就急于先开口模仿、跟读，一定要先听准、听清楚之后再开口模仿。要向学生强调如果开始音调没学好或不正确，会影响以后的开口交际，一旦错音成了习惯，以后纠正起来就很困难。因此，要求每个学生在听音时，都要仔细静听，辨清发音；注意观察，认真模仿；大胆练习，积极运用；互相学习，竞赛评比。

（四）少纠正学生的错误

在学习英语的初级阶段，教师是学生的“coach”而不是“judge”。有的教师在教学过程中一发现学生的语言错误，好像天要塌下来似的，学生一张嘴，教师就盯着学生，尽力去发现语言的错误，无论大小，都觉得自己有责任马上纠正。在英语学习的初级阶段指出学生的错误会带来很多负面影响！伤害学生的自尊心，使得学生对说好英语失去信心，挫伤学生的积极性，让学生害怕说英语及学生过度依赖教师对他们的指正等。当学生非常关注语言的准确性时，他们就不愿意自如地表达自己，除非能保证100%的正确。在语言训练过程中，出现错误是十分正常的事情，教师应鼓励学生，多肯定他们的语言进步，增强他们的自信心。

当然教师也不能对学生的错误视而不见，关键是教师需要创造有意义的环境和方式。改正学生的错误的目的是帮助学生掌握语言的正确性及培养学生学习的自信心。我们应该采取适当的方式。比如，在训练“How do you go to school?”时，学生回答：“I goes to school on foot.”教师不能说：“No, you are wrong,”而是可以以正确的表达方式重复学生刚才说过的话：“Oh, good. You go to school on foot?”学生自然会回答：“Yes, I go to school on foot.”因为教师说了“good”，对学生先表示了认同，然后不露痕迹地改正学生的错误之处。如此，教师不仅让学生意识到错误所在，而且也保全了学生的面子，不会给学生带来负面的情感影响。总之，在学生讲口语的过程中，学生敢讲又不怕出错比不敢讲好得多。

四、扩充性原则

引导学生从已有的语言水平向语言的最近发展区前进，较为常用的方法是对学生的话语进行适宜的扩充，也就是说，从某个原型为基础学习的语言单位再迁移到相关的其他实物上。比如教师在教“香蕉”这个词时，可以用实物做下列问答活动。

教师：“What is this?”

学生：“This is a banana.”（引出基础词）

教师：“What color is it?”香蕉是什么颜色？

学生：“It's yellow.”（引出扩充词 yellow）

教师：“Are bananas vegetables?”香蕉是蔬菜吗？

学生：“No, they are fruit.”（引出扩充词 fruit）

这些问答甚至可以扩充到句子。通过扩充，学生可以掌握其语言单位的各种用法，并掌握与之有关的一些句式、句型和句类，从而提高运用语言的能力。

本章小结

语言习得规律和小学生特有的认知特点决定了小学英语教学的独特性。小学英语教学原则是一般教学原则在小学英语教学中的运用，也是小学英语教学特殊规律的反映，贯彻教学原则是组织好小学英语教学活动的重要保障。

课后思考

1. 克拉申的第二语言习得理论对小学英语教学有哪些启示？
2. 小学英语教学中应怎样贯彻小学英语教学原则？

参考文献

[1] 黎茂昌，潘景丽. 新课程小学英语教学理论与实践[M]. 成都：四川大学出版社，2011.
[2] 黄秀兰. 维果茨基心理学思想精要[M]. 广州：广东教育出版社，2014.
[3] 邢家伟. 小学英语课程与教学[M]. 北京：教育科学出版社，2015.
[4] 宋燕，任筱. 浅析小学生英语学习特点及几点教学建议[J]. 中小学外语教学（小学篇），2017(4).
[5] 王蔷. 小学英语教学法教程[M]. 北京：高等教育出版社，2009.

第三章

小学英语教学方法与实施

章首语

本章介绍了外语教学法主要流派及小学英语课堂常用教学方法和案例等内容。其中,典型的外语教学法及小学英语教学方法的运用是本章的重点。通过本章的学习,希望学习者能掌握小学英语教学方法,认真分析小学英语的课堂实况,科学设计英语课堂,更新教学理念,优化教学手段,进而提升小学生的文化意识和综合学习能力。

思维导图

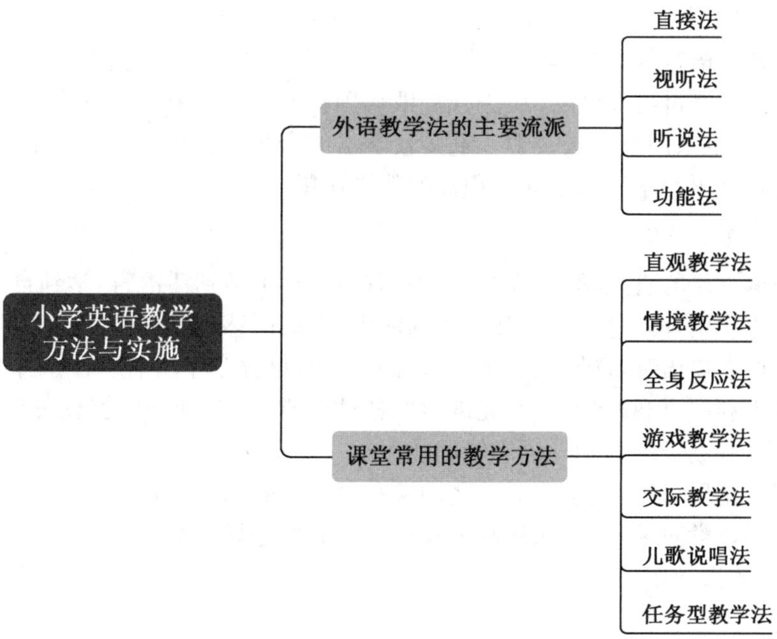

第一节　外语教学法的主要流派

一、直接法(Direct Method)

1. 概念及产生背景

直接法是通过运用外语本身进行教学的方法。19世纪下半叶，在西欧资本主义发展的时代里，各国在政治、经济、科技、贸易等方面的交往日趋频繁，加快直接的语言交际成为社会的需要，这就要求外语教学必须从以教育、教养为目的转向以实用交际为目的。为了满足社会需要，直接法应运而生，又称改革法(Reform Method)、自然法(Natural Method)等。直接法的形成，经历了半个世纪，走过了由不成熟到成熟的成长过程。其主要代表人物有德国外语教育家维埃特(V. W. Vietor)、外语教师伯利兹(M. D. Berlitz)、法国外语教育家古因(F. Gouin)和英国外语教育家帕尔默(H. E. Palmer)、韦斯特(M. West)、埃克斯利(CE. Ecker Sley)等。他们不仅有自己的理论著作，还创编了体现他们教学思想的英语教科书。

2. 理论观点

外语教学法的邻近学科的发展，为直接法的产生和形成提供了理论基础。以语言学家保罗(H. Paul)和心理学家旺特(W. M. Wundt)为代表的理论认为语言心理中起主要作用的不是思维，而是感觉。

现代教学论的奠基人卡米尼厄斯(J. A. Comenius)强烈主张“每种语言必须通过实践学习，而不应通过语言规则来学习”，并提出了一系列教学原则，这也为直接法提供了理论依据。直接法于20世纪20年代在法、德、俄等国普遍试用。在二十世纪三四十年代，我国一些教会学校也采用直接法教学。直接教学法的产生，使外语教学法科学的学术思想十分活跃，它在外语教学法史上起了积极的促进作用。

3. 教学特点与评价

第一，强调外语的直接学习、理解、应用，有利于学生学到活语言，学到自然的语音、语调，培养学生直接用外语进行思维和表达的能力，促进语感的养成。

第二，强调以口语为基础，在大量的语言实践中，培养学生听、说、读、写的熟练技巧。

第三，重视利用直观教学手段，促进学生各种感觉器官同时开动，使外语形式与客观表象直接联系，有助于培养用外语思维的能力。

第四，完全排斥母语，使学生对一些抽象和复杂的概念难以理解。

第五，忽视教学对象年龄、认知水平及学习目的的差异，偏重感性认识，轻视语言理论知识在学习中的指导作用。

二、视听法(Audio-visual Approach)

1. 概念及产生背景

视听法在20世纪50年代首创于法国,之后在欧洲大陆的一些国家开始流行。其创始人有法国学者古根汉(G. Gougenhein)、南斯拉夫语言学家古伯里纳(P. Guberina)。视听法是视觉感受和听觉感受相结合的一种方法。它是在直接法和听说法的基础上发展起来的。利用图片、幻灯创造情景是视听法的主要特色,所以它又叫情景法(Situational Approach)。

2. 理论观点

视听法除在教学理论和具体方法上与直接法基本一样外,它更强调"看"。他们认为在人们运用语言进行交际时,具体真实的情景决定着说话时所要选择的方式、节奏和语调。听觉和视觉受到刺激后,作用于大脑,诱发人脑迅速做出反应和加速记忆,从而达到记忆痕迹的长期储存。

3. 教学特点与评价

第一,教学从日常生活背景需要出发,选择、安排语言材料,尤其是选择一些典型情景中的典型话语结构,为学生在自然交际活动中灵活运用所学语言知识提供了可能性。

第二,强调通过在情景中整体感知、理解、练习、活用的教学步骤,培养学生灵活运用语言的能力,养成正确标准的语音、语调、节奏习惯。

第三,主张在连贯的对话中学习语言,以句为单位进行教学,注意在感性认识的基础上掌握语音、词汇、语法知识。

第四,广泛使用声、光、电的现代化技术设备,把语言和形象相结合,使学生置身于现实的自然情景和言语交际的环境之中,借助形象思维,加速实现认识上的飞跃,使逻辑思维和形象思维相互作用,建立外语与客观事物的直接联系,培养学生用外语思维的能力。

第五,过分强调语言材料要用整体结构形式模仿和反复重现来掌握,忽视适当地对语言分析、讲解的作用,忽视文字和母语对视觉、感觉的辅助作用。

第六,对教师及学校办学客观条件要求较高。

三、听说法(Audio-lingual Approach)

1. 概念及产生背景

听说法又称口语法(Oral Approach)、句型法(Pattern Method)等。听说法产生于第二次世界大战时期的美国。为了满足战时的需要,有成千上万的士兵、军官在几十所高等学校采用听说法集训练学习,分别接受几十种外语强化训练。听说法的创始人是语言学家、外语教学法专家弗里斯(C. C. Fries)。他曾创办英语研究所,专门研究把英语作为外语的教学问题,不仅编写了大量教学参考资料,而且进行了大量的教学实践,为一些地区培养了大批掌握英语的人才。二十世纪五六十年代是听说法发展的全盛时期,听说法几乎成为外语教学界占支配地位的一种外语教学法,在20世纪70年代也是我国中学和大学外语教学时的主要教学方法。

2. 理论观点

听说法的理论基础主要是美国结构主义语言学和行为主义心理学。他们认为,语言是有声的,口语是第一性的;每种语言的特点集中表现在句子结构上;语言是习惯的综合体系;学习语言就是养成一种习惯;语言习得的过程是刺激—反应—强化的过程;新语言习惯的形成要靠反复、大量的操练。

3. 教学特点与评价

第一,强调以句型为中心进行听说训练,围绕句型安排语言内容,培养语言技能。

第二,主要操练方式是模仿记忆,通过大量机械性的句型操练以形成自动化的习惯。

第三,排斥或限制母语,反对用母语讲解和翻译。

第四,重视语音、句型教学,及时纠正错误,培养正确的语言习惯。

第五,过分重视机械性训练,忽视语音规则的指导作用,造成教学过程枯燥乏味。

第六,语言材料的选编、训练的方式都从语言的结构出发,缺乏语言的真实性,不利于培养学生连贯表达和灵活运用外语进行交际的能力。

四、功能法(Functional Approach)

1. 概念及产生背景

功能法是以语言功能项目为纲,培养交际能力的一种教学方法体系。由于交际功能是语言在社会中运用的最根本的功能,而交际能力又是外语教学的最根本目的,所以功能教学法又称为交际法。

功能法创立于20世纪70年代初的西欧,主要创始人有英国语言学家威尔金斯(D. A. Wilkins)、亚历山大(L. G. Alexander)和威多森(H. G. Widdowson)等。20世纪70年代以来,西欧各国的政治、经济、科学和文化飞速发展,多种语言的使用成为妨碍各国之间交流的大问题。要从根本上解决这个问题必须改革外语教育,从而更多、更快、更好地培养具有外语交际能力的人才。功能教学法从20世纪70年代到20世纪80年代在理论和实践上发展迅速,现已为世界各国外语教学普遍采用,并不断完善。功能教学法对我国外语教学的改革起到了极大的推动作用,帮助我们培养了一大批适合社会发展需要的各类外语人才。

2. 理论观点

以海姆斯(D. H. Hymes)为代表的社会语言学、心理学的发展为功能法提供了理论依据。他们认为语言的社会交际功能是语言的本质功能,语言作为工具是为社会上各项交际活动服务的。人们在社会中所处的地位和所从事的职业不同,使用语言交际的目的和场合也就不同,运用语言的变体也不同。一个学语言的人,他的语言能力不仅是能否造出合乎语法的句子,而且包括是否能恰当地使用语言的能力,后者是人们对语言的实际运用,是语言的社会交际功能的具体体现。

3. 教学特点与评价

第一,强调外语教学的目的是培养学生掌握交际能力。教学过程交际化,教学活动以学生为中心，为学生提供真实的情境和外语环境，使学生主动地、创造性地学习和运用语言。

第二，从学生实际需要出发，确定学习目标。针对学习者的不同需要安排教学内容，选择教学、训练的形式及对语言教学效果检查的方法，注重学以致用、学用结合。

第三，强调学生进行语言交际的注意力应集中在语义上，而不是在语法结构上。在语言交际过程中出现错误是正常的，这种现象正是由不完善的中继语言逐步向完善语言的过渡。

第四，教学内容以语言功能为纲，常会出现难易程度不等的语言形态和结构。如何科学地安排教学顺序，尽可能给学生减轻学习困难，是功能法研究的主要问题之一。

第二节　小学英语课堂常用教学方法

一、直观教学法

直观教学法主要是通过实物、图片、手势、动作、表情等使学生建立形象思维，大大提高记忆效果，这也是最常用的一种教学手段。

1. 利用实物进行教学

主要用于实物名称教学，如钟表、杯子、苹果、橘子等，这些都是日常生活中常见的东西，极容易准备且实物较小，便于携带。上课时，教师可一边呈现物品一边将单词读出、板书，将单词的音、形、义一次性完成，既生动又形象。接着按照词不离句、句不离文的方法套入一些句型“What's this? It's a/an ... ”或“I like ... very much. ”引导学生进行操练，强化学生对单词音、形、义的统一意识。

2. 利用挂图、简笔画、课件等多媒体手段进行词汇教学

对于那些不便于通过实物来进行教学的词汇，如家庭成员、日期、天气、动物等，可利用挂图、简笔画或电教媒体，如何运用以学校实际条件而定。在条件较差的学校，可利用简笔画或挂图来进行；在条件较好的学校，则可运用多媒体。多媒体技术是以文、声、图相结合的教学方式将教材中单调的文字知识实现形象、生动、具体的转化，丰富课堂教学内容，营造了轻松、愉快的课堂氛围，这对于提高小学生英语学习兴趣十分有效。

在进行“The lonely lion”一课的课堂教学时，教师可以利用多媒体教学手段为学生提供相关的图片或视频，展示课文中提及的狮子被圈养在笼子里的无奈、孤单与失落，并将狮子回归森林之后的欢快、喜悦之情进行前后的鲜明对比，如此学生能够明显感知狮子在不同环境中的不同感受。这种再造形象能够让学生在视觉、听觉的双重影响下发挥想象思维，以深入感知与理解课文内容。

3. 借助手势、动作或表情进行教学

英语中有许多动词，我们可通过手势、动作、表情，使学生易于领会。如：sing，run，jump，swim 等，教师可以边做动作边说出英语单词，也可以请一些英语较好、领悟能力较

强的学生按教师所示做动作，教师可先叙述，接着要求学生跟着单词及句型：run-He is running. jump-He is jumping 等。教师并将动词及相关句型板书，带领学生操练熟悉词汇。

案例卡片 3-1

Presentation

(1) 教师播放 Flash 动画课件，呈现“bird”动画图片，提问：Look at the bird. What is it doing? 引导学生看图画，听录音学习新单词：flying。领读单词并引导学生拼读。

T：Let's have a look. What are the animals doing? Look, what is the bird doing?

S：It's flying. /The bird is flying.

T：Can you spell it?

S：Yes. F-L-Y-I-N-G, flying.（板书：flying）（设计意图：利用 Flash 动画课件，实现人机对话，为学生创设学习语言的情境，调动学生的英语学习积极性）

(2) 借助课件，用同样的方法教学：walking, jumping, running, swimming 这四个动词的 ing 形式的单词。重点指导学生拼写：running 和 swimming 这两个单词（双写最后一个字母再加 ing）。

【设计意图】

通过借助 Flash 动画让学生加深对新单词的印象，进而形成单词的听、说、读的能力。发展学生的综合性素养，形成能满足实际需要的沟通和交流能力）

二、情境教学法

情境是教师创设或模拟的生活场景，应具有真实、生动、实用的特点，便于学生将所学语言材料进行综合、创造性的表达交流。这种练习方法，具有接近生活的交际功能，而且能变单调、机械的句型操练为活泼、生动的交际性练习，从而帮助学生能够运用言语进行交流，达到学以致用的效果。

《课标》倡导英语学习活动观，并对如何践行英语学习活动观提出了更加全面、具体的教学要求与建议。英语学习活动观实际上是一种教学理念与方式的统称，即以活动为核心组织和实施英语教学的理念和方式。英语学习活动观体现的学习理念是：在体验中学习，在实践中运用，在迁移中创新。①

在这种以英语学习活动为基础的课堂上，学生们会通过模拟真实情境和问题来激发他们对语言的理解，并通过探究来实现这些理解。这些活动不仅能帮助他们掌握语言，还能帮助他们将所学知识应用到实际生活中。通过参与实践性活动，学生不仅可以运用所学的语言知识，还可以利用非语言知识进行交流，从而更好地理解所学的知识，并且可以培养出良好的语言运用能力。在迁移创新类活动中，学生结合个人实际，尝试在新的情境

① 中华人民共和国教育部：《义务教育英语课程标准（2022 年版）》，北京师范大学出版社，2022 年版。

中运用所学知识与技能，分析并解决生活中的真实问题，同时形成新的认识和价值判断。通过参加多样化的课外实践，学生可以将所获知识运用于实际工作，从而有效地提升自身能力，培育和提升核心价值观。

案例卡片 3－2

2022年版课标强调，英语课程要"体现工具性和人文性的统一，具有基础性、实践性和综合性特征"。小学阶段的英语学习要从学生的生活经验和认知水平出发，采用活动途径，倡导体验、参与、合作与交流的学习方式，通过英语课程的学习发展学生的核心素养。① 那么如何设计与实施小学英语课堂教学才能体现课标倡导的教学理念，帮助学生发展核心素养呢？具体来讲，应该如何围绕主题选择教学内容？如何结合学生的生活经验和认知水平设计教学活动？

课例：如何基于核心素养设计课堂教学？②

教学内容：外研版《义务教育教科书英语六年级下册（一年级起点）》

Module 9　Unit 1　Best wishes to you

教学思路：

设计不同层次的问题任务，让学生带着问题逐步深入学习课文。在阅读过程中，引导学生分层次阅读，运用阅读策略理解文本信息，培养学生自主阅读能力。利用思维导图，将文本信息和学生在此基础上生成的内容进行整合。教师引导学生利用关键词阐述文本的三篇毕业赠言，并再次通过思维导图帮助学生归纳、分析、总结为别人写毕业赠言时的框架和语言支架，为学生运用目标语言进行写作奠定基础。

教学目标：

一、展示照片

教师通过投影向学生展示他们过去和现在的照片，并提问：

(1) What did they look like six years ago?

(2) What are they like now?

【设计意图】

通过照片，回顾六年来自己和同学们的变化，感叹时光流逝，有很多值得记忆和珍藏的往事，从情感上激发学生想表达、想向过去告别的愿望。发展学生的语言能力，使学生逐步形成语言意识。

二、向学生介绍本节课的学习活动

T：Today we will learn how to send best wishes to our friends. We will also learn how to write goodbye letters to friends and classmates.

---

① 王蔷、李亮：《推动核心素养背景下英语教—学—评一体化：意义、理论和方法》，《课程·教材·教法》2019年第5期。

② 梅德明、王蔷：《新时代义务教育英语课程发展——义务教育英语课程标准（2022年版）解读》，《基础教育课程》2022年第10期。

【设计意图】

课堂开始，提出本课的教学任务，让学生明确学习目标，带着期待进入新课程的学习。通过这种方式，提升学生英语学习效率的意识和能力。

三、观察图片，预测并讨论图片内容

通过观察图片，学生可以推断出图片中的人物的身份、他们的行为和想法。

【设计意图】

学生在轻松的氛围中开始本课的学习，通过激发学生对话题的思考与猜测，培养学生的思维能力。思维能力的提升有助于学生学会发现问题、分析问题和解决问题。

四、通过歌谣学习祝福用语

学唱歌谣(教材第 50 页中的 Listen and chant 部分，即前一活动的图片中 Lingling 和 Amy 说的话)，学习 good luck、miss you 等祝福用语的含义。

Best wishes to you! Good luck to you! You are a great friend. And I will miss you.

【设计意图】

听录音，检测预测的结果，使学生在话题中进一步思考，加深对话题的理解和掌握。与此同时，发展学生核心素养中的学习能力，使其养成良好的终身学习习惯。

五、分段阅读

1. 阅读课文第一部分，大明请同学在毕业同学录上写留言的短文(教材第 50 页 Listen and read 部分的第 1 段)。

T：When we give best wishes, please don't forget our good friends. They are Sam, Amy, Lingling and Daming. They have helped us learn English for six years. And very soon, they will say goodbye to each other. Daming wants to remember all his good friends.

Listen, watch and get ready to answer these questions.

Question 1：What does Daming want his friends to do?

Question 2：What will he do?

【设计意图】

对文本进行分段处理，对大明毕业同学录上的自我介绍内容部分分段学习，引导学生在情境中寻找共鸣。通过快速阅读，训练学生快速捕捉信息的能力，并为写作做好铺垫。阅读课文的剩余部分，即教材第 50～51 页 Listen and read 部分的第 2～4 段。

T：Now let's read Daming's friends messages to Daming.

(1) Read for the first time and answer the following question：

Question：What do Lingling, Amy and Sam think of Daming?

(2) Learn to say sentences describing Daming.

You are a wonderful friend. You are my best friend.

You are a naughty but lovely boy.

(3) Read for the second time and answer the following question：

Question：What are their happy memories with Daming?

(4) Learn to say sentences about happy memories.

You brought us lots of joy. You helped me in sport. You taught me Chinese.

【设计意图】

通过寻找大明与好朋友的美好回忆，唤起学生表达的欲望，学生结合亲身经历，在情境中运用语言。学生能够熟练掌握本节课的目标语言，并能够灵活地使用句型“...，helped me in ...，... brought me lots of joy.”“... taught me Chinese ...”这样的教学培养了学生积极运用和主动调适英语学习策略的学习能力。

六、小组朗读课文

教师给出朗读注意事项：

(1) Read loudly.

(2) Read emotionally.

(3) Help each other.

【设计意图】

在朗读课文时渗透朗读技巧，并引导学生在合作时互帮互助。树立正确的英语学习目标，培养学习热情，积极参与语言实践活动。

七、归纳留言

归纳大明毕业同学录上朋友们为他写的话。

T：Daming's friends Lingling，Amy and Sam have written their messages in Daming's message book. Daming wants to make summary of what his friends think of him. Can you help him to do this? Imagine you are Daming and try to make a summary of what your friends think of you.

八、撰写留言与祝福

给大明写留言并表达祝福：请学生以小组为单位，讨论他们想对大明说什么话，表达什么祝福。

T：Daming has been a friend of ours for a long time. Now he is going to say goodbye to us. What do you want to say to him?

【设计意图】

教师呈现大明与学生共同经历的美好回忆，让学生开展头脑风暴，发挥想象力，挖掘内心的真实情感，为学生运用目标语言提供各种机会。同时培养学生开展小组合作学习的能力，通过优生带动、互助学习的方式让学生开口说英语，并在小组竞赛中增强自信，体验说好英语带来的成就感。体现学生核心素养的语言能力，让学生进行有意义的沟通与交流。

T：Now let's write out messages for Daming in his message book. When you are writing a message to your friend，you can write your name，age，city you are from，what you think of your friend，happy memory and best wishes to him/her.

【设计意图】

通过整理朋友们给大明的信息，在教学中把学习、生活、情感、领悟等要素有机融合，使学习变得真实而有趣。通过归纳提升语言点，强化知识认知；通过书写要求的讲解，明确如何写毕业赠言；通过对朋友间互诉衷肠，领悟友情的珍贵。着重体现核心素养中的学习能力，拓展学生的英语学习渠道。

九、观看短视频

观看全班同学过去六年学习和生活的短视频。

T：Today, when you are going to say goodbye to each other, please remember and enjoyed these unforgettable moments.

Year 1：Six years ago we met each other. We were in the same class.

Year 2：We played dice game.

Year 3：We had a holiday trip. We visited Yong ding and saw the earth buildings.

Year 4：We made things. We said a poem.

Year 5：We were training in the army. We helped people.

Year 6：We had a sports meeting. We went for a school trip. We did English plays. We played football. We are Grade Six. We will finish primary school life.

【设计意图】

从文本回到现实，通过一段短视频，回顾六年来同学们相处的美好时光，引发孩子们珍惜往日、向往未来的情感。通过培养学生的独立思考能力，让他们能够从不同的视角来理解世界，并能够以合理的方式表达自己的观点。

这堂课的主题为阅读，旨在培养他们的语言应用技能。我们的目的是协助他们学会如何有效地表达情绪，并且娴熟地撰写论文。我们的老师将引领他们仔细选择他们喜欢的内容，协助他们更好地理解和掌握知识。通过阅读课外资源，我们希望帮助学生更好地理解课程内容，熟悉常见的表达，并且能够根据具体场景进行有效的应用。我们还将给予他们更多的实践机会，协助他们更好地了解基础的语言技巧，培养他们的实际应用能力。

本课着重体现了“小梯度、多台阶、多反复、层层突破”的小学英语教学思想，遵循“呈现—实践—迁移”的英语教学规律，让学生经历“整体呈现语篇—处理文本细节—再次回归语篇—走出语篇，运用语言做事”的学习过程，激发和培养学生学习英语的兴趣，培养学生的观察能力、思维能力和创新能力。同时创设尽可能真实的语境和信息差，采用任务型教学途径与小组合作学习的方式，循序渐进地发展学生用英语做事情的能力，充分体现以教师为主导、学生为主体的课堂风貌。①

① 贾军红：《任务型教学在英语词汇教学中的应用研究》，《内蒙古师范大学学报（教育科学版）》2014年第2期。

在我国的基础教育改革的推动下，英语课程的实施和课堂教学已经从单纯的学习词汇和语法知识转向了培养学生的综合语用能力。现在，我们正在探索如何培养学生的核心素养。因此，本课设计以此为出发点，考虑到从核心素养的维度理解教材内容的普适性，首先思考的是学习这篇对话将与学生的生活有什么关联，会产生什么影响。本课教学结合学生即将面临的真实学习生活情境，以情感为主线，以情感为激发点，以情感为牵引，将知识目标和情感目标巧妙融合。通过创设真实的语言情境，回顾与同学们共处的美好时光，领悟关于朋友的格言、诗歌等，使学习内容语境更为完整语量更为丰富、逻辑更为清晰，学生得以在真实交流和运用中学习目标语言。

本节课的执教教师能深入解读文本，巧妙处理文本的结构与内容，其做到了三个巧妙：

(1) 巧妙分段处理大明和朋友们的留言。从"What does Daming want his friends to do?"到"What does three friends write to him?"把看似完整的语篇一分为二，做到巧妙分割，情境真实易懂。

(2) 巧妙分三个层次的问题理解三个朋友的留言。从"What they think of Daming?" "What's the happy memory with Daming?" "What are their best wishes to Daming?"三个问题出发，从不同形式来解读文本，自然呈现学习语言点。

(3) 巧妙从语篇中归纳写作的格式 要点、要素。在本课教学中，教师始终融词、句、篇的教学于语境教学中，利用三篇写给大明的毕业留言以及补充的阅读短文，梳理写作留言的框架和格式要领，在不知不觉中培养了学生的自学能力、阅读能力和知识归纳能力。

在本节课中，社会主义核心价值观中关于友善和谐的倡导在本课中得到充分体现。通过送祝福，激发学生主动表达对朋友的友爱之情。短视频的使用真实而动情，使之后学生在写告别信的环节能够做到有感而发。

三、全身反应法

TPR 全称是 Total Physical Response 全身反应法，是美国加州圣约瑟大学心理学教授 James Asher 于 20 世纪 60 年代提出的。这种方法注重的是语言学习中的互动模式，倡导把语言和行为联系在一起，通过身体动作教授外语。调动学生的感觉器官，有助于理解力的提高和创造一种轻松、活泼的语言学习环境，让学生通过全身各个部位的不同动作达到记忆的目的。在低年级英语教学中，可用具体形象的手势、动作来辅助英语学习，激发学生学习兴趣，提高学习效果。

如词汇教学，在学习身体各个部位的名称时，老师可以设计一个"Show me your ... "的环节。老师发布命令，让学生用手指各个部位，让学生在玩中学。例如：Hand 这个单词，老师说"Show me your hand."学生就根据指令做，熟练之后请学生当指挥官，"发号施令"。这种形式的教学，不仅能让学生快速牢记身体各个部位的名称，而且还能充分调动他们学习英语的积极性，使课堂气氛活泼有序，教学质量大大提高。

案例卡片 3-3

一、教学内容:小学一年级第七单元 The fog family

教学设计以 The frog family(青蛙一家)为主线,把 father(父亲)、mother(母亲)、brother(哥哥)三个单词穿起来,整合成一个完整故事。语言材料中前三段内容基本框架一致,故事情境有趣,表演起来生动活泼,增强了教学内容的可操作性,力图充分体现全身反应法的教学特点。

二、教学活动安排

1. 听一听,看一看

(1) 教师说指令示范动作

教师利用动画多媒体手段,引导学生一起读一篇小故事——青蛙一家。

> [The frog family]
>
> Mother frog is hot-very, very hot. Mother frog jumps, jumps, jumps. She sits on a lily pad in the pond. She has got three mosquitoes.
>
> Father frog is hot-very, very hot. Father frog jumps, jumps, jumps. He sits on a lily pad in the pond. He has got four flies.
>
> Brother frog is hot-very, very hot. Brother frog jumps, jumps, jumps. He sits on a lily pad the pond. He has got two spiders.
>
> They eat and eat. They're very happy!
>
> And then-SPLASH-they all fall into the pond!
>
> 青蛙妈妈非常,非常热。她跳啊跳。坐到了池塘中的荷叶上。她吃了三只蚊子。
>
> 青蛙爸爸非常,非常热。他跳啊跳。坐到了池塘中的荷叶上。他吃了四只苍蝇。
>
> 青蛙哥哥非常,非常热。他跳啊跳。坐到了池塘中的荷叶上。他吃了两只蜘蛛。
>
> 他们吃啊吃,吃得非常开心!
>
> 最后,随着飞溅出的水花,他们都跳进了池塘。

在展示课程材料的过程中,教师采用一系列指导语保持学生对课程材料的注意力,并深入理解故事内容:

Today I will introduce a happy family to you——froggy's family. This is froggy. Let's greet with him. How many frogs are there in froggy's family? Who is coming? (今天老师要给大家介绍一个快乐的家庭——小青蛙的一家。这是小青蛙。我们和他打招呼吧!小青蛙的一家有几位成员?看,谁来了?)

翻开第一页,根据图片中的场景,教师说故事,并结合故事的含义做示范动作。

Mother frog is hot-very, very hot. (抬起右手或左手,在右脸或左脸的侧面晃动两下,似"扇风"状。)Mother frog jumps, jumps, jumps. (两臂举起,手掌摊开,半蹲,跳三下。)She sits on a lily pad in the pond. (保持半蹲姿势,头左右晃动两下。)She has got three mosquitoes. (抬起右臂或左臂,在空中快速伸三下,似"青蛙吃虫"状。)

(2) 学生边听边观察

学生听录音,看动画,观察老师的示范动作,通过听一听、看一看,理解文章第一段的含义。① Mother frog is hot-very, very hot. ② Mother frog jumps, jumps, jumps. ③ She sits on a lily pad in the pond. ④ She has got three mosquitoes.(青蛙妈妈非常,非常热。她跳啊跳,跳到了池塘中的荷叶上。她吃了三只蚊子。)四句话的基本句型学生都已学过,结合新的情境中生动有趣的动画,能力较强的学生基本可以明白整个段落的意义。

由于文章中三段内容的基本结构一致,所以教学重点放在了第一段。当学生听并看过一遍动画后,教师呈现出这段文章的文字。这一次,学生一边听教师说,一边看教师示范动作。对于能力较强的学生来说,第一遍听懂,第二遍就可以尝试阅读;而对于能力较弱的学生,通过再一次不同形式的重复,这段文字的基本含义就明白了。

2. 大家一起做

如果说第一步是用眼睛看,第二步就是用动作来演。值得注意的是,表演不是一个人的"秀",而是全体一起做,其目的是降低学生的紧张情绪,在集体的氛围中愉快轻松地学。

(1) 教师说指令示范动作,学生跟着做

为了将第一段的操练落实得更加透彻,在意义操练之前,教师需要给学生们做一些机械操练:教师说故事,全体学生和教师一起演一演。在表演的过程请学生们进一步体会语段的含义和趣味。

在这篇故事中,基本的句型是四个,每个句型都有相应的基本动作:

... frog is hot-very, very hot.(抬起右手或左手,在右脸或左脸的侧面晃动两下,似"扇风"状。)

... frog jumps, jumps, jumps.(两臂举起,手掌摊开,半蹲,跳三下。)

She/He sits on a lily pad in the pond.(保持半蹲姿势,头左右晃动两下。)

She/He has got ...(抬起右臂或左臂,在空中快速伸几下,似"青蛙吃虫"状。)

教师可以随意抽出一句话,请学生们跟着一起做动作,比一比,谁的反应最快?谁做得最像?当学生们对每句话都比较熟悉后,教师可以将四句话联系起来,请学生们演一演。

(2) 教师说指令不示范动作,学生按指令做。

稍后,教师在学生们都掌握得比较好的基础上,适当增加难度,教师说故事的第一段,但不示范动作,请学生分组表演,比一比哪组演得最好?

在第一组表演的时候,教师说故事,当第二、三、四组表演的时候,教师可以鼓励其他组学生一起来尝试说故事,在集体说故事中,引导学生逐步从看着读到有表情地脱稿说。

3. 做一做，说一说

通过全班一起看一看，演一演，说一说，学生对于这个故事的基本语言结构已经相当熟悉，在此基础上，教师可以提高要求，鼓励每一个学生说一说演一演。

(1) 教师说指令不示范动作，学生复述完成动作。

通过对第一段内容的反复操练，学生基本已经能熟练地说出第一段。（能力较强的学生比较熟练地说；能力一般的学生基本说出；能力较差的学生在教师的帮助下能说。）在这样的基础上，教师开始讲述第二段故事，这时教师不再做动作，请学生听一听，然后去除关键词给出基本语句框架，请学生填一填，演一演。

________ is hot-very, very hot. ________ jumps, jumps, jumps. He sits on a lily pad in the pond. He has got four flies.

在这个步骤中，教师要求学生能够完整地说出第二段故事内容，作出相应的动作。

Father frog is hot-very, very hot.（抬起右手或左手，在右脸或左脸的侧面晃动两下，似“扇风”状。）Father frog jumps, jumps, jumps.（两臂举起，手掌摊开，半蹲，跳三下。）He sits on a lily pad in the pond.（保持半蹲姿势，头左右晃动两下。）He has got four flies.（抬起右臂或左臂，在空中快速伸四下，似“青蛙吃虫”状。）

(2) 扮演“小老师”

通过对第二段对内容的描述，大部分学生比较熟练地掌握了故事的语句结构，当最后一段内容的主人公(brother frog)出现后，教师不给录音，提供以下语言材料。

________ is hot-very, very hot. ________ jumps, jumps, jumps. He sits on a lily pad in the pond. He has got two spiders.

在这个步骤中，教师可以请个别学生来做小老师，补充完整这一段的内容并尝试演一演。

Brother frog is hot-very, very hot.（抬起右手或左手，在右脸或左脸的侧面晃动两下，似“扇风”状。）Brother frog jumps, jumps, jumps.（两臂举起，手掌摊开，半蹲，跳三下。）He sits on a lily pad in the pond.（保持半蹲姿势，头左右晃动两下。）He has got two spiders.（抬起右臂或左臂，在空中快速伸两下，似“青蛙吃虫”状。）

最后，在没有任何语言材料的辅助下，教师请学生看着 Brother frog 的图片复述出完整的第三段内容。

四、游戏教学法

用游戏形式复习单词、句型，练习新语言点，使学生寓学于乐，在活泼、轻松、愉快的气氛中自然而然地获得英语知识与技能。游戏要求简短易行，有趣味，而且要与本课教学内容紧密相关。游戏经常有如下几种挑战形式：比速度、比反应、比强记、比观察、比想象、比思维；有听、说、读、写各种形式，有分有合。要使学生积极参与和配合，游戏形式的多样化就显得非常重要。“把戏不可久玩”，再好玩的游戏，玩过几次就不再有新鲜感。因此教师应不断收集游戏、精心设计和翻新游戏。以下介绍几种常见的游戏：

1. 猜谜语

猜谜语是一种有趣的教学游戏活动，把猜谜语引入课堂，确实是一种很好的活动形式，学生对此很感兴趣，它不仅能增长学生的英语知识，训练他们的听说能力，而且还可开发学生的智力，培养其思维能力。可以采用以下两种形式：① 字母谜语。主要是依照字母的发音和字母所表示的特定含义以及字母在单词中的位置来设计的。例：Which letter is a kind of drink? ② 单词谜语。主要是根据词的音、形、义等三个方面的特征来设计的，因此在挑选单词谜语时必须要考虑学生的词汇量。例：What word has three "a"s and two "n"s in it?

2. 宾狗(Bingo)

这个游戏的玩法是：每个学生准备一张纸，并在上面画一个井字，将纸分成九格，然后教师随便念九个学过的单词，学生边听边将单词写在格子中，随便填在哪格里都可以。学生填好后，教师再打乱次序逐个念这九个单词，学生边听边在听到单词上画圈，当画的圈在横行、竖行或对角线上成为一条直线时，学生就可边喊"宾狗(Bingo)"边将纸举起让教师检查，最先喊"宾狗"写得准确的获胜。这个游戏还可以用于数词，也就是说，教师可以随意念九个数词来代替九个单词，让学生填入格子中。

3. 开火车

开火车可以以各种形式进行，如：拼单词竞赛、相同词首单词拼读赛、单词接龙等。

拼单词竞赛：将全班分成若干小组，教师说一个单词(如：school)，第一组的第一名至第六名学生逐个站起来，每个学生说一个字母(s-c-h-o-o-l)将这个单词拼出来。拼对加分，拼错不给分。以此类推，得分最多的组获胜。

相同词首单词拼读赛：将全班分成若干小组，教师按照组的顺序对每组说出一个字母，每组从第一名到最后一名同学说出以此字母开头的单词并拼读出来，满分 10 分，念不出或念错、拼错要扣分，得分最多组获胜。注意不要说 Q，V，X，Z 等字母。

单词接龙：将全班分成若干小组，教师说一个字母，每组第一个学生以此字母为首字母说出一个单词，第二位同学以第一位同学说出单词的词尾字母作为首字母说出另一个单词。以此类推。如：pen-nice-eight-tea-an-no-or-right-teacher-radio-on-not ...

4. Sam says

教师在发出指令前可以说"Sam says"，则学生做此动作，指令前没有"Sam says"学生则不做此动作，如教学一年级"五官"一单元时教师说"touch your nose"，而学生做了摸鼻子的动作，便算错了。全班分四组，反应慢或做错的同学被淘汰请回到座位。留下的人最多的小组获胜。

运用游戏教学法时，一定要注意时间与类型的安排，不能一味地用游戏代替讲授。游戏的难度要分层，让学生有选择性。教师可以根据学生学习的具体情况适应的协调学生在游戏中的分工。此外，游戏的设计要注意真实性和时尚性。

案例卡片 3－4

Pin a nose on a face(贴鼻子)

游戏功能:复习巩固四个方位词

游戏玩法:在黑板上画一张缺鼻子的脸,请一个学生走到黑板前,用布蒙上他的眼睛,让他贴出鼻子。台下的同学用"up, down, right, left"这四个词汇告诉他该怎么做。"Up, up ... ""Down, down ... "随着鼻子位置的变化,学生们调整指令,在大家的共同努力下,找到鼻子的正确位置。

知识性:该游戏的目的是让学生掌握"up, down, right, left"这四个表示方位的单词。

案例卡片 3－5

顺风耳

游戏功能:操练单词

游戏玩法:教师让一个学生背对着全体学生站立,然后将单词卡片藏于某一个学生的桌子内,再请讲台上的学生转过身寻找此单词的位置。全班学生一起朗读此单词,如果该同学离单词位置近,那么朗读的声音就响,如果离单词越来越远了,那么朗读的声音就越来越轻了。以此为准直到找到单词为止。

这个游戏在设计时充分考虑到了全体学生,每个学生都可以积极地参与到游戏当中去,享受到游戏带来的乐趣,刺激每个学生对英语课堂产生浓厚的兴趣,同时在无意识中掌握了单词的读音。

五、交际教学法

交际教学法是在20世纪60年代后期创立的一种新的语言教学方法。它认为语言是人们交际的工具,人们用语言表达意念和情感。交际法的心理学基础是认知心理学,代表人物是乔姆斯基。他认为在语言教学中,重点应该发展学生的认知能力,帮助学生逐步完善大脑里的"语言习得机制"。

1. 在单词教学中的应用

使用交际法来授课,我们应该为孩子们提供一个有利的语言氛围,帮助他们探索拼写的原理、发音技巧以及字母的使用,而不是仅仅依靠死记硬背。如课题"At Christmas",老师让学生就"圣诞节"这个话题让学生分组进行讨论对话。节日问候本来就是人们日常交际之一,它给学生提供了熟悉的事物,让学生有话可说。同时也帮助学生学会寒暄,培养了其交际能力。不过由于小学生词汇贫乏,老师要提供一些必要词汇。还要允许学生适当地运用汉语,让学生清晰地表达出自己的意思,防止出现"结巴"的状况,增强他们说话的信心。这种教学法不仅能帮助学生学习英语,还能帮助学生摆脱羞怯感、促进学生交流、形成基本的交际能力。

2. 在句型教学中的应用

以情景教学为例。老师创设情境，进行示范教学。例如，在学生进办公室交作业本这段对话中可让学生模拟表演对话情景。一边敲课桌模拟敲门声一边说："May I come in?"然后双手递上作业本说："Here you are, Miss White."简单的句型不仅让学生学习了语言知识，同时还向学生示范如何有礼貌地进入别人的房间。在不同场合使用正确的交际语言是一种交际技巧，同时也是一种交际能力的表现。在教学活动中，我们应该多示范、指正，从而使学生学会正确、适当的交际用语和交际行为。小学生喜欢模仿别人的言行，因此在教学中老师可以多进行示范、举例来引导学生的言语行为，进行愉快的人际交往。

3. 在对话教学中的应用

"小组合作法"作为一种有效的对话教学方法，其目的在于通过创造有意义的讨论，让学生更加深入地理解课程的主旨，并且能够更好地运用所掌握的知识，从而更好地掌握语言技能。为了充分利用每个学生的个性特点，教师应该提供一些丰富的练习，让他们能够自由地挑战自己。除此之外，教师也应经常鼓励他们去尝试新颖的方法，并给予他们适当的赞赏。同时，教师还要注意在对话小组中各层次学生的合理组队。

4. 在阅读理解教学中的应用

当学生进行阅读理解时，他们的个人背景、语言表达能力、对社会文化、政治、经济、历史和地理等领域的了解程度各不相同，因此他们对所阅读的材料的理解程度也各不相同。这就需要教师在以下方面发挥作用：选材—阅读前的启发与指导—阅读过程中的辅导与答疑—阅读后的交流，讨论与检查。学生在这一教学程序中的任务：阅读—猜测词义—联想与推断—讨论。

3

案例卡片 3-6

<table>
<tr><td colspan="2">《英语》(新标准)(小学三起)四年级下册
Will you take your kite? 教学设计*</td></tr>
<tr><td>教材分析</td><td>

本模块的教学内容是谈论未来的计划及天气状况。在第一单元里，Sam 和 Amy 星期六去野餐，两人讨论明天要带什么东西，引起了一个小误会，以这一故事为载体，学习句型 Will you take ... ? Yes, I will. /No, I won't. 第二单元里，通过小朋友向机器人询问天气状况，学习了句型 It will (be)... /Will it (be)... ? 及其答句。</td></tr>
<tr><td>模块教学目标</td><td>一、语言能力
1. 熟练掌握本模块的重点单词 take, picnic, great, ball, why, because, so 和句型 Will you ... ? Will it ... ? 并能够在真实语言情境中进行情境交际。
2. 能运用：Will you take your ... ? 及其回答 Yes, I will. /No, I won't. I will take ... .
二、思维品质
引导学生做一个有计划、有条理的人。
三、学习能力
培养学生的合作交流能力。</td></tr>
<tr><td>教学重点及难点</td><td>教学重点：
1. 掌握本模块重点单词 take, picnic, great, ball, why, because, so 和句型 Will you ... ? Will it ... ?
2. 掌握一般将来时的用法。
教学难点：
能运用将来时描述天气和未来计划。</td></tr>
<tr><td>教学辅助</td><td>Video 动画视频、词卡、课件、奖励性贴画、教学挂图。</td></tr>
</table>

* 本教材出现的对话中"T"代指 teacher，"S"代指 student，"Ss"代指 students。

（续表）

教学过程		
教学内容 （含时间设置）	教学活动	设计意图
Step 1：Warm-up （about 3 minutes）	1. 说唱歌谣，边唱边做动作。 Sam can ride a bike. He can ride his bike. Amy can fly a kite. She can fly her kite. 2. 看一看，回答问题。 Will you fly a kite?	歌谣热身，复习第三模块的 chant；观看活动 1 的视频，回答问题，由旧知 can 引出新知 will。发展学生的语言能力，体现了思维品质中一定的创造性、批判性和深刻性。
Step 2：Lead-in （about 2 minutes）	教师先由旧知 Amy can fly her kite 引入自己周六也打算放风筝，接着播放课文动画。 Will you fly? No，I won't.	导入本课课题，通过飞猫的故事，让孩子懂得做事要实事求是，量力而行。能就语篇信息或观点初步形成自己的想法和意见，把核心素养贯穿始终。
Step 3： Presentation （about 20 minutes）	看动画，回答问题。Listen and answer. T：OK，now，Let's come to Sam and Amy's weekend plan，All right?（课件出示选择题）  T：Which one，please listen and find. 星期六我们到底准备去干什么呢？看完课文动画再来做选择吧。（完整观看） T：Now this time，A、B、C，which one? T：OK，let's read.（师带读 On Saturday，1，2……学生读题目） T：OK，now，follow me，Picnic，Picnic.（出示词卡并带读两遍） picnic—have a picnic—We're going to have a picnic.—On Saturday we're going to have a picnic.（每个词组读 3 遍并挑学生读。）学生看板书分角色整体操练这三组问答句。	从最初的师问生答逐渐过渡到学生根据提示问答到最后学生完全独立问答。通过这种搭建支架式的学习方式，学习的任务逐渐由教师转移给学生自己，有效地培养了学生的自主学习能力，提高了学生的学习能力和学习效率，做到乐学善学。 主情境图导入话题 a picnic，教师引导学生思考为了野餐他们会带些什么呢？进而引出问题：Will they take a kite? Will they take a ball? 然后继续追问：Why not? 通过深入探究文本故事，我

3

3

（续表）

教学内容 （含时间设置）	教学活动	设计意图
	继续观看动画，回答问题。 T：They will have a picnic on Saturday. What will Sam ask?  读一读，想一想。 T：Amy won't take her kite and she won't take her ball tomorrow. Why not? Ss：Because tomorrow is Friday. They are going to have a picnic on Saturday. 听录音并跟读。 Let the students pay attention to their pronunciation and intonation.	们可以帮助学生更好地理解逻辑思维、辩证思维和创新思维。这有助于提高他们的语言能力，培养他们的核心素养。
Step 4： Practice and Consolidation (about 13 minutes)	1. 分角色表演。 2. 小组合作，完成活动。 Sam：We are going to have a picnic on Saturday. Amy：Will you take a ball? Sam：Yes，I will. /No，I won't.  玩猜谜游戏，教师把要带的东西放在一个包里，学生运用 Will you ...？句型来向老师提问。 T：I am going to have a picnic on Saturday. I will take this bag. What will I take? Ss：Will you take ... ? T：No，I won't. / Yes，I will. Here you are. Ss：Thank you.	分角色表演让学生进一步体会文本故事情境。学习能力是核心素养发展的关键要素，有助于拓展英语学习渠道，使学生学会自主探究，合作互助。 两人一组练习竞猜游戏，让学生在趣味横生中操练本课的目标句型。教师创设丰富的语境，在理解和表达活动中帮助学生习得词汇和语法知识。

（续表）

教学内容（含时间设置）	教学活动	设计意图
Step 5：Emotional Education (about 2 minutes)	We should be well-prepared before doing something.	我们应该提醒学生，在开始任何事情之前都应该有充分的准备，以便能够更好地完成它们。通过开展英语综合实践活动，促进学生核心素养的全面发展。
Classroom Assessment	Language Encouragement Stickers	通过采用多种奖励方式，激发学生对英语的兴趣，鼓励他们勇于表达自己的想法。本节课以“学用结合，课内外结合”为准则，通过实践活动，将学生的学习带入更加丰富多彩的现实世界。
Blackboard Design	Module 4 Unit 1 Will you take your kite? fly　　Will you take your kite? take　　Will you take your ball? Yes, I will. /No, I won't.	
Homework： Read the dialogue. Work on your plans for next week.		

六、儿歌说唱法

德国著名教育家第斯多惠说：“ 教学的艺术不在于传授的本领，而在于激励、唤醒、鼓舞。”在小学英语教学中，老师可以在课前、课中、课尾适时地引入与课堂内容相关的英语儿歌，以此激发学生的学习兴趣，调节课堂气氛。

如在教 1～10 的英文数词时，让学生一边听音乐、唱英文歌，一边通过手指来做游戏，用手指动作来表达歌词的内容和情节。

One little, two little, three little Indians
Four little, five little, six little Indians
Seven little, eight little, nine little Indians

Ten little Indian boys

学生在游戏式儿歌中，既学到了知识，又愉悦了身心。久而久之，掌握了学习规律，也会模仿教师创作一些英文儿歌。

除了采用已有的儿歌，教师也可以根据自己学生的认知特点，将学习的内容编成一些顺口易记的歌诀，如：丁丁、丁丁真能干，学习思考用 head，小小 eye 看黑板，竖起 ear 认真听，mouth、mouth 长得巧，讲起英语都说好，nose、nose 嗅觉灵，foot、foot 踢足球，arm、arm 来举重，长长 leg 跳绳快，虽然比赛伤了 toe，领奖 face 乐开了花，全班都拍起了 hand，夸他为班争光顶呱呱。学生在背歌诀时，脑、口、耳并用，还可以配以肢体表演，这样的英语学习是愉快的，可以调动学生的学习积极性，让学生在轻松愉悦的气氛中学习，使他们感到学习不再是一种负担，而是一种乐趣。

案例卡片 3－7

教学过程：

1. 热身、复习（Warm-up/Revision）

（1）师生共唱英文歌曲：Heads Shoulders Knees and Toes

（2）学生展示英语口语对话。

（3）游戏：Do it quickly!（快速做一做）

首先，用单词卡和图片练习所学动物类单词。学生边读老师边把卡片和图片贴在黑板上或墙壁上。之后，将全班分为三、四队，按顺序每次每队出一名选手。教师给学生下达指令 Run to the cat，各队的选手要快速跑到 cat 的图片或卡片处，用手取下图片或卡片。哪组学生得到图片或卡片就为他们队得一分。随后，教师再用本单元第二课时的指令 Act like a cat/ a duck/a panda/等，让学生边模仿边走到卡片或图片处取下。

2. 呈现新课（Presentation）

（1）教师将准备好的老麦当劳农场的图片贴在黑板上，指着图中的老麦当劳对学生，说：Look, this is Old MacDonald. This is a farm. This is Old MacDonald's farm. 之后，教师带读 Old MacDonald 和 farm 两个单词。告诉学生 farm 是农场，Old MacDonald 是人名。检查学生认读情况，适当纠正发音，此时的准确认读有利于后面歌词的跟读。

（2）教师播放歌曲 Old MacDonald，询问学生听到些什么？（学生能听出的歌词不在乎多少，注重听力的训练。）表扬听对、敢说单词的学生。

（3）教师带读歌词中的重点词句。Old MacDonald had a farm. On that farm he had some ducks. Old MacDonald had a farm on that farm he had some ducks. 教师边带读边把几只鸭子的图贴到农场的不同地方。用中文解释道：老麦当劳有个农场，农场中有 ducks，这里嘎嘎叫，那里也嘎嘎叫，到处都是嘎嘎的叫声。引出 Here a quack, there a quack, everywhere a quack quack. 重点带读 here, there, everywhere, with。

(4) 教师手打节拍，再次带读歌词。

(5) 让学生听 Let's sing 部分的录音，学生跟着试唱。由于这首歌的歌词较复杂，让学生多听几遍多跟唱几遍。教师还可以逐句教唱。

3. 趣味操练(Practice)

(1) 教师拿出准备好的 ducks, cats, dogs 的头饰。在学生初步掌握书上的一段歌词后，指导学生将歌词稍做改动，增加几段歌词，进一步运用动物类单词演唱歌曲。ducks 改为 cats, dogs, quack, quack 改为 meow, meow, woof, woof。

(2) 师生共同演唱改编后的歌词。

(3) 由于歌词较难，在连唱几段歌词时，教师可以自己领唱或找能力强的学生领唱前两行，从第三行起集体齐唱。用此方法降低难度，调动唱歌兴趣。

(4) 做 Let's make 部分的活动。教师可将学生带到室外，在阳光下做手影动物。

第一，教师简单讲解活动内容和具体手势。找一面阳光能照得到的白墙，用两只手做不同动物的影子。

第二，学生亲自实践。除了学过的动物单词，学生还可做其他东西的影子，并及时告诉这种东西的英文名称。从中发散思维、努力创新，使学生既动手又动脑。

第三，教师组织巧手大赛，让学生展示自我的同时相互学习、彼此交流，但要注意比赛期间的英文使用率。学生可用：Look, I have ... 的句子表述。做得好的同学教师应该给予表扬和奖励。如果室外条件不允许，教师可打开投影机，照射在一面白墙上和学生一起活动。

七、任务型教学法

任务是一项以意义为中心的活动，使学习者使用目的语参与到理解、处理、输出或互动之中。在《小学英语教师手册》中也指出教材中的教学活动设计要坚持以学生为中心、以任务为主的原则。这里的"任务"指学习者独立或以小组形式运用语言完成具体的事情。比如根据课文的文字描述画一幅画、做一个调查、描述一件事情(事物)等。任务型教学，简单而通俗地说，就是学会用英语来做事情或者完成任务，学习者通过完成任务来学习语言。它以具体的任务为学习的动力，以完成任务的过程为学习的过程，以展示任务成果的方式而不是以考试分数来体现学习的成就。它是一种以学习者为本的教学途径，是将语言应用的基本理念转化为具有实践意义的课堂教学方式。任务型教学作为一种新型的课堂教学模式，它强调的是教学过程，力图让学生通过完成真实生活任务来参与学习过程，形成运用英语的能力。①

1. 精心选编优质任务案例，提供现代教育技术资源，加强教师培训

任务型教学作为外语教学的重要教学理论，在我国实际课堂教学中的精品案例较少，

① 董振颐：《运用任务型教学法进行小学高年级英语写作教学的实验研究》，《教育导刊(上半月)》2011 年第 4 期。

围绕真实教学案例开展的教师科研活动也不多，这就导致教师在实践过程中难以区分任务与练习的差异，偏离任务教学的初心，出现片面强调语言形式的老问题。Nunan 在 *Task-based Language Teaching* 一书中阐述了任务型教学的一般模式，并列举了具体的教学实施步骤。但在已有著作中，这些示例大多穿插在理论论证中，且数量较少，在一线教学中实操性不强。针对这一现象，教师培训部门可以选编以实际课堂教学为基础，包含全面听说读写的具体任务案例手册供教师学习参考。

除参考任务型教学案例外，对教师的培训还应注重现代教育技术素养。教育信息技术可以帮助教师提升任务过程的数据收集与分析方法。应注重互联网＋教育的发展，并推动更多的技术手段应用到外语教学中。一线教师要重视技术的应用，通过大数据分析任务过程中学习者的学习过程，进行过程调控，最终提高学习者自主调控学习过程的能力。

2. 以学习者为中心，发挥教师在任务型教学中的重要作用①

任务型教学的课堂需要强调学生的主体地位，但学生主体地位的实现有赖于教师的引领。在任务型教学中，教师应关注学习者的动机、学习策略、元认知、心智模式等方面以促进任务的完成。学习者的学习是在教师帮助下的建构过程，任何语言任务的完成都不能忽视学习者的动机(为何学习)、学习策略(多元智能获取语言能力的方式)、元认知(在任务过程中对学习的反思)、心智模式(对待学习的既有态度)等影响学习者语言任务完成的重要变量。其中，需关注学习者的语言基础，特别是初学者在任务型教学过程中的表现。对基础较薄弱的初学者来说，教师需考虑如何将母语整合到任务过程中，真正提升初学者对语言的理解和应用。有研究者对英语教师和教研员进行采访，结果表明大部分教研员同意在课堂教学中使用母语，而部分教师则对此提出了反对意见。但他们也承认，适当加入母语可有效地保持学生的注意力、兴趣和参与意识。因此，教师应根据学生的实际情况决定是否使用、如何使用母语。

3. 设立配套的任务型教学支持和评价体系，形成自上而下的多方联动系统

对有关部门来说，除了课程方案、课程标准等笼统的大纲之外，还应开发适合任务型教学的课程大纲和教学大纲，从而实现教育主管部门和课程开发人员进行自上而下的推动。此外，还应加强适合任务型教学的语言测评体系建设，既强调学生语言能力，又强调学生任务表现水平。没有支撑任务型教学的测评体系，就无法提升学习者完成任务的内驱力，也无法使教师在课堂教学中真正实践和改进任务型教学法。要建立适合任务型教学的评价体系，可以积极开展多元化、多层次、多角度、多形式的过程评价，如学生自评、伙伴互评、师生共评等，家长也可以参与到评价体系中进行协作评价。除了对语言的评价，还要对学生在任务活动中表现出来的情感、参与态度及任务成果诸方面进行评价。对不同水平的学生，也可设立不同的评价标准体系，真正做到用评价促进任务型教学的落地。

此外，任务型教学生态建设还应呼吁一线教师积极参与其中。无论是宏观的大纲开发还是微观的课堂教学，教师都是其中的重要主体。在任务型教学大纲和评价体系的开发中，应以教师在实践中遇到的问题为驱动，而不能仅限于纯粹的理论驱动。如针对教师

---

① 邢薇:《任务型教学法的偏解和创新——以英语教学为例》,《上海教育科研》2022 年第 4 期。

在任务型教学中遇到的知识体系输入、纠错反馈与任务情境设计的矛盾，探究如何在任务型教学中平衡知识的体系化和任务的意义性就是一个很好的研究问题。任务型教学法有其独特的优势，可在真实语境中促进学生语言能力的发展。但目前一线教师在采用任务型教学法进行英语教学时还存在诸多问题。因此，教师应注意把握意义与形式、知识输入与语境创设等要素之间的关系，在相关部门指导下积极完善评价和支持体系，并采用教育技术辅助教学，构建英语任务型教学的良好生态。

案例卡片 3－8

Step 1：Warm-up

1. Greeting

T：Hello！Boys and girls！Good morning！

Ss：Hello！Mr/Miss ...！Good morning！

T：Let's sing a song and then act.

教师播放上一模块学过的歌曲 ARE YOU DOING IT TOO？并要求学生做出相应的动作。

【设计意图】

通过唱英文歌曲，复习巩固学习过的动词短语和句型；活跃课堂氛围，激发学生的兴趣，将学生的注意力快速地引入英语学习的氛围中。

2. Sing and act

T：You can sing the song very well. Can you listen and do the actions well？

Ss：Yes.

T：Please get ready！

T：Run.

Ss：I'm running！（边做动作）

T：Swim.

Ss：I'm swimming！（边做动作）

T：Fly a kite.

Ss：I'm flying a kite！（边做动作）

T：Ride a bike.

Ss：I'm riding a bike！（边做动作）

T：Wonderful！You can listen and do the actions very well！Now，please sit down！

T：OK！What are the kids doing in our book？Let's have a look.

【设计意图】

通过谈论日常生活中学生们经常做的事情，鼓励学生主动参与到活动中，为本单元的话题做铺垫。

Step 2: Presentation

1. Activity 1

(1) 教师让学生观察图片,并通过提问的方式帮助学生理解对话发生的语境。

T: What can you see in the two pictures?

Ss: Some children and two monkeys.

T: What are the children doing in the first picture?

Ss: They are listening to music.

T: Yes, the kids are listening to music.

T: What are the kids doing in the second picture?

Ss: They are playing football.

T: Yes, you are right. You are as smart as the two monkeys in the pictures.

(2) 播放听力录音,先让学生跟读,模仿录音中小猴子的语音、语调。

(3) 让学生自由朗读、分组朗读、分男女朗读。

(4) 分角色朗读,邀请部分学生进行表演。听听谁模仿的小猴子的语调既可爱又流畅。

【设计意图】

通过观察图片和跟读,感知"What are ... doing?"和"They are ... "句型使用的语境。

2. Activity 2

(1) 让学生仔细观察图画,认真阅读课文,并要求学生用铅笔把文中出现的动词短语圈出来。

(2) 播放录音,让学生跟读,感知对话的语音、语调。

(3) 教师通过讲解语句"Let's get on the bus. We can see lots of interesting things"告知本课的故事情节:Amy 跟随 Daming 来到公园,乘坐公园巴士开始游览,在这期间,Daming 向 Amy 介绍了许多有趣的事情。

(4) 教师随意点名几位学生,让他们读一下自己找到的动词短语。教师将学生的答案写在黑板上(doing Tai Chi, rowing a dragon boat, playing chess, drinking soya milk)。

T: Thank you for your answers. Let's check together. OK?

Ss: OK.

① 教师在课件中播放教材上"打太极拳"的图片及对应的音频。

T: What are they doing?

Ss: 打太极拳。

T: Good. You are right. These people are doing Tai Chi.

教师出示"Tai Chi"单词卡片,教学生拼读并讲解该单词是英语词汇中的汉语借词,所以提醒学生需要特别留意该词的发音。教师可以模仿太极拳的动作,加深学生对该词的印象。

② 教师在课件中播放教材上"划龙舟"的图片及对应的音频。

T：Next，what are they doing?

Ss：划龙舟。

T：Yes，they are rowing a dragon boat.

教师出示“dragon”“boat”以及“dragon boat”三张不同的单词卡片，教学生拼读。通过直观的方式展示这三个单词之间的联系，方便学生记住这个词组。教师可以给学生拓展“划龙舟”的来历及比赛规则等知识。

【设计意图】

通过讲解“打太极拳”“划龙舟”有关的话题，可以调节枯燥的学习氛围，引起学生学习的兴趣，同时还可以让学生了解中国传统文化，很好地培养了学生对优秀文化的鉴赏能力。

③ 教师在课件中播放教材上“下国际象棋”的图片及对应的音频。

T：Look at this picture. There are two men. What are they doing?

Ss：They are playing chess.

T：Good.

教师先拿出一张男生的照片，说：“This is a man.”然后又拿出一张男生的照片，说：“There are two men.”接着引导学生拼读：“A man，two men. The two men are playing chess.”

T：OK. Please look at the picture again. What are these?（教师用激光笔指着两棵树）

Ss：They are trees.

T：Yes. Where are the two men?（教师用指示笔在两棵树之间来回移动，提示学生人与树的位置关系）

Ss：他们在树之间。

T：Yes. They are between the big trees.

④ 教师在课件中播放教材上“喝豆浆”的图片及对应的音频。

T：What are they drinking?

Ss：豆浆。

T：Yes，it's soya milk.

教师出示“soya milk”单词卡片，教学生拼读，同时出示豆浆实物。接着教师用手做“喝”的动作，说：“drink，drink，I'm drinking”，学生跟着教师做动作并拼读。

替换练习：drink milk，drink water，drink cola，drink coffee ...

⑤ 教师在课件中播放教材上的“钟表”图片。

T：（故作惊讶）Oh！ Look at the clock. It's twelve now. I'm hungry.

教师出示“clock”和“hungry”单词卡片，教学生拼读、学习新单词。

T：I'm hungry，hungry.（捂着肚子，假装饿了）If you are also hungry，you can say，“Me too.”

Ss：Me too.

(5) 教师在课件上集中展示四张图片(打太极拳、划龙舟、下国际象棋、喝豆浆)。

T:这一路上,为什么 Amy 要问 Daming 这些问题呀?(引导学生说出自己的想法)

Ss:(学生争先恐后地说出各种答案)

T:是的,不懂就要问。因为 Amy 是从英国来的,她不知道太极拳、龙舟、豆浆这些具有中国特色的事物。(教师小结,进行文化意识渗透)

(6) 播放本部分的整段录音,让学生逐图逐句跟读课文,模仿录音的语音、语调。

(7) 让学生通过自由朗读、分组朗读、分男女生朗读等方式熟读课文。

(8) 教师邀请部分学生分角色朗读课文,听听谁的发音更准确,谁读得更流畅。

3. Activity 3

Look, act and say

六位同学一组，三位同学一起做动作，一位同学展示卡片，一位同学（选择头饰）用“What are they doing?”询问，另一位同学（戴上头饰）用“They + are + 动词的ing 形式 + 其他.”回答。

其他组的同学要重复：Yes, they are......

(1) 让学生观察两幅图片,引导学生说出动词短语 play chess、talk to 和 drink milk。

(2) 播放录音,让学生反复跟读,并模仿录音的语音、语调。

(3) 教师让学生自由朗读、分组朗读、分男女生朗读。

【设计意图】

本部分是针对学会用句型“—What are they doing? —They're……”问答多个人正在做的事或发生的动作而设计的听说活动。帮助提升学生的学习和创新能力。

Step 3: Practise

(1) 教师让学生观察手册中四个人的表演,了解活动规则。

(2)教师将学生分成六人一组进行组内表演练习:学生A出示动作卡片,学生B和学生C以及学生D三人表演;学生E和F根据学生B和C、D的动作,进行目标语句的问答对话。组内成员可以轮流进行问答和动作表演。

示例:学生A抽到rowing a boat卡片,学生B、C、D做动作。

E:Look! What are they doing?

F:They are rowing a boat.

Others:Yes, they are rowing a boat.

(3)教师邀请学生上台汇报表演,看看哪组的默契度高,并且表达得更流畅。教师提醒问答的学生注意动词-ing形式的使用和发音。

Step 4:Consolidation and extension

(1)教师展示几张提前准备好的公园里的照片,让学生们每组派出一名同学,比一比哪组在最短的时间内回答正确。最快的那个小组可以划龙舟前进一步。

(2)课后教师可以要求学生找出一张照片,然后用"What are they/the kids/the men/the people doing? —They're……"写至少两组对话。

Step 5:Homework

(1) Listen and try to imitate.

(2) Act and guess.

Step 6:Blackboard Design

本章小结

“教学有法，教无定法。”小学英语课堂上，教师通过营造一定的学习情境和语境，将学生学习英语语言知识、教师传授知识与教学成果的评价有机地整合起来，激发学生学习的兴趣和积极性，帮助学生提高语言能力，培养他们的核心素养。在全方位推进 2022 年版小学英语课程标准的背景下，教师要积极探索英语教学方法的应用，从学生的实际出发，紧扣教材的特点；以学生为中心，引导学生自觉、自主地投入到学习活动中；营造和谐的教学氛围，提高学生的综合能力，加强学生的综合素质的培养。

课后思考

1. James Asher 的“TPR”全身反应法对小学英语教学有哪些启示？
2. 交际教学法和任务型教学法有哪些共同点？

参考文献

[1] 中华人民共和国教育部. 义务教育英语课程标准(2022 年版)[S]. 北京：北京师范大学出版社，2022.
[2] 梅德明，王蔷. 新时代义务教育英语课程发展——义务教育英语课程标准(2022 年版)解读[J]. 基础教育课程，2022(10).
[3] 王蔷，李亮. 推动核心素养背景下英语教—学—评一体化：意义、理论和方法[J]. 课程·教材·教法，2019(5).
[4] 贾军红. 任务型教学在英语词汇教学中的应用研究[J]. 内蒙古师范大学学报(教育科学版)，2014，27(2).
[5] 朱彦，束定芳. 任务型语言教学中的教师信念和教师主导话语研究[J]. 现代外语，2017，40(1).
[6] 董振颐. 运用任务型教学法进行小学高年级英语写作教学的实验研究，2011(4).
[7] 邢薇. 任务型教学法的偏解和创新——以英语教学为例，2022(9).

第四章

小学英语单元整体教学设计

章首语　《课标》提出了英语课程内容的组织要以主题为引领，以语篇为依托，以单元的形式呈现。在课程实施部分提出了要实施单元整体教学。本章将依据课标要求，围绕单元整体教学、阐述如何进行小学英语单元整体教学设计。

4

思维导图

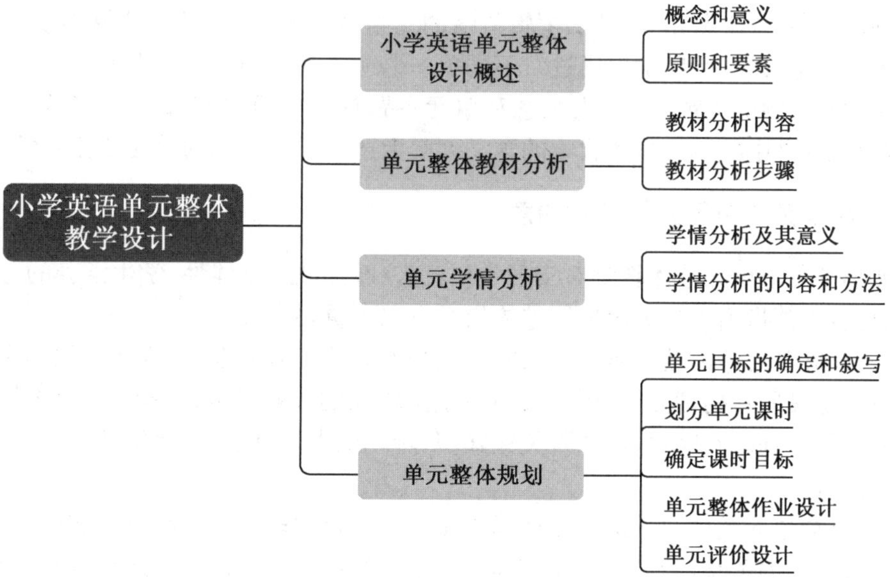

第一节　小学英语单元整体设计概述

一、小学英语单元整体设计的概念和意义

（一）小学英语教学单元

单元既可以指小学英语教材中确定的教学单元，也可以指把教学中的几个教学单元组成更大的单元的概念。在核心素养的概念之下，单元不再局限于教材中固有的单元，更多指以教材为基础，对教材中具有内在关联的内容进行分析、重组、整合形成的实际内容单元。① 单元是依据课程标准，围绕主题（专题、话题、问题）或活动等选择学习材料，并进行结构化组织的学习单位。单元是一个教学主题，由若干具有内在联系的单课组成。这些单课共同构成一个有机的教学过程。结合以上内容，本书所指的小学英语教学单元是小学英语教师在小学英语教材确定的自然单元的基础上，结合实际情况，通过对其进行分析、重组、优化整合形成的基于自然单元的教学内容单元。

（二）单元整体教学

王蔷指出："基于大观念的单元整体教学是指教师基于课程标准，围绕特定主题，深入解读、分析、整合和重组教材等教学资源后，结合学习主体的需求，搭建起的一个由单元大主题统领、各语篇子主题相互关联、逻辑清晰的完整教学单元，使教学能够围绕一个完整的单元主题设定目标，引导学生通过对不同单一语篇小观念的学习和提炼并建立关联，生成基于该单元主题的大观念。"②大观念和单元主题意义相通，均和课程标准相关要求保持一致，因此本书中的单元整体教学的含义即是上述基于大观念的单元整体教学。

（三）小学英语单元整体教学的意义

开展小学英语单元整体教学对实现学科育人、教师教学整体性、学生素养的融合具有重要的意义，王蔷指出小学英语单元整体教学有以下重要意义。

第一，开展单元整体教学有利于教师深入把握立德树人的本质，进而在教学中真正聚焦单元主题意义的建构，通过剖析单元内各子主题间的关联及其对学生建构该单元主题的意义和价值，从而为学生探索学科关键知识、转化能力、形成素养奠定基础，服务立德树人的根本任务。

第二，开展单元整体教学的作用远远大于单一语篇的教学，单元整体教学强调教学的整体与部分之间的关系，凸显以单元整体目标来组织单元的整体教学过程，通过有机有序的教学环节，判断学生的学习效果并及时进行反馈调整。

---

① 朱浦：《单元整体教学的设计》，上海教育出版社，2020 年版。

② 王蔷：《基于大观念的高中英语单元整体教学设计》，《中小学外语教学》2021 年第 1 期。

第三，单元整体教学有利于解决教师备课“只见树木，不见森林”的碎片化教学问题。教师在备课过程中容易出现无大局整体意识，缺乏对单元内各课时关联的深入思考，单元整体教学能够指导教师将凌乱的知识点串成线、连成片、织成网，纳入知识结构，从而形成一个系统、完整的单元知识体系，使教师的教学能够理清主次、突出重点，内容前后衔接、简约有序。

第四，通过单元整体教学，教师能够有效依托多种类型语篇，从不同的角度或深度围绕同一主题引导学生进行多元化解析，并通过开展多样化的教学活动，使学生在意义探究和问题解决的过程中，建构起连贯的、整合性的知识结构，逐步形成单元大观念，促进语言能力、人文素养、思维品质等多方面的融合发展。

二、小学英语单元整体教学设计的原则和要素

（一）单元整体教学设计的原则

朱浦等指出进行小学英语单元整体教学设计要遵循导向性、系统性、主体性、规范性、创新性等原则。[①]

1. 导向性原则

导向性原则指单元整体教学设计必须以科学的教学思想和理论为导向。核心素养是小学英语教师开展单元设计的基础，开展单元整体教学设计要以英语学科核心素养的发展为导向。

2. 系统性原则

系统性原则指开展单元整体教学设计要遵循把单元作为有机整体进行系统设计的原则。单元整体设计是一个系统工程，其中的单元目标、内容、活动、评价等相互关联。单元整体设计要立足单元，确保整体与部分的有机融合，实现单元整体教学设计的最优化。

3. 主体性原则

主体性原则指单元整体设计要遵循以学生为主体的原则。教师设计单元教学要依据课标要求，以学生为主体，充分了解学生的实际英语水平，把握学习难度；尊重学生个体差异，因材施教；组织多种形式的课堂互动，创造多样的语言实践机会。

4. 规范性原则

规范性原则指单元整体教学设计要遵循一定的标准的原则。单元整体教学设计包含教材分析、学情分析等基础要素，教师基于这些基本要素，并遵循科学的设计路径开展设计。

5. 创造性原则

创造性原则指教师有目的、有计划地进行教学设计的原则。教师要创造性地选择、组合单元内的板块内容，合理扩充优化整合教学内容，创设真实的教学情景，设计学习活动、

① 朱浦：《单元整体教学的设计》，上海教育出版社，2020年版。

板书、评价等环节。

（二）单元整体教学设计的要素

单元整体教学设计是一个系统工程，其包含教材内容、学情分析、教学目标、教学内容、教学活动、教学评价、教学资源七大基本要素。

1. 教材内容

准确把握教学内容是进行教学设计的基础，教师要对所使用的主要教材进行系统、科学的分析。首先要了解教材的编排体系，明确各单元之间的逻辑关系。人教版小学英语三年级起点的教材共八册，其按照单元和话题设计编写，前七册内容均包含六个新授单元和两个复习单元，六下包含四个新授单元和一个复习单元。每册教材均按照“话题—功能—结构—任务”的方式进行编排。每个单元包含主情景图、Part A、Part B 和 Part C 四个模块。如表 4－1 所示：

表 4－1　人教版小学英语（三年级起点）教材板块和功能表

	板块	主要功能
主情景图	Main Scene	展现本单元核心词汇、语言，用于课前热身和复习使用
A 部分（需掌握部分）	Let's talk Let's do	呈现主要句型 复习巩固主要句型
	Let's learn Let's sing/play	呈现生词 复习巩固主要生词
	Letters and Sounds/Let's Spell	自然拼读知识（六上语音放在了读写板块下）
B 部分（A 的扩展，需掌握部分）	Let's talk Let's do	呈现主要句型 复习巩固主要句型
	Let's learn Let's sing/play	呈现生词 复习巩固主要生词
	Start to read/Read and write	增加阅读，巩固本单元所学
	Let's check	检测
C 部分（A、B 的扩展，选学）	Story Time	复习并扩展本单元语言

同时，不同册的教材内容也呈现了具有关联性、递进性的话题与功能体系、语音体系、听说体系和读写体系。如下表 4－2、表 4－3 所示：

表 4－2　人教版小学英语(三年级起点)教材话题功能与听说体系表

册次	话题与功能体系		听说体系
	话题	功能	
三上	文具、颜色、身体部位、动物、饮食……	问候、介绍、告别、致谢、建议、称赞、祝愿……	听:通过 Let's talk,Let's check 板块设计呈现,听、练与单元话题相关的内容,多为 1～2 个话轮的对话,以听懂大意为主要学习目标。听力活动的形式主要有:听对话圈图、听对话判断正误等。 说:通过 Let's talk 对话板块及其他口头表达活动的设计来呈现。
三下	国家名称、家庭成员、动物外形描述、水果……	询问国籍、介绍、询问家庭成员和描述动物……	
四上	教室物品、教科书、个人用品、朋友描述、居室家具……	问候、位置、建议、表达喜欢、意愿……	听:通过 Let's talk,Let's check 听力活动板块设计呈现,听、练与话题相关的内容,多为 2～3 个话轮,以听音、捕捉关键信息为主要学习目标。听力活动的形式主要有:听音圈图、排序、完成表格、回答问题等。 说:主要通过 Let's talk 对话板块及其他口头表达活动的设计来呈现,多采用看、听、读、画、做等形式,启动学生的多种感官,感知、体验新的语言,以强化对语言能力的培养。
四下	各类教室名称、学校活动、天气、蔬菜、购物……	位置、告别、表达数字、请求允许、询问时间……	
五上	学校人员、学校生活、周末活动、点餐、家具和家庭用品……	年龄、时刻、顺序、位置、请求与提供帮助……	听、练与话题相关的内容,以听音、判断大意和捕捉关键信息为主要目标。 说:通过 Let's talk 对话板块及其他口头表达活动的设计来呈现。
五下	家庭生活、季节、学校生活、节日……	时刻、喜欢和不喜欢、警告和禁止……	
六上	交通方式、交通规则、公共设施、情绪及疾病……	问路、询问物体的位置、表示关切和就医……	听、练与话题相关的内容,以听音、判断大意和捕捉关键信息为主要目标。 说:让学生通过做事运用语言;在阅读板块中也适当融合了口头表达的训练,如读后的讨论练习;附录中提供适合表演的英语短剧。
六下	比较、周末活动、度假……(话题循环)	同级比较、长度、高度、方向、高兴和遗憾……(功能循环)	

表 4－3　人教版小学英语(三年级起点)教材读写与语音体系表

册次	读写体系	语音体系
三上	初步感知英文的书写形式;字母和单词的认读;书写字母 Aa—Zz;描红核心词汇。	26 个字母的名称音及辅音字母的发音
三下		元音字母 a, e, i, o, u 的短音

（续表）

册次	读写体系	语音体系
四上	阅读几组句子或40词左右的小文段，基本为陈述或说明文体，要求学生阅读后完成判断正误、选图匹配、完成表格、填充句子等读后活动。 写：基本拼读规则的学习，要求学生能听读音写出符合发音规则的单词；有意义地抄写各单元所学话题词汇和在提示下抄写、填充句子及仿写完整句子的活动。	元音字母 a，e，i，o，u 的长音
四下		-er，-ir，-ur，-ar，-al，-or，-le
五上	增加故事线阅读，各单元增加阅读板块，阅读材料的文本形式丰富，包括日记、电子邮件、便条等。 写：以课程标准二级目标为依据，让学生在图片和文字的支持下仿写语句、看图写出连贯有意义的话。	-y，-ee，-ea，-ow，-oo，-ai，—ay，-ou
五下		cl，pl，br，gr，ch，sh，th，ng，nk，wh
六上	增加故事线阅读，各单元增加阅读板块，文本既相对独立又彼此联系。选材既考虑了小学生喜闻乐见的故事性叙述文体，也选择了杂志、信件、海报、便条等应用文体。 写：以课程标准二级目标为依据，让学生在图片和文字的支持下仿写语句、看图写出连贯有意义的话。	朗读技巧如重音、连读、语调、停顿等。
六下		

2. 学情分析

教师准确了解学生学情是教学设计的起点之一。学情分析是指对学生的已有的认知基础和经验、生理心理特点、学习方法、习惯、需求等进行分析，小学英语学科学情分析一般从以下四个方面[①]进行：

第一，学生已有的英语语言能力。学生语言能力主要指学生的英语语言知识和技能的水平。小学英语教师可以通过纵向对比梳理小学生同一主题下已经掌握的语言知识，再根据单元主题、话题，横向分析可以整合的知识。

第二，分析不同学生的学习风格和学习能力。小学低、中年级的孩子多表现为外向型的学习风格，乐于与人沟通，表现欲强；小学高年级的学生也有一定表现欲，但更谨慎；同时个体之前学习风格的差异也逐渐显现。同时，小学生也逐渐显现出学习能力的差别，主要表现在学习策略上的差异，比如认知策略、调控策略、交际策略和资源策略等。教师要充分尊重不同年龄小学生的学习风格和能力差异，采取适合的教学策略。

第三，分析学生是否了解相关主题知识。主题知识主要指单元主题相关的背景知识、生活经验。教师要做好学生相关主题知识的调查，以达到有的放矢地设计教学。

第四，课标相关教学要求。教师进行单元整体教学设计时，要准确把握课程标准相关要求，使教学设计遵循英语学习规律和教学改革的方向。课程标准规定了义务教育阶段英语学习的总目标和学段目标。明确了3～4年级学段和5～6年级学段应达到的一级目标和二级目标。各学段目标之间具有连续性、顺序性和进阶性。课程标准对核心素养的综合特征和分项特征进行了描述，具体内容如下表4-4所示。

① 朱浦：《单元整体教学的设计》，上海教育出版社，2020年版。

表 4-4 核心素养分项特征

	3～4 年级特征描述	5～6 年级特征描述
语言能力学段分项特征	能在教师指导和帮助下，围绕相应级别的主题，理解日常生活中熟悉的简单语言材料，识别、提取、梳理信息；运用所学语言与他人交流，描述熟悉的生活和身边的事物，并表明态度等，必要时借助模仿、重复、手势和表情等非语言手段，实现简单的沟通与交流。	能在教师引导和启发下，围绕相应级别的主题，理解日常生活中常见的简单语言材料，领悟其基本意义，获取和整合基本的事实性信息，把握主要内容；运用所学语言与他人交流，传递信息，叙述事件，表达看法及观点，实现基本的沟通与交流。
文化意识学段分项特征	能在教师指导和帮助下，观察、感知不同国家或文化背景下人们的生活、饮食和重大节日等，有主动了解中外文化的愿望；能通过图片、简单的语言材料（如歌谣、韵文等），获取中外文化的简单信息，对所学语篇的文化内容进行比较；能用简单的单词、短语和句子描述与中外文化有关的图片、熟悉的具体现象和事物。尝试比较和识别中外文化，具有身份意识和国家认同感。	能在教师引导和启发下，初步了解与中外文化有关的具体现象和事物，对学习、探索中外文化有兴趣；通过常见的简单语言材料（如故事、介绍、日常对话、动画等），获取中外文化的简单信息，感知与体验文化多样性；能用简短的句子描述所学的与中外文化有关的具体事物；认同中华文化，发现和感悟其中蕴含的人生哲理或价值观，形成正确的价值观和良好的品格；初步具备比较和识别中外文化异同的能力。
思维品质学段分项特征	能在教师指导和帮助下，注意观察、识别所学语篇中的语言和文化现象，发现各种现象的异同；能根据获取的信息，判断主要信息和观点；初步具有问题意识，尝试从不同角度观察世界，积极提出问题。	能在教师引导和启发下，主动观察所学语篇中语言和文化的各种现象；通过比较，识别各种信息的相似性和差异性，发现并推断因果关系；能根据获取的信息，归纳、概括共同特征；具有问题意识，能提出自己的想法，有条理地表达观点；学会换位思考，尝试多角度认识世界，辩证地看待事物并对事物作出正确的价值判断；能初步进行独立思考，避免盲目接受或否定。
学习能力学段分项特征	能在教师指导和帮助下，感受英语学习的乐趣；初步认识到英语学习和汉语学习的不同；初步感受英语的发音、语调等特点，并发现简单的拼读规则；能尝试通过模仿、说唱、表演等方式参与语言实践活动。能意识到英语学习需要大胆表达，不怕犯错；能意识到在交流中需要倾听，并有礼貌地表达自己的想法。能初步制订自己的学习计划并尝试努力完成；能发现同伴的学习优点并主动请教；积极参与合作学习，初步养成良好的学习习惯。	能在教师引导和启发下，基本认识到英语学习的重要性，英语学习的兴趣增强；初步了解英语学习的特点和规律，尝试运用不同的英语学习策略提高学习效率，制订合理的学习计划并努力完成；根据学习进展情况对学习计划和方法进行调整和优化，初步找到适合自己的英语学习方法并加以运用；利用多种资源开展学习，初步形成自主学习的意识，基本养成良好的学习习惯。

3. 教学目标

教学目标设计是单元整体教学设计的核心。教学目标是一切教学活动的出发点和归宿。在单元整体教学设计中，教学目标分为单元教学目标、语篇教学目标和课时教学目标。

第一，单元教学目标。单元教学目标是课程目标在单元教学过程中的具体表现，指学生在完成单元学习之后形成的核心素养表现。单元目标的制订按照单元学习后学生发展了哪些语言能力、培育了什么样的文化意识、提升了怎样的思维品质以及提高了怎样的学习能力。

第二，语篇教学目标。语篇教学目标介于单元教学目标和课时教学目标之间。在教学设计中需要划分语篇教学目标的情况通常是单个语篇在一个课时单位内无法完成，需要多个课时达成。在小学阶段，一般教材的一个语篇往往比较短，一般单个课时即可完成，因此小学阶段较少涉及语篇教学目标的设计。

第三，课时教学目标。课时教学目标是在单元目标的基础上，划分教学实施之后对单元教学目标进行细化确立的彼此相互关联的单个课时教学目标。课时教学目标与单元教学目标相统一，课时教学目标服务于单元教学目标，两者是局部与整体的关系。教师在设计课时教学目标时，要关注课程目标—学段目标—学期目标—单元目标—课时目标的层级关系，还要注意不同目标的协调和配合。

4. 教学内容

教学内容指教学活动中，师生共同作用的知识、技能、技巧、思想、观点、信念和行为习惯的总和。课程标准规定英语课程内容由主题、语篇、语言知识、文化知识、语言技能和学习策略等要素构成。依据人教版小学英语（三年级起点）的特点，教师在处理教材内容时要围绕单元主题和教学目标，突破单篇教学，系统整合教材文本内容。教师整合教材内容要能够体现“用教材教，而不是教教材”的理念，可以参考朱浦提出的整合教学内容的TCLLU原则，其中T（Topic）指体现教材主题的教学话题；C（Content）指体现教材内容的安排；L（Level）指符合学生的语言水平；L（Length）指符合课堂所能的篇幅；U（Unit）指符合单元教学的整体。

5. 教学过程

教学过程是指在一定时空里，为实现教学目标，教师与学生采用一定的教学方法，展开教与学的内容的连续程序。根据教学过程的时间长短，可以分为学期教学过程、单元教学过程和课时教学过程。通常意义上的教学过程指单元与课时的新授课的教学过程。一般课堂教学过程分为热身导入、呈现新知、巩固练习、拓展运用、总结作业五个阶段。热身导入是在课堂开始之初，教师通过教学活动来引起学生注意、激活旧知，为呈现新知做准备。呈现新知是课堂教学落实学习目标的主体部分。巩固练习和拓展运用是对所学内容进行巩固操练和在新情境中使用所学。小结和作业是对本节所学进行整合回顾以及布置课后作业。

6. 教学评价

评价是英语课程教学的重要组成部分。教学设计视野中的教学评价，是以改善教学、促进核心素养发展为目标，通过制定科学的评价标准，系统分析评价学生的学和教师的教，并采用有效的技术手段，测量教与学活动的过程及其结果，并评定其价值及优劣的教学设计活动。具体的教学中的教学评价指课堂教学过程中对学生的学习行为、学习效果、目标达成等方面进行的评价。评价同时又分为不同的类型，比如诊断性评价、形成性评价、终结性评价等。《课标》指出英语课程的评价应采用形成性评价和终结性评价相结合的多元评价方式，使之贯穿英语课程教与学的全过程，包括课堂评价、作业评价、单元评价和期末评价等。因此，单元框架下的教学评价行为主要包含课堂表现评价、课后作业评价和单元阶段评价。

7. 教学资源

教学资源指开展教学活动的各种材料的总和。小学英语教学资源包括英语教材、配套的音视频材料、挂图卡片、多媒体软件、智能教学空间、网络资源、报刊等。

（三）单元整体教学设计的路径

单元教学设计的路径指教师从单元整体的角度进行单元教学设计所遵循的大致路线。朱浦提出了确定教学依据、规划单元教学、设计单课教学的单元整体设计的基本路径。确定教学依据包含研读课标、分析教材和分析学情三个环节；规划单元教学需要先确定单元教学目标，然后再划分单元课时，最后确定课时目标。确定教学依据和规划单元教学单元整体教学设计的重点内容，单课教学指进行设计课时活动和设计学习资源两个环节，是单元整体教学设计的落脚点。通过确定教学依据、规划单元教学、设计单课教学最终设计出单元教案。如图 4－1 单元整体教学设计的路径所示。

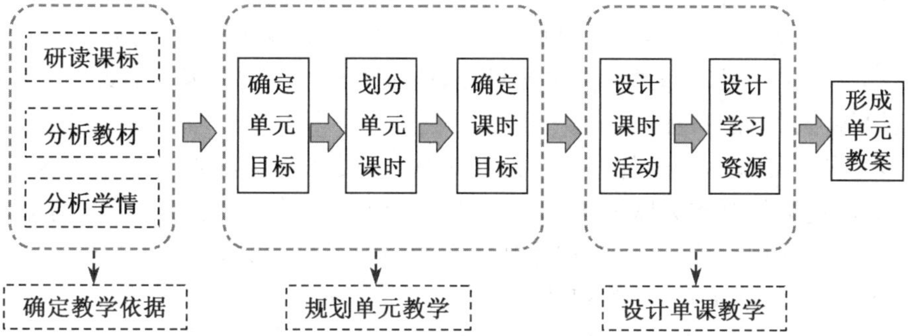

图 4－1 单元整体教学设计的路径

1. 确定教学依据

小学英语单元整体教学的依据主要包括《课标》、教材单元内容、学生的英语学习特点。小学英语教师需要首先研读课标，根据课标要求分析教材和学情从而明确教学依据。这是单元整体教学设计的起点和基础。

第一，研读课标。《课标》提出了英语课程的总目标为：发展语言能力。新课标指出通过课程学习，学生能够在感知、体验、积累和运用等语言实践活动中，认识英语和汉语的异同，逐步形成语言意识，积累语言经验，进行有意义的沟通与交流；培育文化意识。新课标指出通过课程学习，学生能够了解不同国家的优秀文明成果，比较中外文化的异同，发展跨文化沟通与交流的能力，形成健康向上的审美情趣和正确的价值观；加深对中华文化的理解和认同，树立国际视野，坚定文化自信，提升思维品质。新课标指出通过课程学习，学生能够在语言学习中发展思维，在思维发展中推进语言学习；初步从多角度观察和认识世界、看待事物，有理有据、有条理地表达观点；逐步发展逻辑思维、辩证思维和创新思维，使思维体现一定的敏捷性、灵活性、创造性、批判性和深刻性；提高学习能力。新课标指出通过课程学习，学生能够树立正确的英语学习目标，保持学习兴趣，主动参与语言实践活动；

在学习中注意倾听、乐于交流、大胆尝试;学会自主探究,合作互助;学会反思和评价学习进展,调整学习方式;学会自我管理,提高学习效率,做到乐学善学。同时《课标(2022年版)》还规定了学段目标、课程内容、学业质量和课程实施等内容,并在附录部分列出了核心素养的学段特征、语言知识和具体的教学案例。

第二,分析教材和学情。国内小学英语教材是依据国家课程标准编写,其遵循儿童的发展规律,且有丰富的配套资源。目前国内大部分小学使用的教材是依据2011年版义务教育课程标准编写的,教师在使用教材的时候,需要依据《课标(2022年版)》来对教材进行整合。教师要有"用教材教,而不是教教材"的教材观,理解教材编写的指导思想、解读教材内容、创造性地使用教材。同时,教师还要结合实际情况,对实际学生的学习风格、语言能力、相关背景知识等进行分析,从而确定学习的实际起点。

2. 规划单元教学

教师在依据课标进行教材分析和学情分析之后,要进一步确定具体的单元学习目标、单元课时、课时目标,从而完成单元教学规划。

第一,确定单元目标。单元目标的确定要从课标、教材和学生三个角度入手。课程标准规定了不同学段的学习要求,教师则是实现课标要求的载体,学生是学习的主体。学生在单元整体学习中达成教师预设的单元目标,通过不断的学习和发展,最终达成课标中培养学生英语核心素养的目标。

第二,划分单元课时。教师进行单元课时划分,要按照课标规定的各年级周课时数,从并列、总分、递进等结构关联的角度思考单元与课时的关系,把单元任务到课时任务的分解作为单元教学规划的切入点,对课时教学的内容、语言知识点等进行统筹安排。单元任务是基于单元目标、主题、内容和功能而设计,要体现单元目标的达成,把单元任务合理有序地分解为课时任务,能为从单元到课时的目标、主题、内容等分解提供主线和思路。

第三,确定课时目标。在划分好单元课时之后,教师依据课时的主题、内容从单元目标中提取相应的学习内容的目标,列为课时目标。课时目标的要结合英语学习活动观中学习理解、应用实践、迁移创新三个层次来选取不同认知水平的行为表现动词。不仅要考虑不同认知水平活动的递进性、全面性,还要综合考虑各项目标的制定是否体现单元与课时的一致性。

3. 设计单课教学

设计单课教学是单元整体教学设计的落脚点,也是实现有效教学的基础和保障。在完成单元教学规划之后,教师要重点进行单课教学设计。其着重两个方面内容:设计课时活动和设计课时学习资源。在完成单课教学之后形成最终的单元教案。

第一,设计课时活动。教师可以按照语境带动、活动推进和评价伴随的步骤设计课时活动(朱浦 2020)。语境带动指在英语教学中充分运用语境进行语言教学,帮助学生理解和运用所学内容。构建语境的三大要素为话题、功能和语篇。教师在设计课时活动中结合话题、功能、语篇整体建构语境,在学习内容的文本中以教学文本的设计体现语境带动。语境带动要根据课时目标、学习内容和任务评价,预设教学文本。教学文本分为复习文本、输入文本、练习文本和输出文本。语境带动也可以采用逆向思维的方式进行,即先根据目标、内容与任务评价，预设输入和输出文本，然后设计练习和复习文本，使复习、输入、练习、输出文本体现话题、内容和功能的一致性。活动推进指完成语境带动的内容设计后，根据话语文本设计学习活动，构建循序渐进的学习过程。首先根据确定的教学文本设计学习活动，再确定每个学习活动的基本步骤并列出课堂组织形式，明确各个活动和步骤的学习目标以及达成的学习水平，体现目标、教学、评价一致的活动设计，通过学习活动过程推进，达成目标，完成学习活动的构建(朱浦 2020)。评价伴随指教师在完成语境带动、目标导向的活动后，进行活动推进的设计时，制定相应的评价方案，来对完成的课时活动和过程进行动态调整。在单课教学中评价伴随的观测点包含肢体语言、口头呈现、表情交流、借助工具、提问互动、练习反馈等。单课评价的侧重过程性评价，其评价方案中要根据单课教学的活动目标确定评价目的，根据内容确定评价方式和观测点，评价主体可以是学生也可以是教师。根据学习兴趣、习惯和成果三个维度设计评价指标。

第二，设计学习资源。教学中教师要设计相应的学习资源。学习资源包含多媒体、板书、教具等。学习资源的设计要围绕目标、内容和任务展开。基于促进学生达成学习目标、完成语言运用和文本体验等需求，教师可以对教材及配套资源重点材料进行补充或删减，调整内容次序，替换或拓展学习内容；基于学生普遍的学习需求和单元整体的学习目标，确保教材提供的核心学习目标落实到基础上，构建从单课到单元的学习资源。

第二节　单元整体教材分析

分析单元整体教材是进行单元整体教学设计的重要组成部分。教师要在研读课标的基础上，对单元教材内容进行分析，为确立教学的依据做好准备。小学阶段的单元整体教材分析内容主要包含单元内的教材结构、语篇中包含的图文等。本节单元整体教材分析是以单元为切入点，从宏观、中观和微观三个层面来研读单元教材，挖掘主题内容，提炼出单元主题下的各子主题，并确立单元大观念。

单元大观念是基于英语学科大观念和单元整体教学提出的。英语学科大观念包含主题大观念和语言大观念。基于大观念开展单元整体教学有利于教师梳理和整合课程内容，融主题大观念和语言大观念协同建构，引导学生利用语言探究语言所承载的意义，形成结构化知识，实现语言学习和育人目标协同发展，推动核心素养和育人目标落地课堂①。因此，教师在对单元整体教材进行分析的过程中，确立单元大观念是一个重要抓手，其能够帮助教师提高单元整体教材分析的高度。

一、单元整体教材分析内容

单元整体教材分析内容主要包含单元定位、单元内容、单元活动②三个方面。教师可

---

①　王蔷、周密、蔡铭珂：《基于大观念的高中英语单元整体教学设计》，《中小学外语教学(中学篇)》2021 年第 1 期。

②　鲁子问、陈则航：《小学英语课程标准与教材研究》，华东师范大学出版社，2020 年版。

以从这三个方面进行单元整体教材分析。

（一）单元定位

单元定位指从宏观的角度明确单元在整个教材逻辑线上的位置。例如确定是线性发展的内容还是螺旋上升的内容；是第一次出现的话题还是已学话题的新语境（鲁子问，陈则航，2020）。比如通过分析人教版小学英语（三年级起点）教材四年级下册第二单元“What time is it?”的模块目录，我们可以了解每一部分在整套教材语言结构线上的位置。本单元话题在三年级上册和下册已经出现过，后续在六年级上册会有同样的话题出现。Let's spell 的语法部分为拼读体系的元音组合的发音等。ABC 三个部分构成螺旋上升的递进关系。

（二）单元内容

单元内容的分析指要在课程标准和教材体系分析的基础上，从学科核心素养的维度对单元内容进行分析，确定其可发展的核心素养内涵。内容分析要关注语言知识、语言技能、语篇知识、语用知识、文化知识、文化意识、思维品质和学习能力。比如通过分析人教版小学英语（三年级起点）教材五年级上册第二单元“My week”，可以通过梳理其图文确定单元主题、核心的知识和技能以及其整个单元内容结构等，从而确定其可发展的核心素养为帮助学生树立自我安排的意识，提升科学安排的能力，并逐步养成“凡事会安排”的习惯。

（三）单元活动

单元活动的分析指明确活动的定位（指活动所体现的单元目标）、准确理解活动的性质、分析活动的可学习性。

每个活动在单元中都有其自身的定位，比如图 4－2 中 Let's talk 和 Let's play 的活动定位不同，都有说的要求，但说的层次和具体要求不同，后者说的要求更高。Let's learn 和 Let's do 的活动定位也不同。同样 Let's talk 和 Let's learn 的活动定位也不同。教师要准确把握单元每个活动的定位和要求。

教师要从教材的教学过程理念入手，分析其在教学过程中的性质。比如教材呈现任务推动的教学过程，则从任务过程中把握每个活动的性质。如果教材呈现的是情景推动的教学过程，则要从情景发展中把握每一活动的性质。若教材呈现的是学习推动的教学过程，则从接触、理解、时间的过程把握每一个活动。教师要准确理解活动性质，避免活动性质和过程不一致（鲁子问，陈则航，2020）。比如图 4－2 中的 Let's play 活动属于表演性质的活动。学生在学习完上面对话后，用对话中的语言句式进行角色扮演，从而使活动成为真实性的语言运用活动。

教材通常是为全国学生编写的，教师在教材使用的具体过程中要根据地区、学校、班级学生的差异，分析活动的可学习性。教师要分析学生是否可以通过教材的活动达成设定的目标，如果活动的可学习性不够，教师则要调整教学活动，改善教材活动的可学习性。教学活动的调整包括内容调整（增加、减少、替换内容）和过程性调整（增加、减少、替换教学活动）。

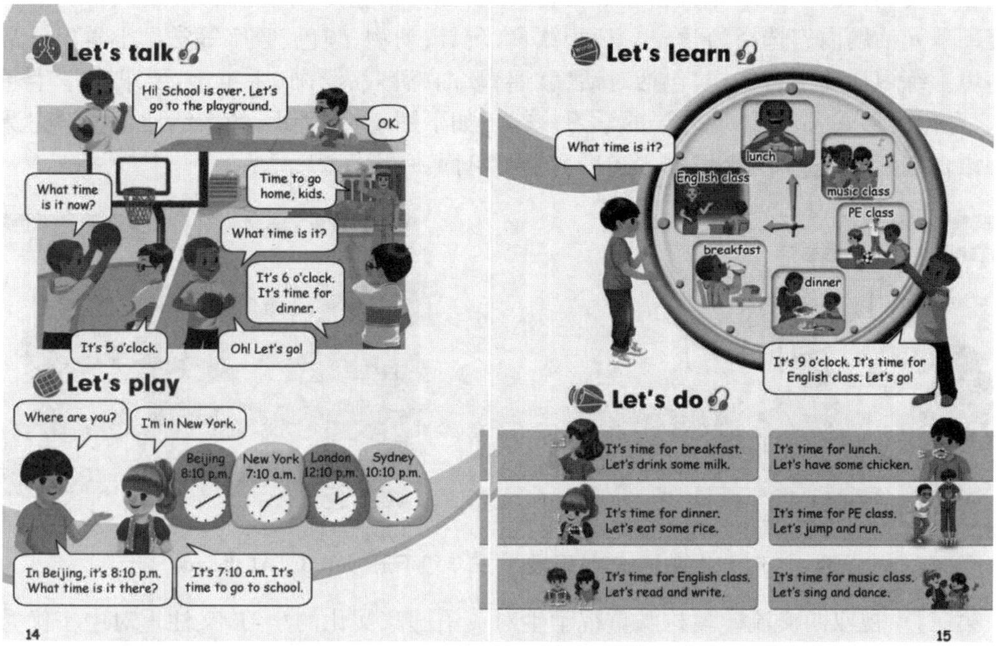

图 4－2　PEP 英语(三年级起点)四年级下册 Unit 2　What time is it?

二、单元整体教材分析步骤

教师进行单元整体教材分析可以按照分析单元文本内容结构、梳理单元主线、提炼单元主题和语言大观念语境、建构单元大观念的步骤进行。

(一) 分析内容结构

单元内容结构的分析指从宏观、中观和微观三个层面分析单元内容。宏观和中观层面指研读课标,研读和梳理教材的编排特点。了解教材各册之间、单元之间的逻辑关联和进阶特点。微观层面指分析单元内的每一个语篇,确定各语篇的题材与体裁,提炼语篇的主题意义,梳理语篇呈现的结构化语言知识(如词汇、语法、语篇和语用知识等),挖掘语篇所传递的深层文化意涵、思维方式和价值取向等有价值的学习内容①。

1. 宏观层面

宏观层面的分析主要指研读课程标准,对课标内容有充分的了解,在此基础上结合教材的编排特点,分析单元内容。比如人教版小学英语(三年级起点)教材是依据 2011 年版义教课程标准编写,其特点如下:第一,教材整体设计框架为“话题(主题)—功能—结构—任务”,其以课程标准规定的话题统领各册的单元内容,将交际功能和语言结构与单元话题匹配,通过分层次的练习活动巩固语言知识,逐步培养学生的语言运用能力。第二,注重兴趣激发。教材立足小学生的年龄和认知特点,低年级采用“全身反应法”(TPR),让

① 陈则航:《基于大观念的教学设计原则、思路与方法》,《外语教学》2022 年第 4 期。

学生在节奏明快的歌谣中体验和理解语言，结合图片和指令活动，在听、做、唱、玩中学习语言。单元话题内容选择为学校、家庭、饮食、玩具、动物、颜色、数字等常见小学生日常生活情境。练习活动丰富多样，包括对话、歌谣、歌曲、游戏、绘画、手工等，要求小学生通过个人、合作等形式完成，体现外语的学习规律。如下图 4-3 所示，图中活动是在学完课时核心语言之后，通过小组合作的方式进行复习巩固。

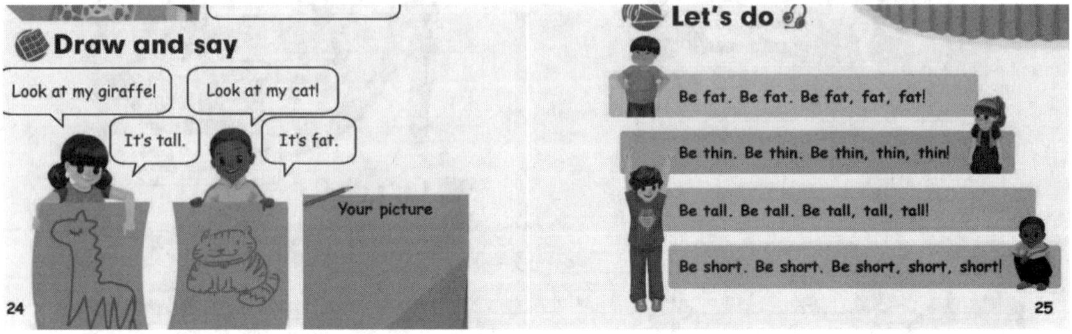

图 4-3　PEP 英语(三年级起点)三年级下册 Unit 3　At the zoo

第三，重视双向交流。教材既重视学生对英语国家文化的学习，又注重对中华优秀传统文化和先进文化的学习，通过对英语和非英语国家文化的学习，提高学生多元文化理解力，增强文化自信和文化意识。如下图 4-4 所示，图中为四年级下册第三单元的主情景图，这个单元介绍了世界各地的天气，引导学生了解不同国家的天气情况。

图 4-4　PEP 英语(三年级起点)四年级下册 Unit 3　Weather

第四，主线人物设计。PEP 教材专门设计了不同国籍、年龄和特征的中外人物主线。

有些人物贯穿三到六年级全部教材(中国小学生 Chen Jie,Wu Binbin,英国小学生 Amy,美国小学生 John),有些在各册教科书中交叉循环出现,多数人物都会贯穿整套教材的故事和会话。每册书上的主线都会在教材扉页上出现,如下图 4－5 所示:

图 4－5　PEP 英语(三年级起点)三年级下册和四年级下册扉页人物图

第五,体现学科育人理念。英语学习不仅要学习英语语言文化知识,也需要在学习英语的过程中了解其他学科的相关知识。PEP 英语教材,结合单元主题,精选了适合的自然科学、社会科学和文化艺术等百科知识。融入单元语篇教学和练习任务中。帮助学生在学英语的同时提高认识自我、认识社会、认识自然的综合能力,促进核心素养的发展。如图 4－6 所示,图中主情景图中的内容设计包含了友好相处、识别情绪、照顾他人等品格的内容。

第六,内容弹性设计。PEP 版教材结合了不同地区的师资、课时、学生、教学环境等差异,单元内容采用了有一定弹性的灵活设计方法。每单元内容按照“主情景图＋A＋B＋C”的结构,其中主要情景图教师可以灵活运用,可作预习也可作复习使用,A 和 B 部分为基本部分,C 部分教师可以根据实际需求灵活选择。

第七,配套资源丰富。除学生用书之外,PEP 英语教材还编制了丰富多样的同步配套资源,供选用。比如:教师用书、教师词语卡片、学生词语卡片、教学挂图、录音磁带、多媒体动画、点读笔、数字教材、活动手册、同步解析和测评、数字校园、教师培训手册、课例光盘、综合网络资源等。

以上是对教师在进行单元整体教材分析之前需要了解的基本教材内容。接下来需要开始具体一单元的分析,教师需要从具体单元切入,结合课标的内容六要素,分析单元的主题范畴。以人教版小学英语(三年级起点)教材四年级下册第二单元“What time is it?”为例①,本单元的主题为“What time is it?”属于“人与自我”范畴下的“生活与学习”主题

① 姚达文:《基于学科大观念的小学英语单元整体教学设计和实施》,《外语教学》2022 年第 5 期。

图 4-6　PEP 英语(三年级起点)六年级上册第六单元主情景图

群,子主题内容为“时间管理”“学习与生活的自我管理”。

2. *中观层面*

在确定了单元的主题范畴之后,教师要进行中观层面的教材内容结构分析,了解单元主题内容以及与其他册、单元之间的逻辑关联和进阶特点。以人教版小学英语(三年级起点)教材四年级下册第二单元“What time is it?”为例,本单元的话题“Time”在三到六年级存在着“时段认识—时间管理—计划安排”的逻辑关联和进阶。通过三年级上册第二单元的学习,学生对时间已有了基础的观念,有了时段认识。到了四年级也就是本单元,主要是时间管理、学习和生活的自我管理,到了五年级和六年级,则是具体的时间的计划和安排。同时本单元与四年级下册第一单元和第三单元紧密关联,形成话轮的滚动、拓展和综合(姚达文 2022)。

3. *微观层面*

通过中观层面的分析之后,教师需要对单元内教材内容进行微观层面的分析,确定各语篇的题材与体裁,提炼语篇的主题意义,梳理语篇呈现的结构化语言知识(如词汇、语法、语篇和语用知识等),挖掘语篇所传递的深层文化意涵、思维方式和价值取向等有价值的学习内容。以人教版小学英语(三年级起点)教材四年级下册第二单元“What time is it?”为例,本单元教材结构分为主情景图、Part A、Part B 和 Part C 四部分。见表 4-5 教材结构属性表[1],Part A 部分主要是一篇对话,关于 John 管理时间的方法,其语篇主题为自我认识、管理和提升,其主题意义为主动向他人寻求时间管理的方法。Part B 部分是两篇对话,其主要内容为 Mike 在时间管理上的不足以及改进作息时间后生活变得更从容,其意义为让学生感知时间和生活的关系。A 的 Let's spell 部分为拼读知识点 ir, ur 的发音,其和单元主题关联性不明显,一般情况下教师可以通过补充主题相关内容来进行教学。C 部分为一篇配图故事主要是发生在愚人节这一天的一件趣事,主题是时间管理,其意义为生活中的一些特殊时刻。

表 4-5　教材结构属性表

项目	内容			
主题	人与自我—生活与学习—“时间管理”“学习和生活的自我管理”			
板块/语篇	语篇类型	语篇内容	语篇主题	主题意义
A Let's talk A Let's learn	对话	John 管理时间的方法	自我认识、管理和提升	主动向他人寻求时间管理的方法
A Let's spell	歌谣	拼读知识 ir, ur	无	无
B Let's talk Mike's problem	对话	Mike 发现自己时间管理的不足	同上	感知时间和生活的关系
B Let's learn	对话	Mike 改进作息时间,让生活更从容	同上	改进个人时间管理
B Read and write	对话	Amy 时间管理不足	同上	自主时间管理意识的缺乏
C Story time	配图故事	Zoom 和 Zip 在愚人节这一天的一件趣事	同上	生活中的特殊时间

本单元教材内容包含语音、词汇、句法、语篇四个方面,每个方面的内容如表 4-6 所示。

表 4-6　教材内容属性表

学习内容		学习水平	教学要求
语音	Let's spell-ir 和 ur 组合的发音	A	背记字母组合的发音规则
词汇	A English cards, lunch, music class, PE class, dinner, breakfast B get up, go to school, go home, go to bed;时间的表达 6:25a. m.	B	背诵、理解和运用核心词汇
词法	时间的表达	A	能准确表达时间
句法	What time is it? It's ... It's time to ... /for ...	A	能用特殊疑问句提问,并作出回答

① 姚达文:《基于学科大观念的小学英语单元整体教学设计和实施》,《外语教学》2022 年第 5 期。

（续表）

学习内容		学习水平	教学要求
语篇	对话		能讲述对话中的基本信息
教学重点： 1. 核心词汇　2. 特殊句式			
教学难点：时间的表达			

在分析单元教材结构和内容的基础上，还要对单元教材各内容特征进行分析，比如语音部分内容需要能够听说、认读和朗读，词汇和句法要求学生能够听说读并进行抄写；句法和语篇则不仅要求学生能听说读，还要求能够仿写，如表 4－7 所示。

表 4－7　单元教材特征属性表①

内容	听说	读			写	
		认读	朗读	阅读	抄写	仿写
语音	√	√	√			
词汇	√	√	√	√	√	
词法	√	√	√	√	√	
句法	√	√	√	√	√	√
语篇	√	√	√	√	√	√

（二）梳理单元主线

单元主线融单元育人目标主线和教学主线为一体。教师通过从宏观、中观和微观三个层面对单元内容进行分析之后，需要基于各语篇的主题意义，重组教材单元内容，形成教学内容单元，梳理出单元主线。

教师在深入分析各语篇后，如果发现教材现有语篇的图文内容在帮助学生形成大观念上存在不足，可以根据学生实际水平，补充合适语篇来帮助学生建构和生成各个主题小观念。以人教版小学英语教材（三年级起点）四年级下册第二单元"What time is it?"为例（姚达文 2022），教师在梳理单元内容之后，发现教材的四个语篇文本内容和语言点相似度较高，情境较为单一，很难在现有语篇间建立有机关联。在结合其实际学生已有较好的语言基础之上，教师对单元内容进行了调整和补充。首先，把 Part A 部分的 Let's talk 和 Let's learn 整合成一个新的语篇"How to Be a Time Master"，主要讲述 Mike 向时间管理小达人 John 需求帮助，进而提炼出新的主题意义。然后，在 Part B 的 Let's learn 部分，教师增加了上课和睡觉两个对话情境，旨在表现 Mike 在时间管理上的变化，丰富语境，串联完整的逻辑线索。最后，教师补充三个语篇（见表 4－8）来帮助学生建构和生成各个主题小观念。在此基础上，教师围绕主题意义设计六个课时的内容，形成一条以

① 上海市教育委员会教学研究室：《小学英语单元教学设计指南》，人民教育出版社，2018 年版。

Mike 为主人公的单元语境线，即 Mike 发现自己在时间管理上的不足—阅读时间管理小故事—寻求 John 帮助改善时间管理—帮助 Amy 解决时间管理难题—联系实际，提升自我时间管理能力。

表 4－8　调整后的教学内容单元

语篇	语篇类型	语篇内容	语篇主题	主题意义
B　Let's talk	对话	Mike 发现自己时间管理的不足	时间管理：学习和生活的自我管理	感知时间和生活的关系
It's not easy to be a mother	绘本	Lisa 和妈妈互换角色后，体会到做妈妈的不容易，以及发现自己在时间管理上的不足	自我认识、自我管理、自我提升	意识到时间管理的重要性
A　Let's talk & learn John's Day	对话	John 管理时间的方法	时间管理：学习和生活的自我管理	主动向他人寻求时间管理的方法
B　Let's learn Mike's changes	对话	Mike 改进作息时间，让生活更从容	时间管理：学习和生活的自我管理	改进个人时间管理
Amy's changes	电子邮件	Mike 帮助 Amy 分析她在时间管理上的问题，并提出解决办法	自我认识、自我管理、自我提升	帮助他人优化时间管理
DEPS Time Masters	校报文章	Mike 了解更多时间管理小达人的日常安排	自我认识、管理、提升	学习成为时间管理小达人

（三）提炼主题和语言大观念

教师在梳理出单元教学主线之后，要根据各语篇的主题意义，提炼主题大观念和语言大观念。语言大观念是关于语言知识与技能、策略和方法的概念建构。主题大观念则以多语篇为依托、以单元主题为驱动，引导学生围绕主题深挖文化知识背后的价值导向，以及从跨文化的视角观察和认识世界，作出正确的价值判断①。

1. 提炼单元主题大观念

基于语篇主题意义，深挖语篇背后的思想文化和文化价值，提炼主题大小观念。比如在表 4－8 的教学内容中，教学单元的六个语篇在主题和内容之间存在“发现问题—解决问题—方法迁移”的隐性关联。语篇一，引导学生发现时间管理不足，感知时间和生活的关系。语篇二，通过绘本故事引导学生意识到时间管理的重要性。基于此提炼出单元第一个主题小观念“初步建立时间观念，意识到时间管理的重要性。”语篇三和四，阐述 Mike 优化时间管理后的变化，引导学生主动改变，提炼出第二个主题小观念“寻求他人帮助，优化个人管理时间。”语篇五和六，通过评价 Amy，Dora，Allen 的时间管理情况，引导学生

① 王蔷、孙万磊：《大观念对英语学科落实育人导向课程目标的意义和价值》，《外语教学》2022 年第 4 期。

联系实际，思考优化时间管理的方法并落实行动，提炼出第三个主题小观念“主动管理时间，做时间的小达人。” 如图 4－7 所示。

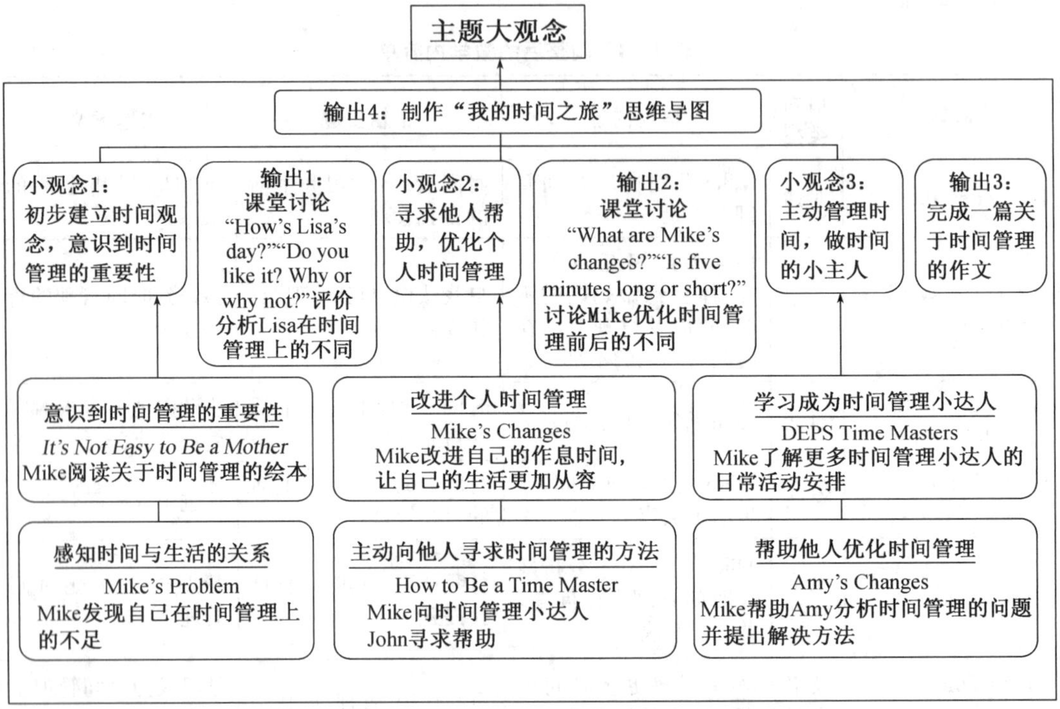

图 4－7　What time is it? 单元主题大小观念建构图

2. 提炼单元语言大观念

教师要梳理和概括语篇内的知识和技能、策略和方法。语言知识和技能方面，主要涉及三类词语和表达方式的理解和运用：一是描述日常活动的词语和表达方式，包含学科和课程、早午晚餐和作息活动；二是描述时间表达法的词汇和表达方式；三是描述时间管理的词汇和表达方式。此外还包含相关图片和视频。因此本单元的第一个语言小观念可以提炼为“围绕语义，观察图片和视频信息，整合性学习词汇和表达方式”，即从“描述现象—作出改变—提出建议”三个方面结合图片观察本单元词汇和表达方式的关联，形成新的结构化知识。学习策略和方法方面，学生需基于已知，利用时间向他人表达信息，因此单元第二个语言小观念为“介绍和说明日常生活安排表，讨论其优化方法。”如图 4－8 所示。

（四）基于主题和语言大观念，建构单元大观念

在这一环节，教师通过层级法对主题和语言大观念的关联进行概括表述，从而形成单元大观念。在图 4－8 中，教师通过主题和语言大观念的整合梳理，形成本单元的单元大观念，即“时间与每个人的生活息息相关，我们应意识到时间管理的重要性，优化个人时间管理，号召他人主动管理时间，做时间的小达人。”如下图 4－9 所示，由此完成单元主线的确定，建构单元的育人蓝图。

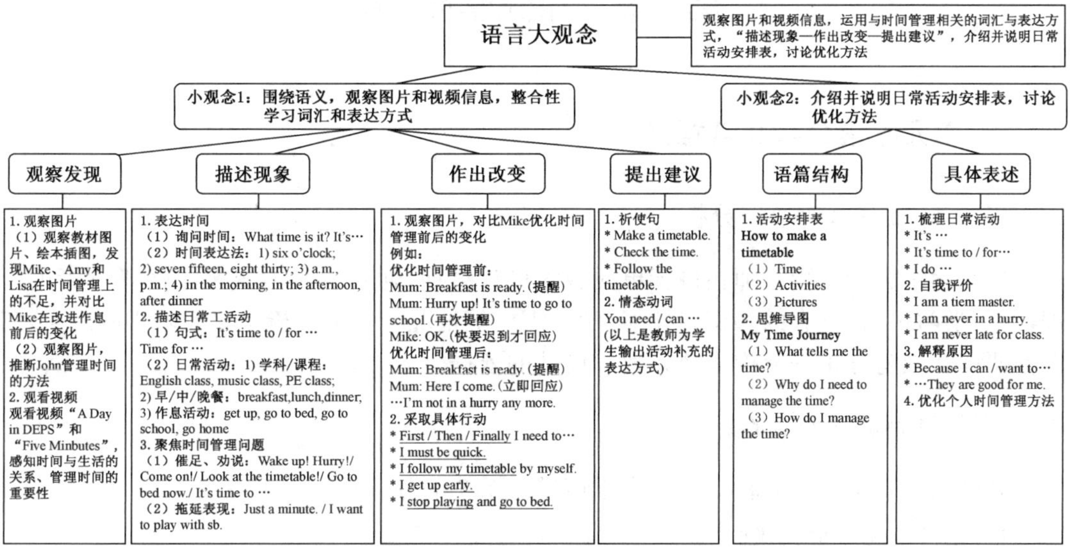

图 4－8　What time is it? 单元语言大小观念建构图

4

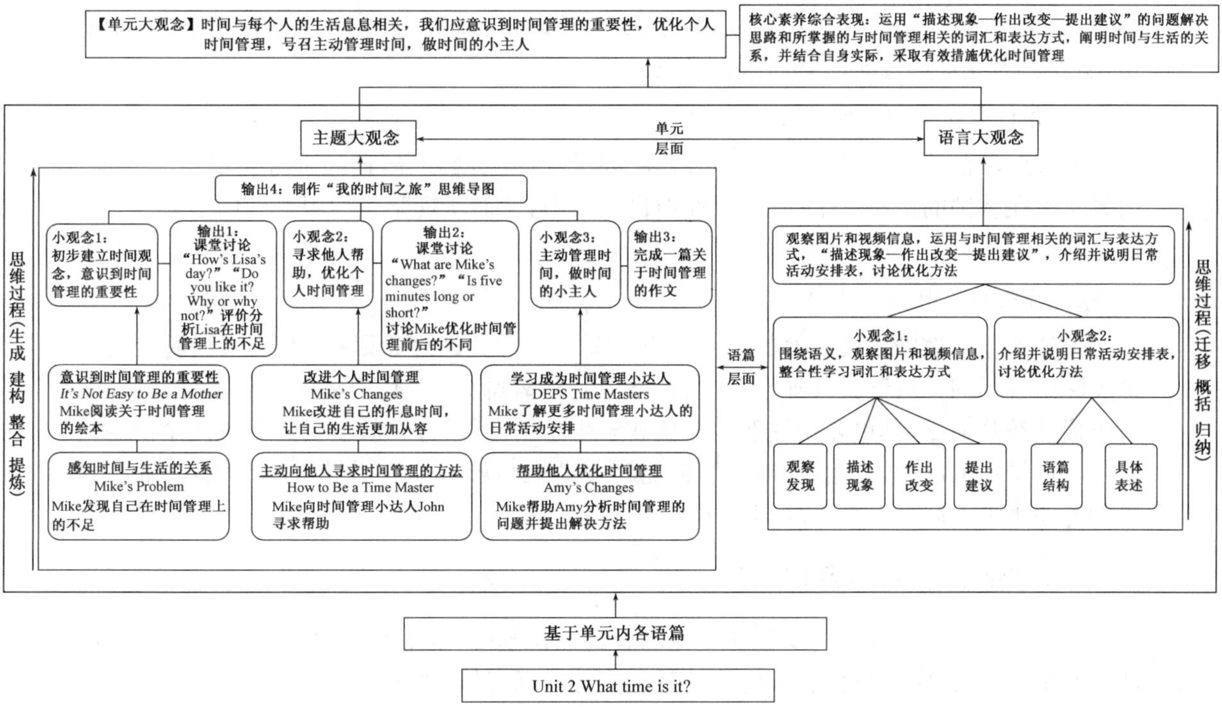

图 4－9　What time is it? 单元大小观念建构图

第三节 单元学情分析

一、单元学情分析及其意义

（一）什么是单元学情分析

单元学情分析是指教师在进行单元教学设计之前，通过各种方式来了解学习者的心理特征、学习风格、已有的知识和技能、学习需求等情况。学情分析是单元教学的起点，与课标研读和教材分析一起构成单元教学设计的依据。

（二）单元学情分析的意义

教师在设计单元整体教学之初对学情进行系统的分析具有以下意义①：

1. 有利于教师重构课堂

教师通过学情分析能够充分认识学生、了解学生。这有助于教师落实以生为本的课程改革要求，建构新的以学生为中心的课堂新常态。教师充分考虑学生的实际，考虑他们想学什么，怎么学，学的过程中需要哪些帮助，怎么让他们主动学习等，怎么评价学习效果，从以教为立足点转向以“学”为立足点。

2. 有利于转变学生学习方式

通过对学情的分析，教师在教学过程中要关注学生的差异，通过多样化的教学手段，引导学生在教师的指导下主动、有个性地进行学习，从而实现学生学习方式向多元化和个性化转变。

3. 有利于教师专业发展

关注学生是教师发展成熟的一个标志。关于教师关注理论研究指出，不同阶段的教师关注内容不同。对于新教师、专业发展不成熟的教师而言，其更多关注是设计和教案。对于成熟教师而言，其更多关注教学情境和学生。因此，教师在教学设计中关注学生在具体学习情景中的反应、变化、需求和意图能够帮助教师思考如何引导学生成长，进而把自身的专业水平发展到一个更高的层次。

二、学情分析的内容和方法

单元学情分析的内容主要包含学生已有的知识基础、学生原有的学习生活经验、语言能力水平、学生的学习风格和学生的情感态度等方面，具体如下。

① 程胜：《如何分析学情》，华东师范大学出版社，2016 年版，第 8—10 页。

（一）学生已有的知识基础分析

学生已有的知识基础分析通常指分析学生已经具备的与即将学习单元内容相关的语言知识基础，从而了解哪些知识学生有所接触和掌握，哪些没有接触过需要全新教授，哪些是需要在原来基础上进一步提高的。

分析学生已有的知识基础可以用访谈法、问卷法、课前预习卡、提问法等方式。设计合理的问卷能够真实反映学生的实际情况，表 4－9 是一份学情分析表①，教师可以据此设计问卷。

表 4－9　学情分析表

内容	知识要点	教材板块	学生基础	活动选择
语音			□熟知　□略知　□新知	
词汇			□熟知　□略知　□新知	
词法			□熟知　□略知　□新知	
句法			□熟知　□略知　□新知	
语篇			□熟知　□略知　□新知	

（二）学生原有的学习/生活经验分析

主题知识主要指单元主题相关的背景知识和生活经验。教师要做好学生相关主题知识的调查，以达到教学设计符合学生实际情况。教师可以采用访谈法、问卷法、课堂提问法等分析方法。一般情况下，教师可以在课堂上围绕相关主题通过课堂提问的方式来获取学生的相关经验。如果需要深度了解，教师则可以设计访谈提纲或调查问卷，通过访谈和问卷调查来完成。

（三）语言能力水平分析

学生语言能力主要指学生的英语语言知识和技能的水平。小学英语教师可以通过纵向对比梳理学生同一主题下已经掌握的语言知识和具备的语言能力；再根据单元主题、话题，横向分析可以整合的相关语言知识与能力。

（四）学生的学习风格分析

小学低、中年级的学生多表现为外向型的学习风格，乐于与人沟通，表现欲强。小学高年级的学生也有一定表现欲，但更内敛一些；个体之间学习风格的差异也逐渐显现出来；小学生学习能力的差别也会在小学阶段逐渐表现出来，主要表现在学习策略上的差异，比如认知策略、调控策略、交际策略和资源策略等。教师要充分尊重不同年龄小学生的学习风格和能力差异，采取适合的教学策略。

① 上海市教育委员会教学研究室：《小学英语单元教学设计指南》，人民教育出版社，2018 年版，第 42—43 页。

学习风格的分析方法，一般可以通过学习风格测量问卷进行，但对于处于小学阶段的孩子，学习风格正在形成中，并不稳定，而且表现出典型的年龄特征，因此不建议使用问卷进行，教师可以通过学习了解不同的风格类型分类，通过观察的形式了解具体学生表现出来的较明显、突出的学习风格特征，据此采取合理的教学方式。

（五）学生的情感态度分析

学生在英语学习中表现出来的情绪、兴趣、意志等情感态度状态会对学习效果产生重大影响。研究发现这些情感态度和是否具备学习动机高度相关。教师可以通过了解学生的学习动机，设计能够激发学生学习动机的教学环节，进而提升学生英语语言学习的情感态度准备水平。

教师可以通过问卷调查、访谈的方式了解学生的情感态度准备情况，在教学设计中可以参考 TC 动机设计模型、TARGET 动机设计模型和 ARCS 动机设计模式来改进教学效果。

第四节　单元整体规划

在本节中，单元整体规划是指在基于课标进行教材分析和学情分析，确立单元整体教学的依据之后，进一步确定单元教学目标、划分单元课时、确定课时目标、设计单元作业和单元评价，完成单元整体教学设计。

一、单元教学目标

（一）单元教学目标的界定

教学目标是教学活动实施的方向和预期达成的结果，是一切教学活动的出发点和最终归宿。单元教学目标是指学生在完成相关单元学习内容后所达到的预期目标，是课程目标在具体教学过程的体现①。单元教学目标决定着教师和学生在单元教学中的方法选择、活动设计、作业设计、评价设计等方面。单元教学目标指向完成单元学习后学生建构起的单元大观念以及学生的核心素养综合表现。以人教版小学英语（三年级起点）教材四年级下册第二单元“What time is it?”为例，通过本单元的学习，学生建构起“时间与每个人的生活息息相关，我们应该意识到时间管理的重要性，优化个人时间管理，号召主动管理时间，做时间的小主人”的意识，同时学生能够“运用‘描述现象—作出改变—提出建议’的问题解决思路和所掌握的与时间管理相关的词汇和表达方式，阐明时间与生活的关系，并结合自身实际，采取有效措施优化时间管理。”（姚达文 2022）

（二）单元教学目标的叙写

教学目标的叙写要规范、清晰。教师首先要从知识和技能的维度思考和描述单元内

① 上海市教育委员会教学研究室：《小学英语单元教学设计指南》，人民教育出版社，2018 年版，第 39 页。

容；然后教师要思考与每一项知识和技能相匹配的过程和方法；最后要思考内容和过程带来的情感态度价值观维度的目标。目标陈述的要素包含四个内容：行为主体、行为表现、行为条件和表现程度。行为主体必须是学生，不能是教师；行为表现可以是动词，也可以是动词＋名词；行为条件可以是评价情境，比如“在小组合作中……”也可以是过程和方法目标，比如“通过本课题的探究学习，体会提出问题在问题解决中的重要性”；表现程度是一个群体的学习结果的最低表现。具体陈述的时候，不是每一条都要包含，比如主体有时会省略，有时会不需要行为条件。具体目标叙写可以参考以下目标叙写的语法结构①。

表 4－10　目标叙写的语法结构

	结构	示例
第一种	（行为主体）＋行为表现（动词或动词＋名词）	能制作关于节日的海报
第二种	（行为主体）＋行为表现＋表现程度	能写出 50 字左右的邮件
第三种	行为条件＋（行为主体）＋行为表现	通过小组合作，能够续写并表演故事
第四种	行为条件＋（行为主体）＋行为表现＋表现程度	通过有感情地朗读对话，体会 Mike 的感受，至少能说出 2 句话的感受

4

以人教版小学英语（三年级起点）教材四年级下册第二单元“What time is it?”为例，教师在确定单元大观念后，确定单元教学目标如下，其中目标 1 符合结构第三种，目标 2 和目标 3 符合目标结构第一种。

单元教学目标：

目标 1　运用与时间和日常活动相关的表达方式介绍自己的日常活动安排；

目标 2　讨论、分析、评价他人在时间管理上的做法，并思考如何有效管理时间；

目标 3　制作时间表，写一篇关于如何管理时间的作文以及完成对时间认知的思维导图，意识到时间管理的重要性，主动管理时间，做时间的小主人。

二、划分单元课时

教师划分单元课时，需要结合课标规定的各年级周课时数，整体考虑单元与课时的关系，围绕目标、课题、内容、过程、语用、评价、情感等方面展开。由于单元任务是基于上述方面内容，教师可以把单元任务合理分解成课时任务，为从单元到课时的分解提供主线。

以 PEP 小学英语教材（三年级起点）四年级下册第二单元“What time is it?”为例，教师在对教学内容进行解读，形成教学内容单元的时候，通过整合教材单元，会发现教材内容存在的不足。在结合学生实际情况的基础上，教师增添了三个语篇内容，从而形成一条完整的单元主线。整合后的单元共包含六个语篇，串成一个完整的主题情境。教师在整合单元内容的时候已经预设了每个语篇一个课时，在对这样一个整体单元进行课时划分的时候，教师按照语篇划分课时即可，即本单元教学共分为六个课时，见表 4－11。

① 崔允漷：《追问学生学会了什么——兼论三维目标》，《教育研究》2013 年第 7 期。

表 4－11 单元课时划分

课时	语篇	语篇类型	语篇主题	主题意义
课时 1	B Let's talk	对话	时间管理：学习和生活的自我管理	感知时间和生活的关系
课时 2	It's not easy to be a mother	绘本	自我认识、自我管理、自我提升	意识到时间管理的重要性
课时 3	A Let's talk & learn John's Day	对话	时间管理：学习和生活的自我管理	主动向他人寻求时间管理的方法
课时 4	B Let's learn Mike's changes	对话	时间管理：学习和生活的自我管理	改进个人时间管理
课时 5	Amy's changes	电子邮件	自我认识、自我管理、自我提升	帮助他人优化时间管理
课时 6	DEPS Time Masters	校报文章	自我认识、自我管理、自我提升	学习成为时间管理小达人

4

下面是一则根据牛津上海版英语教材 5A Module 4 Unit 3 Fire 进行的课时划分案例①，在本单元的单元课时划分中，教师围绕 Fire 主题以 11 月的“消防安全月”为单元语境，划分了四个课时并确定了分课时话题。第一课时 A story about fire，第二课时 A visit to the fire station，第三课时 A case of a big fire 以及第四课时 A poster about fire。四个课时的语用任务分别为第一课时描述火的用途，第二课时介绍消防标志和装备，第三课时说明防火和逃生安全事项，第四课时完成小报制作并介绍火的用途、消防安全等与火相关的综合信息。通过前三课时完成单元任务的一部分，第四课时进行整合，建构单元整体学习过程，见表 4－12。

表 4－12 《英语》(牛津上海版)5A Module 4 Unit 3 的课时划分表

课时	话题	语用	板块
课时 1	A story about fire (The use of fire)	在故事语境中，借助文本或图片，描述火的用途	Read a story Learn the sounds
课时 2	A visit to the fire station (Fire equipment and signs)	在参观消防站的语境中，了解灭火设备的用途及防火标识	Look and say Look and learn Ask and answer
课时 3	A case of a big fire (Fire safety)	在一场火灾的语境中，口头描述火灾时间、防火注意事项及逃生要点	Read and match Listen and enjoy
课时 4	A poster about fire (Fire)	在语境中，借助思维导图，完成消防主题月的小报制作和任务介绍	Listen and enjoy Look and learn Look and say Read a story

① 朱浦：《单元整体教学的设计》，上海教育出版社，2020 年版，第 39 页。

三、确定课时目标

教师在划分好课时之后，要依据课时的主题、内容在单元目标中提取相应的学习内容的目标，列为课时目标。课时目标之间要体现关联性、递进性，还要体现与单元目标的一致性。

课时目标的表述动词要选用从“知道”“理解”“运用”三级认知水平的行为表现动词上细分。也可以参考英语学习活动观的学习理解、应用实践、迁移创新三类活动的相关行为表现动词来细分。在具体的目标表述上，要具体、清晰、可操作、可达成。具体可以参考单元教学目标的叙写部分内容，需要注意的是课时目标的行为表现动词和单元目标的行为动词相比更具体，一般是在一个课时内可达成、可测、可观察到的具体行为。见表 4－13 人教版小学英语（三年级起点）教材四年级下册第二单元“What time is it?”的课时目标（姚达文 2022）。我们可以看出课时目标的动词通常是一个课时内完成的一些行为表现动词。

表 4－13 PEP 英语四年级下册第二单元“What time is it?”课时目标

课时	语篇	课时目标
课时 1	B Let's talk 对话	① 获取和梳理 Mike 上午的活动安排并进行评价 ② 运用与时间和日常生活相关的表达方式简单描述自己在学校一天的学习与生活 ③ 观察图片和视频信息，小组讨论 Mike 在时间管理上的问题并提出改进的建议
课时 2	It's not easy to be a mother 绘本	① 获取和梳理绘本故事情节 ② 描述 Lisa 一天的时间安排，评价 Lisa 的时间管理情况 ③ 讨论和分析 Lisa 在时间管理上的问题并思考如何改进
课时 3	A Let's talk & learn John's Day 对话	① 获取和梳理 John 的时间表，讨论时间表的作用 ② 分析和讨论 John 的时间管理方法 ③ 向 Mike 介绍自己学校的时间表，总结自己的日常活动安排
课时 4	B Let's learn Mike's changes 对话	① 获取和梳理 Mike 改进时间管理后的日常活动安排 ② 观察图片和视频信息，小组讨论 Mike 在时间管理上的优化措施 ③ 制作并介绍自己的时间表
课时 5	Amy's changes 电子邮件	① 获取和梳理 Amy 的时间管理情况 ② 分析 Amy 在时间管理上的问题并提出解决方法 ③ 描述和阐释 Amy 在时间管理上的变化，总结优化管理时间的方法 ④ 完成时间管理自查表，分享在优化时间管理方面拟采取的具体行动
课时 6	DEPS Time Masters 校报文章	① 获取与梳理时间管理小达人 Dora 和 Allen 在时间管理上采取的具体行动 ② 分析 Dora 和 Allen 成为时间管理小达人的原因，谈论时间管理为生活带来的好处 ③ 完成关于时间管理的写作和对时间认知的思维导图，分享在时间管理上的做法和体会

四、设计单元作业

单元作业指为完成单元学习任务而设计的，具有明确指向性的系列化思维和实践活动（朱浦 2020）。教师在设计单元作业是要考虑作业设计的原则、作业分类、流程等。

（一）单元作业的设计原则

单元整体作业设计要遵循一致性、分层性、多样性原则。首先，教师设计单元作业要系统思考教学与作业的关系。要保持作业内容和教学内容的一致性，要保持和教学目标的一致性，要保持和教学重难点的一致性，要确保作业的要求、难易度与学生学习水平的一致。其次，在设计单元作业时要考虑学生的个体差异并进行作业的分层设计。作业的分层主要分为学习水平分层和任务角色分层。最后，单元作业要力求多样，以提高学生完成作业的兴趣。多样性包含作业内容的多样性和作业形式的多样性①。

（二）单元作业的分类

作业可以按照作业的形式分类也可以按照作业水平分类。按形式分类通常有以下不同类型和题型，见表 4－14。

表 4－14　常见作业类型和题型

类型	题型
听力	Listen and follow, Listen and read, Listen and choose, Listen and draw, Listen and judge, Listen and complete, Listen and order, Listen and number ...
口语	Read aloud, Recite the passage, Look at the picture and say, Think about the questions and say, Read the passage and say, Read the topic and say ...
阅读	Read and complete, Read and match, Read and choose, Read and answer ...
写作	Make sentences with words, Read the topic and write, Think about the questions and write, Write a letter ...
综合	Retell, Make a dialogue, Act the story in roles, Do a survey, Make a poster ...

通常对不同学习内容提出相应的知道、理解、运用三个水平分层。按照水平分层指不同类型的作业有不同的水平要求。作业水平由低到高分别为记忆性作业、理解性作业、运用性作业。具体作业形式和要求如下表 4－15。

表 4－15　不同类型和水平层次作业的作业形式和要求

类型	水平分级	作业形式和要求
听力	记忆性作业	通过听教材录音，跟读、模仿、背记相关内容
	理解性作业	通过听教材录音，了解内容大意，获取简单信息
	应用性作业	通过听与教材长度相仿的不同场景、话题的对话或语篇，获取时间、地点、人物、数量等信息

① 上海市教育委员会教学研究室：《小学英语单元教学设计指南》，人民教育出版社，2018 年版，第 69—70 页。

（续表）

类型	水平分级	作业形式和要求
口语	记忆性作业	通过大声朗读教材内容，背记相关内容
	理解性作业	通过朗读教材或教材以外的语篇，准确理解所读内容的意义，并能用规范的语音语调进行朗读
	应用性作业	运用语音、词汇、词法、句法、语篇的知识，结合话题，进行问询、回应、描述等活动，准确表达自己的思想
阅读	记忆性作业	通过阅读教材文本，巩固语言知识
	理解性作业	通过阅读与教材长度相仿的相同话题、不同内容的语篇，获取关键信息，把握文本结构，读懂内容大意
	应用性作业	通过阅读相关英语资料和故事，以读促写，培养阅读兴趣和习惯
写作	记忆性作业	通过抄写、摘录等活动背记、积累语言知识
	理解性作业	围绕教材主题，通过主题解析、问题引导、图片解读等进行简单写作
	应用性作业	能运用所学语言知识和相关文本体裁，进行写话、写信、写电子邮件等写作练习，准确表达自己的思想

（三）单元作业设计流程

单元作业设计的按照确定单元作业目标、设计单元作业内容、分析优化作业品质的流程进行。单元作业目标的确定、内容的设计和分析优化作业品质可以参考以下表4－16，4－17，4－18①。

表4－16　单元作业目标制定属性表

项目	内容	
教材内容	标引＋内容板块名称	
	教材单元：	教材栏目
确定单元作业目标	单元教学目标	
	单元作业目标	

表4－17　单元作业品质分析属性表

作业项	项目	内容	
设计单元作业内容作业1	对应作业目标		
	作业类型	形式	
		水平	
	作业时间		
	完成方式	□独立完成　□合作完成	
	提交时间	□当天　□＿＿＿＿天后	
作业2、作业3……			

① 上海市教育委员会教学研究室：《小学英语单元教学设计指南》，人民教育出版社，2018年版，第71—72页。

表 4 - 18　单元作业品质分析属性表

作业序号	对应目标序号	类型							完成方式		时间
		形式				水平					
		听	说	读	写	记忆	理解	应用	独立	合作	分钟
小计											

五、设计单元评价

单元评价是教师在单元教学中或某个阶段教学结束后，根据课程标准要求和单元教学目标，运用可行的科学手段，通过系统地收集信息和资料并分析整理，对学生在学习过程中以及某个阶段学习的表现和结果进行评定、分析并做出判断(朱浦 2020)。

(一) 单元评价设计的原则

单元评价设计要遵循全面性、多样性、一致性和发展性原则。全面性原则指评价体系要综合涵盖认知、技能、情感等多个维度，对学生的学习兴趣、习惯和学业成果进行全方位的评价；多样性原则指评价要体现评价方式、评价主体的多样性；一致性原则指评价标准要和课程标准分级要求一致，评价内容要和教学内容一致，教学评一体化；发展性原则指评价要关注学生学习过程中的发展和变化，评价以促进学生的发展为目的。

(二) 单元评价设计的流程

小学英语单元评价设计参照“确定评价目标—设计评价工具—设计评价内容—实施评价活动”的流程①进行。

第一，评价目标确定。单元评价目标要按照单元教学目标设计。评价目标的制定以课标、教材和学生为依据，围绕核心内容，选择恰当的行为主体、行为表现、行为条件和程度如表 4 - 19。

表 4 - 19　小学英语单元评价设计属性表——确定评价目标

步骤	项目	内容
确定评价目标	评价性质	□诊断性评价　□形成性评价　□终结性评价
	评价目标	

第二，评价工具设计。常见的形成性评价的工具有属性表、等级量表、学习任务单等；单元终结性评价(纸笔测试)常用的工具有测试细目表，如表 4 - 20。

① 上海市教育委员会教学研究室：《小学英语单元教学设计指南》，人民教育出版社，2018 年版，第 88—89 页。

表 4－20　小学英语单元评价设计属性表——设计评价工具

评价维度	观察点	等第标准 形式:□星数　□字母 □文字　□其他____			评价主体	评价方式	评价时间
□学习兴趣 □学习习惯 □学习成果					□教师评价 □学生自评 □学生互评 □家长评价	□课堂观察 □学生访谈 □调查问卷 □过程记录 □作业分析 □口头测试 □纸笔测试 □其他____	□课内 □课外

第三、设计评价内容。设计评价内容可以选择学习兴趣、习惯、成果中的某一项和几项作为评价维度，以符合学生年龄特点的任务方式展开，如表 4－21。

表 4－21　小学英语单元评价设计属性表——设计评价内容

步骤	项目	内容
设计评价内容	评价类型	□纸笔测试　□表现性任务　□学习记录单　□其他________
	评价内容	
	结果呈现	□等第　□评语　□其他__________

单元终结性评价内容设计需设计测试细目表。测试细目表是评价目标和评价内容的关联表。测试细目表可以使命题工作避免盲目而具有计划性，如表 4－22。

表 4－22　小学英语单元评价设计属性表——测试细目表

测试内容	测试项目	题型	评价目标	题号	题量	语言知识点	能力要求			预设难度
							记忆识别	理解表达	综合运用	
语音										
词汇										
词法										
句法										
语篇										

本章小结

本章阐述了小学英语单元整体教学设计的概念、要素和进行单元整体设计的路径，并对如何进行单元教材解读、学情分析、单元整体规划进行了解释和说明。本章的内容能帮助学习者对小学英语单元整体教学设计有基本的理解。

课后思考

1. 在单元整体教学中,单元大观念的建构如何进行?
2. 你认为应如何设计单元整体目标,并划分课时确立课时目标?

参考文献

[1] 中华人民共和国教育部. 义务教育英语课程标准(2022 年版)[S]. 北京:北京师范大学出版社,2022.
[2] 梅德明,王蔷. 义务教育英语课程标准解读(2022 年版)[M]. 北京:北京师范大学出版社,2022.
[3] 朱浦. 单元整体教学的设计[M]. 上海:上海教育出版社,2020.
[4] 鲁子问,陈则航. 小学英语课程标准与教材研究[M]. 上海:华东师范大学出版社,2020.
[5] 上海市教育委员会教学研究室. 小学英语单元教学设计指南[M]. 北京:人民教育出版社,2018.
[6] 程胜. 如何分析学情[M]. 上海:华东师范大学出版社,2016.
[7] 王蔷,李亮. 推动核心素养背景下英语教—学—评一体化:意义、理论和方法[J]. 课程·教材·教法,2019(5).
[8] 王蔷. 基于大观念的高中英语单元整体教学设计[J]. 中小学外语教学,2021(1).
[9] 陈则航. 基于大观念的教学设计原则、思路与方法[J]. 外语教学,2022(4).
[10] 姚达文. 基于学科大观念的小学英语单元整体教学设计和实施[J]. 外语教学,2022(5).
[11] 王蔷,孙万磊,等. 大观念对英语学科落实育人导向课程目标的意义和价值[J]. 外语教学,2022(4).
[12] 崔允漷. 追问学生学会了什么——兼论三维目标[J]. 教育研究,2013(7).

第五章

小学英语课时教学设计

章首语

小学英语课时教学设计是单元教学的重要有机组成部分。本章重点介绍小学英语不同课型的单课时教学设计。本章第一节先对小学英语课时教学设计进行综述，介绍课时教学设计的内涵、原则以及设计步骤；接下来的二至五节中分别就小学英语会话课、词汇课、语音课、读写课进行介绍，详细介绍各课型的概念和课标要求、设计内容、教学目标、教学流程。

思维导图

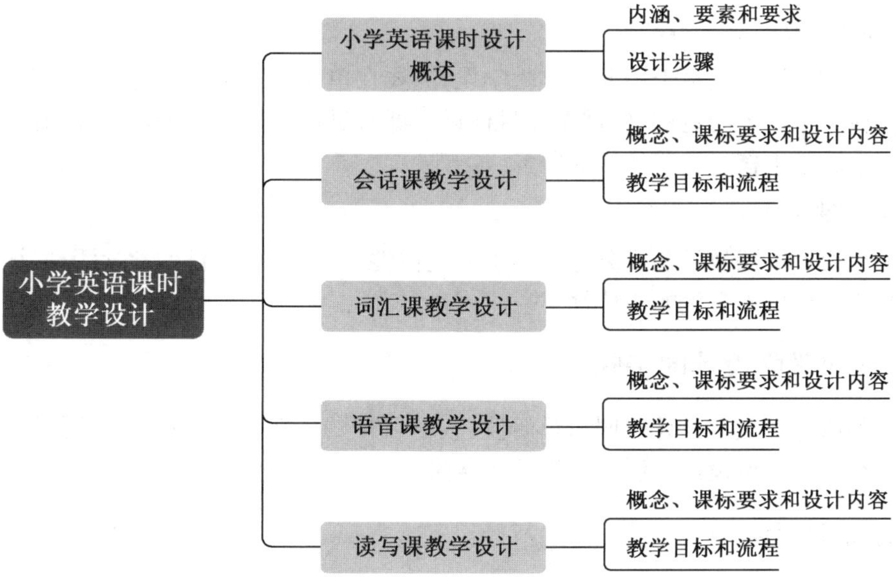

第一节　小学英语课时教学设计综述

一、课时教学设计的内涵、要素和设计要求

（一）课时教学设计的内涵

课时教学设计立足于单元整体教学设计，其从单元目标出发，针对某一具体课时对研读后的语篇进行表述，并制定课时教学目标、设计教学过程、板书、评价方案等内容。课时教学是单元整体教学的有机组成部分，单元内多个相互关联的课时教学构成学生的系列学习过程，并达成学生的单元核心素养表现。单课教学和单元整体教学是部分与整体的关系，彼此相互依存。

（二）课时教学设计的要素

在单元整体教学设计部分，已经完成了单元整体目标的设计，划分了单元课时、确定了课时教学目标。基于单元整体教学设计的课时教学设计主要包括课时教学内容设计（语篇研读）、课时教学目标叙写、课时教学过程设计、课时板书设计、课时作业设计、课时评价设计、课后反思等内容，同时形成课时教学方案。

（三）课时教学设计的要求

5

教师在进行课时教学设计要遵循以下几点要求：

1. 以单元为出发点

课时教学设计要立足于单元整体教学设计，要在单元整体设计的基础上，结合具体的单课时在整个单元中的定位，依据单元目标设计课时目标、活动、评价，使单课时教学为单元教学结束后学生核心素养的形成服务。

2. 以学生为中心

教师在设计单课教学要充分考虑学生的主体性。课时教学目标、教学活动、评价活动的设计都要充分体现学生的主体性。

二、课时教学设计的步骤

小学英语课时教学设计按照语篇研读、教学目标的确定和叙写、教学过程设计、板书设计、作业设计、评价设计和课后反思的步骤进行。

（一）语篇研读

1. 语篇研读的意义

语篇研读是教学设计的逻辑起点，小学英语教师在开展单元整体教学设计的教材分

析环节时需要对语篇进行分析，以便确定单元教学的依据。在课时教学设计环节，需要再次对单课时的语篇进行分析整理，形成语篇研读文本，完成语篇研读的叙写。在教学设计中进行语篇研读具有以下意义①。

第一，语篇研读有助于教师落实核心素养。在英语教学中长期存在把英语语篇当作词汇和语法的载体，忽视语篇所承载的意义的现象。《课标（2022 年版）》提出以主题为引领和以语篇为依托的英语教学要求，英语语篇成为英语教学和学习的资源。基于英语语篇，学生学习和运用语言知识，获取文化知识，在意义探究的过程中整合新旧知识，形成新的知识结构，再通过分析判断、推理论证、批判评价，分辨真伪是非，汲取文化精华，涵养内在精神，形成正确的人生观和价值观，逐步形成英语学科核心素养。可见，要培养学生的英语学科核心素养，教师首先要深入研读教学语篇，并以此为基础设计教学活动，落实课程目标。

第二，研读语篇是开展教学设计的前提。语篇是学生学习语言知识和文化知识的重要载体。教师只有深入分析所教语篇的主题语境、主要内容、文体结构和语言特征，才可能有针对性地总结学生的学习经验，明确学生需要理解和表达的内容和程度，从而选择合理的教学活动，确保达成教学目标。

第三，研读语篇有助于教师提升自身专业素养。教师语篇研读能力是教师专业能力的重要组成部分。进行语篇研读是教师思考教学目标、选择教学内容、选择教学方式和评价方式的基础。教师通过语篇研读能够帮助其运用相关知识了解学情，建立学情、语篇和目标的关联；语篇研读还能帮助教师组织学生开展意义探究活动、观察课堂互动效果、提供反馈。同时基于语篇的教学还对教师的语言互助能力、评价能力、文化底蕴提出了要求。因此，教师语篇研读能力直接影响教师的专业素养水平。

2. 语篇研读的内容

《课标》指出教师开展语篇研读要对语篇的主题、内容、文体结构、语言特点、作者观点等进行分析。要明确主题意义，提炼语篇中的结构化知识，建立文体特征、语言特点等与主题意义的关联，多层次、多角度分析语篇传递的意义，挖掘文化内涵和育人价值，把握教学主线。

具体而言，教师研读语篇要回答三个基本问题，即 What、Why、How 的问题。What 问题主要指要回答语篇的主题和内容是什么。Why 主要指语篇传递的意义是什么。How 的问题主要指语篇具有什么样的文体特征、内容结构和语言特点。What、Why、How 三方面的问题涵盖了文本解读的五个角度②，即主题角度、内容角度、文体角度、语言角度和作者角度。回答 What 的问题需要从主题和内容角度对语篇进行解读；回答 Why 的问题需要从作者的角度进行语篇解读；回答 How 的问题则需要从文体和语言角度对语篇进行解读。

---

① 王蔷、钱小芳、周敏：《英语教学中语篇研读的意义与方法》，《外语教育研究前沿》2019 年第 2 期。

② 张秋会、王蔷：《浅析文本解读的五个角度》，《中小学外语教学（中学篇）》2016 年第 11 期。

第一，主题和内容角度（What）

主题是语篇讨论的核心议题，它渗透、贯穿于语篇的全部内容，体现作者写作的主要意图及其对文章中所反映的客观事物的基本认识和态度。从主题的角度解读语篇，教师要明确语篇所谈论的主题是什么，并通过分析主题所提供的特定语境和采用的手段，准确、深入地把握文本的主题意义，使教学能够在引导学生开展主题意义探究和解决问题的活动中整合知识学习和语言技能发展，体现文化感知和品格塑造，发展思维品质和语言学习能力（王蔷 2016）。

从内容角度解读语篇，教师在明确语篇文本主题意义的基础上，通过梳理文本的具体内容，把握文本的内容结构，提炼出结构化的知识，即分析文本各部分的内容是如何围绕主题意义组织起来的。

图 5－1　人教社英语（一年级起点）五年级上册 Unit 6 Chores

案例卡片 5－1

What：本课语篇为小学生日常对话，内容围绕学生放学后的时间安排展开。放学回家的路上，Andy 邀请同学 Lily 和 Bill 一起踢足球，两位同学表示回家后要帮助家长做家务。最后，三人约定在周末一起踢足球。

第二，作者角度（Why）

从作者的角度解读语篇，教师要尊重作者的本意，关注作者的意图。教师要时刻关注作者的身份、视角、立场和态度等，并结合作者当时的写作背景，通过不断比较联想，深入作者的内心世界，厘清其思维，从而深入理解文本内涵和作者写作意图。一方面要深入理解文本内涵，另一方面要分析作者态度，进行理性思考和批判性评价。

案例卡片 5-2

Why：作者通过描述 Lily 和 Bill 为帮助父母做家务，礼貌地拒绝 Andy 放学后一起踢足球的邀约，使学生思考做家务的意义，引导学生树立合理安排课余时间、主动承担家务劳动的意识。

第三，文体和语言角度(How)

从文体角度解读文本，教师要在明确文本主题和内容结构化知识的基础上，研究语篇的文体结构和文体特征。阅读语篇的文体形式包括记叙文、议论文和说明文，每一种文体形式都有其典型的文体结构和文体特征。记叙文是写人记事的文章，它的文体结构包括事件的起因、经过和结果等，通常按时间先后顺序描述事件发生、发展的过程，表达作者的思想感情，但有时也会出现倒叙或插叙，见图 5-2。

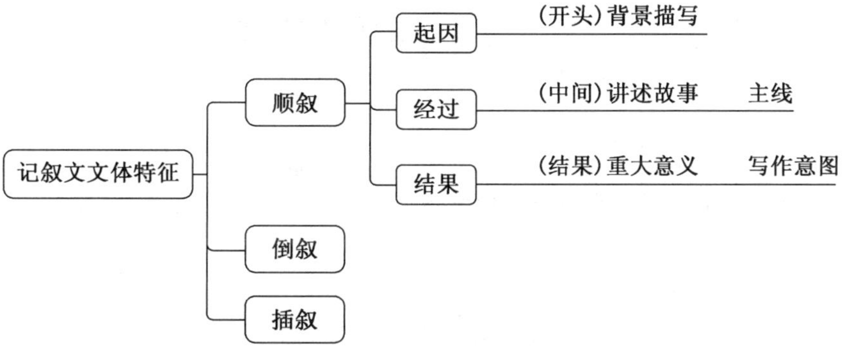

图 5-2　记叙文文体特征

说明文的目的是客观地说明事物或阐明事理。基本结构一般有以时间为序，也有以空间为序的；有从现象到本质的，也有由主到次的；有按工艺流程顺序说明的，也有按事物的性质、功用、原理等顺序说明的。一般会采用多种方式来说明事物，见图 5-3。

议论文的目的重在说服读者同意或支持其观点。基本结构包括引论、本论和结论，其逻辑性非常强，见图 5-4。

语篇由文字构成，作者通常会根据意图和文体选择不同的语言形式(词汇、语法、句法和修辞等)。从语言角度解读文本，教师要关注文本中的词汇特征、语法特征、句法特征和修辞特征等，分析它们是如何为呈现主题内涵服务的。

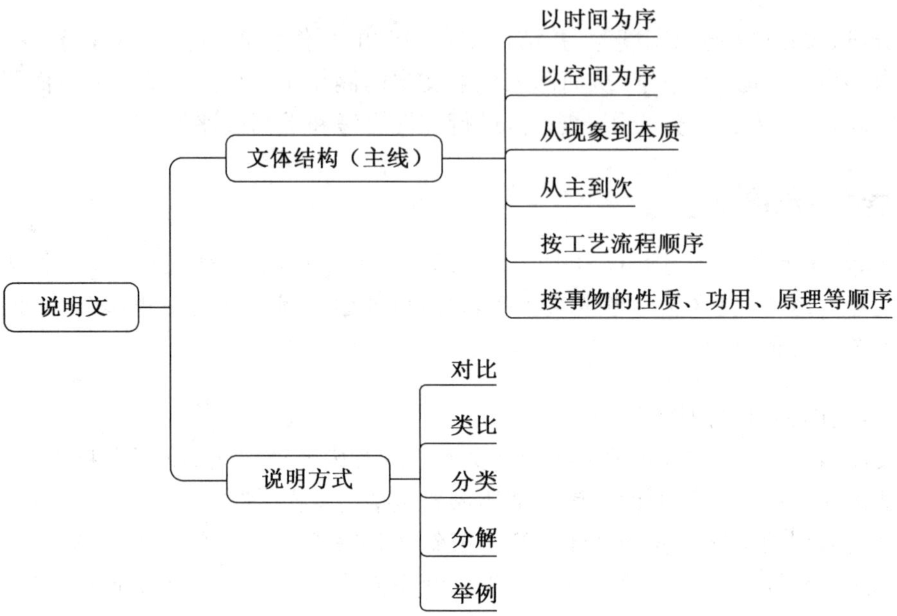

图 5-3　说明文文体特征

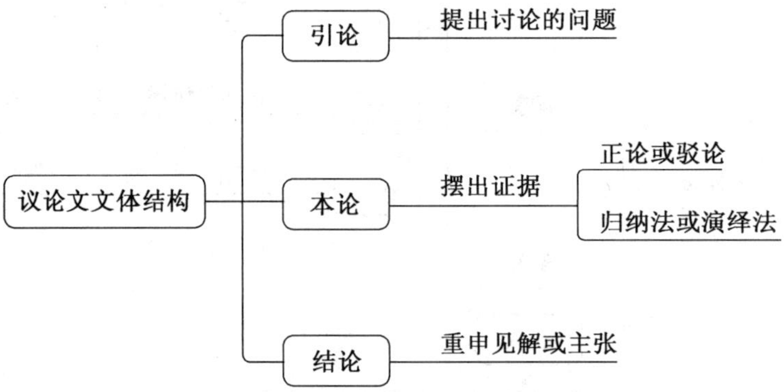

图 5-4　说明文文体特征

案例卡片 5-3

How：该对话是比较典型的学生日常生活对话，涉及介绍小学生日常所做家务的词汇，如 do chores，wash clothes，sweep the floor，tidy my desk，clean my room，water the flowers；交流做家务时使用的核心语言，如"Do you do chores at home? Yes，I ..."。三位小学生在表达自己放学后打算做的事情时使用了一般将来时，学生在前面的课程中已经接触并学习过该时态。该对话情节简单，易于理解，具有现实意义和教育意义。

（二）教学目标的确定和叙写

1. 教学目标的确定

在单元整体教学设计中，教师确定了单元教学目标，并划分了课时，完成了课时教学目标的设计。在课时教学目标部分，教师只需要再次梳理确定的教学目标，并完成教学目标的叙写。课时目标是单元目标的分解，具体操作过程中可以参考表 5 - 1 课时目标分解表，将单元目标从语音、词汇、词法、句法、语篇五个维度分解、细化为课时目标。既要关注主题、内容和目标的横向推进，要关注课时之间、主题之间、目标之间的纵向推理，又要检视单元目标制定和课时划分的合理性，必要时要作出调整。

表 5 - 1　课时目标分解表

	单元主题 ↓ 单元目标	课时 1 主题 ↓ 课时 1 目标	课时 2 主题 ↓ 课时 2 目标	课时 3 主题 ↓ 课时 3 目标	课时 4 主题 ↓ 课时 4 目标	
语音						
词汇						
词法						
句法						
语篇						

2. 教学目标的叙写

教师在课时教学设计中，需要对课时教学目标进行叙写，也就是撰写出教学目标的文本。教师撰写教学目标的时候要按照知道、理解、运用三个维度，选择合适的行为动词，关注学习方法、情感态度等要素，参考目标撰写的语法结构逐条叙写课时目标。也可对照英语学习活动观的学习理解、应用实践、迁移创新三个层面调整课时目标。比如下面课标教学目标案例①中，教学目标分为学习理解、应用实践、迁移创新三个层面，目标 1、2 和 4 符合目标语法结构三，目标 3 符合目标语法结构一。同时目标 1 中的“获取、梳理对话中三位小学生所做的家务劳动”是具体且可测的，其能够在一个课时内完成。其他目标亦是如此。

案例卡片 5 - 4

本案例选自《课标》案例 3　5～6 年级对话语篇教学设计 Do You Do Chores at Home?

通过本课时学习，学生能够：

1. 在看、听、说的活动中，获取、梳理对话中三位小学生所做的家务劳动；（学习理解）

2. 在教师的帮助下，分角色表演对话（程度较好的学生可以尝试转述、介绍三位小学生放学后的活动选择）；（应用实践）

3. 简要评价对话中三位小学生的做法；（迁移创新）

① 中华人民共和国教育部：《义务教育英语课程标准（2022 年版）》，北京师范大学出版社，2022 年版。

4. 在小组内交流下周个人家务劳动计划，并向全班汇报交流结果。（迁移创新）

完成课时目标所需的核心语言如下：

【核心短语】do chores，wash clothes，sweep the floor，tidy my desk，clean my room，water the flowers

【核心句型】I think—(helpful，kind，hardworking) I'm going to—

（三）教学过程设计

1. 教学过程的内涵

教学是由一系列活动组成的，教学过程是教与学的双边活动过程。设计指向目标的过程和活动是实现目标的关键之一。小学英语教学设计探讨的教学过程是指在教师的指导下，为实现既定的教学目标，通过师生教与学的共同活动，促进学生语言能力、文化意识、思维品质、学习能力等核心素养各领域发展的教育过程①。

2. 常见教学过程类型

小学英语教学中较为常见和有效的教学过程有活动式教学过程和任务型教学过程两种。

(1) 活动式教学过程

活动式教学过程又称活动教学。一般指教师根据教学要求和学生获取知识的过程为学生提供适当的教学情境，根据学生身心发展的程度和特点设置，让学生凭自己的能力参与阅读、讨论、游戏、学具操作等去学习知识的课堂教学方法或过程。其一般可分为“活动设计—预热活动—活动开展—成果展示—总结反思”五个阶段。活动设计是教师课前准备的过程，其他环节是课堂教学的过程。

在活动设计阶段，教师通常要根据目标、内容、学生来策划设计活动。教师将预设的语言知识融入特定活动，并精心选择和设计能够促进语言知识的掌握、理解和运用的活动形式。

在预热准备阶段，教师通过创设良好的学习氛围将学生带入自由学习的状态，并提出相关指令和要求。

在活动开展阶段，教师指导学生开展有效互动和交流。学生根据特定要求进行互动，完成学习任务。教师观察记录学生的表现情况，把控课堂，确保活动的顺利开展。

在成果展示阶段，学生展现个人或团队的成果，教师认真倾听并记录学生的语言输出情况。同时，教师要设置好各种形式的评价栏，组织开展各类评价活动，用各种手段激发学生课堂活动的积极性。

总结反思阶段，教师可以采用与主题一致的形式多样的总结反思方式。比如选出最佳辩手、最佳表演者、最佳组织者等。要鼓励学生积极发言，对学生在活动期间的语言运用情况作出详细的分析，指出其优缺点，以便日后能恰当使用语言。

① 鲁子问：《小学英语教学设计》，华东师范大学出版社，2018 年版，第 146 页。

（2）任务型教学过程

任务教学是以任务贯穿教学过程，在任务实施的过程中，以参与、体验、互动、交流、合作的学习方式，充分发挥学习者自身的认知能力，调动已知，在实践中感知、理解、运用语言较为有效的教学方法。

任务型教学过程分为"任务前—任务中—任务后"三个环节，任务前的主要目的在于任务介绍和准备，教师通过任务介绍引入任务情景，学生理解任务要求；教师在任务准备过程中帮助学生做好任务前的语言准备和材料准备。任务中的主要目的是任务实施和任务展示。在任务实施阶段，学生根据要求通过自主或合作学习的方式执行任务，解决问题，得出结果。学生在任务情景中运用语言进行表达和交流。在任务展示阶段，学生通过个人和小组的形式在全班面前使用英语进行任务成果展示。教师准备好评价栏目，通过各种评价方式对展示者进行评价，以激励其学习的积极性和信心。任务后的主要目的是教师对学生在任务过程中的表现进行评价。教师要针对任务结果给出客观的评价并指出学生需要改进的地方，尤其要指出学生在语言运用中的优势和不足，并给出正确的示范。

3. 教学过程的环节

小学英语的教学过程通常由多个相互关联、递进的环节组成，这些环节通常包含热身导入、呈现新知、巩固练习、实践运用、小结作业等五个环节。教学过程也可以按照 PPP（Presentation，Practice，Product）模式划分。以上两种划分方式本质相同。这两种方式呈现的教学环节中的活动层次和英语学习活动观的三个层面大致一致，如下表 5－2 所示。在本书中我们将按照五个环节的划分方式来阐述教学过程。

表 5－2　英语学习活动观与教学过程环节对照表

英语学习活动观	教学过程环节	教学过程环节
学习理解	热身导入	
	呈现新知	Presentation
应用实践	巩固练习	Practice
迁移创新	实践运用	Product
	小结作业	

（1）热身导入环节

热身导入环节是英语课堂的准备环节。在本环节中，教师要通过各种方式和手段，帮助学生做好新课学习的语言准备、心理准备和环境准备。让学生做好语言准备是设计英语课堂教学需要重要关注的环节。对中国学生而言，英语不属于日常用语，当学生从母语语境进入英语课程语境的时候，学生的认知加工机制需要一个调节的过程。如果没有热身直接进入语言学习，学生可能会出现反应不及时的情况。环境准备指教师要设计好与本主题学习相关的室内物理环境、多媒体等软件环境。

教师可以结合实际教学环境和自身教学特点，灵活选择适合的热身导入方法来吸引学生注意力，自然过渡到新课学习。常用的方法有：歌曲导入、游戏导入、自由谈话导入、悬疑导入、复习导入、情景导入等。

（2）呈现新知

呈现新知环节是课堂教学的核心环节，在这一环节中，教师通过各种方式来呈现一节课的核心学习内容，比如听说课中呈现核心句式，词汇课中呈现核心词汇，语音课呈现语音规则，语法课中呈现语法规则等。具体课型不同，其呈现的方式也会有所差异。教师在设计这一环节时要注意循序渐进，不可操之过急，要引导学生逐步感知、理解新的语言知识和技能。

教师要结合自身特点和实际教学环境，合理利用教材来选择适合的呈现新知方式。呈现的方法因内容不同而不同，具体可以分为规则呈现和知识呈现两大类，见表 5－3 呈现活动分类①（鲁子问 2018）。结合呈现，教师采用语言释义的方式对其进行讲解。

表 5－3　呈现活动分类

规则呈现	语言呈现	口头或书面问题描述
	图表呈现	逻辑图展示
	行为呈现	教师肢体动作演示
知识呈现	实物呈现	利用实物展现
	情境呈现	以故事、游戏和任务等作为依托
	多媒体呈现	借助黑板、PPT、投影仪等展现知识点

（3）巩固练习

巩固练习环节是在学生初步理解新知之后，采取适合的方式对所学进行及时巩固和操练，促进知识转化为能力，以便更好地运用到实践中去。练习活动的设计要采取由语言控制较多的机械练习逐步过渡到语言控制较少的意义操练。在练习的初级阶段，学生对新知熟练程度低，多采用机械操练，随着熟练程度的提高逐渐过渡到意义操练。机械操练较多关注语言的形式，意义操练常从对语言形式的关注转向关注语言的内容和意义。

常见的机械操练形式有游戏、儿歌、替换练习等。常见的意义操练形式有表演、角色扮演、配音、游戏、问答交流等。通常课型、学生年龄不同，教师设计的操练活动的形式也会有所差异。教师要综合考虑课型、语言内容、学生情况等各种因素来选择恰当的操练形式。

（4）拓展运用

拓展运用环节是英语课堂的关键环节，学生在熟练掌握所学语言的基础上，利用所学语言，基于现实生活问题、情景来解决问题。在这一环节，活动不受语言形式的控制，学生能够自由地利用语言把所学语言能力迁移到新的情景中，做到学以致用。教师要把对语言形式的关注转移到对语言表达内容和意义的关注上，同时还要注意文化意识、思维品质、学习能力等核心素养关键要素的落实。

拓展运用环节常用的方法有模拟对话、调查、故事续写/创编、看图写作、角色扮演等。其中模拟对话和角色扮演不再受所学语言的限制，常常在所学内容基础上学生自由设计/创编新的对话并进行模拟对话或角色扮演。

① 鲁子问：《小学英语教学设计》，华东师范大学出版社，2018 年版，第 162 页。

(5) 小结作业

小结和作业是课堂教学的最后一个环节。在小结中，师生就所学知识和技能进行复习回顾、总结归纳。其目的在于让学生对教学的重难点进行概括，加深印象，巩固知识，并形成系统性的知识框架。小结的方法可以分为教师中心、学生中心、师生互动三大类。以教师为中心的小结主要以教师引导为主，一般会在课堂最后时间有限的情况下进行，教师借助多媒体和板书带领学生从头到尾回顾所学知识和技能。以学生为中心指主要以学生参与为主，目的在于培养学生的整理、概括和归纳的能力。一般由几个学生概括本节内容，其他学生可以适当补充，最后教师补充并评价。这种方式有利于提高学生的自主学习能力。师生互动主要指教师和学生一起通过互动的方式对本节课内容进行总结，其目的在于通过互动再次巩固和练习所学的知识和技能。

作业布置一般课堂的最后一个环节，是一节课的课后延伸。其目的在于帮助学生进一步巩固所学，并帮助教师及时获得学生学习情况的反馈。教师设计的作业要明确作业目标、注意形式多样、内容分层。

(四) 板书设计

板书是教师在教学过程中在黑板上运用单纯文字、文字与图画结合、简笔画、图表、粘贴图片及其他有关材料展示教学内容的一种手段，是课堂教学的重要组成部分。有效地利用板书，是提高课堂教学效果的重要方式。

1. 板书设计的原则

(1) 板书内容要紧扣主题和目标

教师设计板书内容要依据课时教学内容以及具体的课时目标。板书内容要提纲挈领、重点突出。文字要简明扼要，清晰地呈现课堂教学的主要内容。比如会话课要呈现核心句式；词汇课要呈现核心词汇和句型；语音课要呈现语音规则；阅读课要呈现文章结构等。

(2) 板书形式要符合学生认知规律。

板书设计的呈现形式要结合所在年龄段学生的心理认知发展规律。教师要结合学生所在年龄段的特点设计图片、简笔画、思维导图、流程图、结构图等图文并茂、结构清晰的板书表现形式。同时板书形式要依据教学内容，合理选择提纲式、关键词语式、图标/表格式或混合式等形式。

(3) 板书布局要合理

板书整体布局要结构合理。一般情况下板书可分为主板书和辅助板书。主板书是事先设计好的一般不能随意擦除。辅助板书具有随意性，是用来辅助说明的内容。整体板书布局要简洁明了、提纲挈领、和谐美观。

2. 板书设计的常见类型

(1) 提纲式板书

提纲式板书指按照教学内容和知识呈现顺序，提纲挈领的安排板书内容和形式，达到突出重点、便于学生抓住要领、掌握学习内容的效果。

案例卡片 5－5

提纲式板书

PEP 小学英语(三年级起点)四上 Unit 5　Dinner's Ready

设计者:郑州二七区陇西小学　王婧

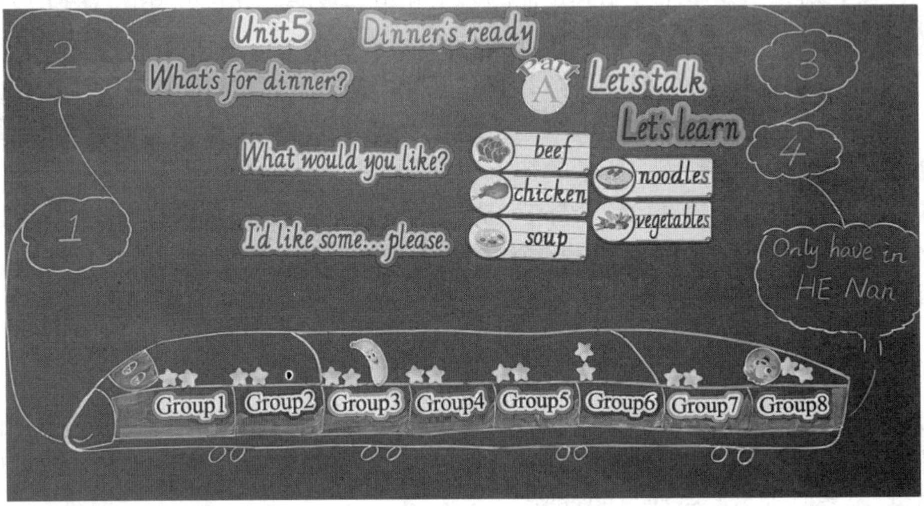

(2) 词语式板书

词语式板书选择关键的词语作为板书内容,可以帮助学生抓住学习内容的关键点,帮助学生把握学习核心要点,同时可以用来进行复习和总结。

案例卡片 5－6

词语式板书

PEP 小学英语(三年级起点)四上 Unit 5　Dinner's Ready

设计者:郑州二七区陇西小学　王婧

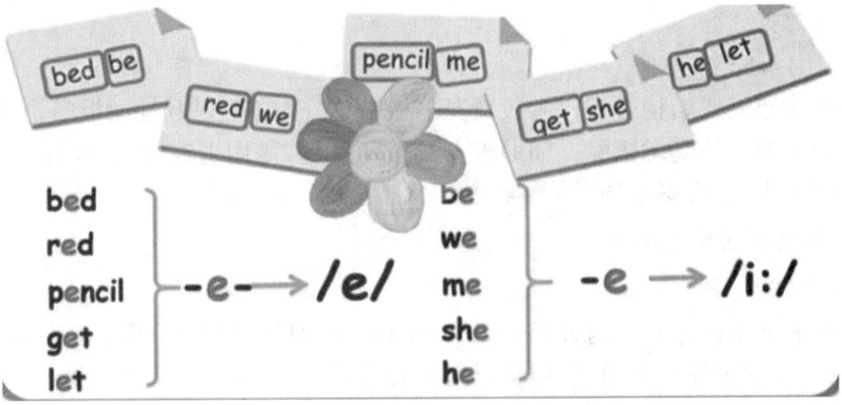

案例卡片 5－7

词语式板书

PEP 小学英语(三年级起点)六上 Unit 2　Ways to go to school

设计者:郑州金水区文化路第三小学　牧珂

Unit 2　Different ways to go to school

Munich, Germany

on foot

Alask, USA

by sled

Jiangxi, China

by ferry

Papa Westray, Scotland

by ferry

(3) 表格式板书

有些教学内容有明显分项特征,教师可以结合表格和图文来设计板书。教师可以利用图片呈现内容、帮助学生实施活动、归纳总结教学内容等。

案例卡片 5－8

表格式板书

PEP 小学英语(三年级起点)六上 Unit 2　Ways to go to school

设计者:郑州师范学院初等教育学院 B20 级学生　王梦

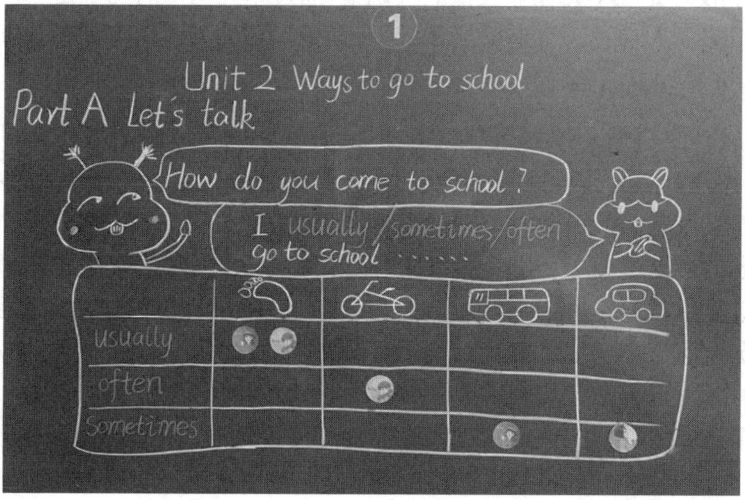

(4) 思维导图式板书

教师可以借助思维导图是实现学习过程中学生思维的可视化。思维导图能够帮助学生梳理内容框架、主要要素或文章情节、主要内容等。

案例卡片 5-9

思维导图式板书

PEP 小学英语(三年级起点)四上 Unit 2 My schoolbag

设计者:郑州金水区艺术小学 张潜龙

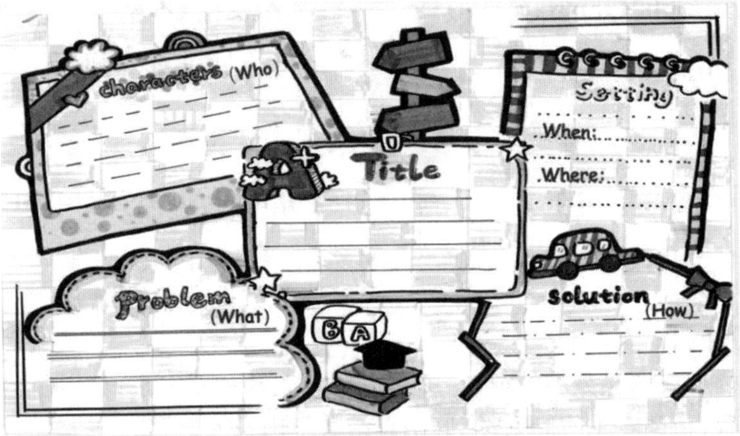

(五) 作业设计

在第四章的第四节单元整体规划部分的“设计单元作业”环节,阐述了单元整体作业设计的原则、分类和流程。通过单元整体规划,单元内所包含的作业已经设计出来。因此,本环节的课时作业设计是在单元作业设计的基础上,通过单元内课时的确定,进一步对本课时内容相关联的作业进行完善。如有必要,并结合学生学习的具体情况来适当调整作业。

1. 课时作业设计的原则

课时教学设计要遵循一致性、分层、多样性、要求明确等原则。首先,教师设计课时作业要思考课时作业和单元作业的一致性,还要保持作业和教学目标的一致性、与教学内容的一致性、与教学重难点的一致性、难易度与学生水平的一致性。其次,在设计课时作业的时候,要考虑学生水平的差异进行课时作业的分层设计,以使学生形成积极的情感体验,提升自我效能感。第三,课时作业设计要多样。教师设计课时作业时要创设真实的学习情境,建立课堂所学与学生实际生活的关联,设计复习巩固类、拓展延伸类和综合实践类等多种类型作业,提升学生完成作业的兴趣。比如朗读、角色扮演、复述、书面表达、故事创编、调研采访、海报制作、戏剧表演、课外阅读等。最后,课时作业要求要明确。教师在设计作业的时候要给出明确的作业要求,必要时给出范例。明确的作业要求有助于学生作业的完成和作业的评价。

2. 课时作业设计案例

教师依据设计好的单元作业来完善课时作业，并结合具体的课时内容逐一分析课时作业的形式、水平等项目。下面是一则课时作业设计案例，选自 PEP 小学英语（三年级起点）四上 Unit 5　Dinner's ready Part A Let's talk，其作业设计如下：

案例卡片 5－10

作业情境：欢迎大家乘坐大美河南——儿童专列，到“只有河南”戏剧幻城旅行，快来参加我们的美食闯关活动吧，你将会得到我们下一站的车票！欢迎你来一起闯关！

表 5－4　作业案例

单元名称	Dinner's ready	第一课时 Talk & Learn
分层作业设计框架	作业内容	
基础型作业 （必做）	见下	

“我是读写小达人”

1. 跟读 Talk 文本，模仿语音语调。
2. 回忆课文内容，补全句子。

I'd like ______________

I'd like come ______________

I'd ______________

我是读写小达人

1	作业形式	听□	说□	读✓	写✓
2	认知水平	识记□	理解□	运用□	综合□
3	完成方式	独立完成✓		合作完成	
4	评价方式	语音语调标准，单词书写模范 ☆	语音语调标准，单词书写规范，能够流利朗读，并增加语言，使文章内容更丰富。 ☆☆	能够使用正确的单词和句型表达自己的用餐喜好和饮食习惯，动作、表情丰富，发音标准、脱离课本 ☆☆☆	
	自评				
	互评				

（续表）

拓展型作业（选做）

“我是健康营养师”

请你为爸爸妈妈制作一份营养健康的菜谱，然后到超市采购，并核算价格。做一位会理财、懂感恩的“健康营养师”吧！

Bill

___¥___ ___¥___ ___¥___

___¥___ ___¥___ ___¥___

我是健康营养师

1	作业形式	听□	说✓	读□	写✓
2	认知水平	识记□	理解□	运用✓	综合✓
3	完成方式	独立完成		合作完成	
4	评价方式	基本能够使用正确的单词和句型询问别人的用餐喜好和饮食习惯 ☆	基本能够使用正确的单词和句型询问别人的用餐喜好和饮食习惯，并合理搭配健康食谱 ☆☆	能够使用正确的单词和句型询问别人的用餐喜好和饮食习惯，并合理搭配健康食谱，动作、表情丰富，发音标准、脱离课本 ☆☆☆	
	自评				
	互评				

“我是超级演说家”

请你用录制视频的方式分享一下你的营养晚餐（可加入你的所思所想）。

（续表）

My dinner

Hi, I'm ××. I'd like ____________

LET'S BE THANKSFUL AND NOT WASTEFUL:

1. Don't buy more than I need.
2. Only order what I can eat.
3. Finish everything on my plate.

我是超级演说家

1	作业形式	听□	说√	读□	写
2	认知水平	识记□	理解□	运用√	综合√
3	完成方式	独立完成		合作完成	
4	评价方式	基本能够使用正确的单词和句型表达自己的用餐喜好和饮食习惯，无不自然的肢体和表情动作 ☆	能够使用正确的单词和句型表达自己的用餐喜好和饮食习惯动作、表情丰富，发音标准 ☆☆	能够使用正确的单词和句型表达自己的用餐喜好和饮食习惯，动作、表情丰富，发音标准、脱离课本 ☆☆☆	
	自评				
	互评				

上述课时作业案例为单元教学的第一课时作业，作业包含了基础作业和拓展作业。基础作业的主要目的在于复习巩固课堂学习内容，其形式包含跟读模仿、复述并补全句子。作业要求具体清晰，作业评价标准具体，评价方式包含自评和互评。拓展作业的主要目的在于通过设计和学生生活关联的作业，来进一步延伸课堂学习内容。其形式包含实践展示、演讲。作业水平较高，属于输出型应用类作业。作业要求清晰并有示例，作业评价标准具体，方式多样。

（六）课时评价设计

课时评价设计是指教师在课时教学设计中，根据课时目标，运用可行的评价方式和手段，通过收集信息和分析整理，对学生学习的表现和结果进行评定、分析并做出判断。

1. 课时评价设计的原则

课时评价设计要结合单元评价设计，遵循全面性、多样性、一致性和发展性原则。全面性指评价体系要涵盖认知、技能、情感等多个维度，对学生的课堂学习兴趣、学习表现和学习成果进行全方位评价；多样性指评价方式多样、评价主体多样；一致性原则指课时评价要和单元整体评价保持一致，同时评价标准要和单元、课程标准分级要求一致，评价内容和课堂内容一致，教学评一体化；发展性原则指要发展性地看待学生在课堂学习中的表现，评价以促进学生发展为目的。

2. 课时评价设计的案例

在单元评价设计环节，教师参照“确定评价目标—设计评价工具—设计评价内容—实施评价活动”的流程设计出了单元评价内容。课时评价设计环节主要是依据课时划分，来将相应的评价活动落实到课堂教学中。同时课时评价和单元评价又有所不同。课时教学评价更具有生成性。因此在确定评价目标之后，教师要在课堂评价中充分发挥其主导作用，从多个维度进行课堂观察。下面是一则课时学习效果评价案例，出自《课标(2022 年版)》中案例 3。

表 5－5　学习效果评价案例

教学目标	学习活动	效果评价
1. 在看、听、说的活动中，获取、梳理对话中三位小学生所做的家务劳动。(学习理解)	1. 学生基于图片和已有经验，在教师的启发下，预测对话内容，感知新语言，如“Who are they? Where are they? What are they going to do?” 2. 学生观看对话视频，验证预测，理解对话大意，根据图片，用释义和列举的方式理解生词 chore 的含义。 3. 学生再次观看对话视频，理解对话细节，如“ What does Andy invite Bill and Lily to do after school? Can Bill and Lily play football with Andy? Why?”找到对话中三位小学生放学后做家务的具体内容，将对话人物与其所做家务进行匹配。 4. 学生借助图片和动作理解家务劳动词汇的意思，拼读单词和短语，拓展和丰富词汇，如 wash socks、wash vegetables 等。 5. 学生听录音跟读、分角色朗读对话，关注语音、语调、节奏、连读、重读等。	教师观察学生能否参与互动和交流，主动分享个人对该主题已有的知识、经验，并根据需要调整提问方式，进行追问或给予鼓励。 教师观察学生完成匹配活动的情况，根据学生表现给予指导和反馈。 教师根据学生理解词汇、拼读单词和拓展词汇的情况，发现问题，及时提供帮助。 教师根据不同能力水平学生朗读对话的情况，给予指导或鼓励。

课堂观察是课时评价的重要方式，同时在课堂评价中教师还要依据确定的评价目标，从各个评价维度，充分发挥学生的主体性，引导学生来参与评价标准的制定、评价活动的参与等环节。下面是一则课堂写作成果评价案例①。

Handwriting Self-Assessment

Check your handwriting. Colour a smiley face to show how often you have done each of these things.

表 5－6　课堂写作成果评价案例

	All the time 	Most of the time 	Not at all 
Did I use capital letters in the correct places?			

① 案例来自 Twinkle 官网链接地址为：https://content. twinkl.

（续表）

Did I use finger spaces?			
Did I use full stops in the correct places?			
Are my letters sitting on the line?			
Am I proud of this work?			
What can I do better the next time?			

教师还可以利用作业评价来对一节课的学习效果进行阶段性评价。具体请参考课时作业部分。通过作业评价能够及时了解学习课堂学习效果，学生通过作业反馈了解自己学习情况，教师也根据作业情况来及时调整和完善自己的教学。

（七）课后反思

反思性教学是教师有效进行专业发展的重要途径。教师在教学反思的过程中发现问题、解决问题，从而真正促进自身职业能力的发展。Farrell 认为反思性教学是一个包含教师教学观点的认知过程，教师系统地收集教学实践的数据，同时与他人对话，并利用这些数据对课堂内外的实践做出明智的决策。

教师进行反思性教学通常包含三种情形，一是在实践中反思（Reflection-in-action），主要指在课堂教学过程中进行反思，在这个过程中教师要不断实时反思基于自己教学理念的行为和技术的合理性（通常指一些不可预期的教学事件，比如学生无法回答问题或很容易答出问题、突发的学生沉默或意外等），不断做出调整。二是实践后反思（Reflection-on-action），主要是在课堂教学结束之后对课堂教学事件进行反思，在这个过程中教师主要对自己的课堂教学行为进行回忆，思考课堂教学中的整个过程（包括课堂中的反思行为），侧重点在于通过回顾分析自己的教学认知过程，教师要用到一些元认知策略。三是为实践反思（Reflection-for-action），主要指为即将到来的教学实践行为进行提前反思。在这个过程中，教师通过前两种教学反思来进一步指导未来行动。本部分课后反思主要指教师在课堂教学结束后进行课后教学反思，主要涉及上面所说的实践后反思和为实践反思。

教学反思的内容，Farrell 指出教学反思包含五个环节或阶段，如图 5－5 所示：

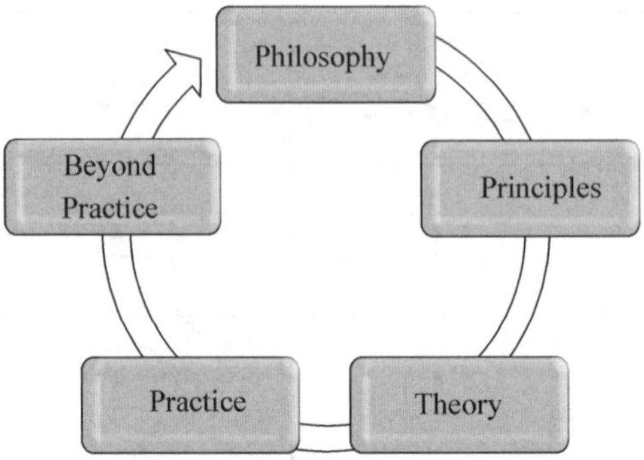

图 5-5　教学反思的环节(阶段)

教学反思的第一个环节是教师的价值观。教师可以通过反思自身的知识比如遗产、种族、宗教、社会经济、家庭、个人信念等是如何影响自己的价值观的,从而对自己有更清晰的认识。这是教师开展教学反思的起点。教学反思的第二个环节指的是教学信念。指教师反思自己对教学和作为外语的英语教学的假设和观念。因为每一个课堂教学行为背后都是深层教学观念在指导。第三个环节是指教师教育理论。教师教学设计的每个环节都受教师教育理论的影响,教师通过分析教学中的事件来思考其中隐含的教育理念的合理性,从而更好地反思。第四个环节是教学实践。通过实践中反思、实践后反思和为实践反思,教师反思教学实践并思考自己的价值观、教学信念、教育理论与实际教学的差异,不断提高教学水平。最后一个环节是批判性反思,主要思考道德、政治、情感、种族、社区等对课堂内外教师教学实践的影响。从而意识到这些因素与语言教学的关系。

5

教学反思的实施流程①一般为“发现问题—分析问题,提出设想手段—制定教学计划—实施计划—评价成效”。首先,发现和分析问题,有五种方法,分别为叙事法,参与教师(指参与反思性教学的教师)向别人讲述自己教学的故事,在讲故事过程中发现自己教学的问题或请别人发现自己的问题;微型教学,观看自己教学的录像带,在专家或他人的帮助下发现自己的不足;观察实况,发现教学中的需要改进之处;专题讨论,对教学中普遍存在的问题达成共识;文献检索,从学生作业、教学计划、教学理论文章等中发现问题。明确问题后设想解决手段,主要有自我假设、专家假设和同行假设三种手段。其次,制定教学计划。在这个环节把设想的解决手段落实,使假设在教学中得到验证。其包含完整的研究过程,有准备、实施、成果物化、终结性反思等。教师按照计划要求观察教学过程,收集证实或证伪假说的材料。最后,分析和处理材料,得出初步结论,写出反思性日记或论文、实验报告等。

① 施健、王华:《教学反思对外语教师专业化发展的实践意义》,《外语教学研究》2007 年第 10 期。

第二节　小学英语会话课教学设计

一、小学英语会话课相关概念和课标要求

（一）会话课的概念

较为平衡的语言课程通常会包含均衡的听、说、读、写语言能力的发展的几项组成内容：聚焦意义的输入、聚焦意义的输出、聚焦语言的学习和语言能力的流畅性。首先，通过聚焦意义的语言输入进行学习，在听和读的输入活动中关注语言传递的意义和观念。其次，通过聚焦意义的语言输出学习，在读和写的输出活动中关注语言传递的信息和观念。再者，通过有意识地关注语言项目和特征学习，也就是通过词汇学习、语法练习和解释、语音项目的形和拼写、语篇的特征、有意识的语言学习和语言运用策略的练习等进行语言学习。最后，通过听、说、读、写来达到语言内容运用的流畅性。

小学英语教材的设计通常是遵循以上四项要求并整合学习内容。一般教材内容设计模块是大致按照听、说、读、写的次序进行，又相互渗透。比如听说课通常融合在一起放在教学单元的起始阶段；有时候语音项目会单独教学比如 PEP 教材中的 Let's spell 部分；读写一般放在教学单元的后段进行。基于这种听说读写侧重点的差异，我们可以把英语课分为听说课（会话课）、词汇课、语音课、读写课。本节课主要关于单元教学起始阶段的会话课。会话课教学的侧重点在于学生英语听说能力的发展以及掌握一定的语用知识。在 PEP 小学英语（三年级起点）教材中通常指 Part A 和 Part B 中的 Let's talk 部分。

（二）课标相关内容要求

《课标》对小学阶段英语听说能力及语用知识提出了具体的要求，见表 5－7 一级、二级语用知识要求和表 5－8 语言技能要求。

表 5－7　一级、二级语用知识要求

级别	内容要求
一级	1. 使用简单的称谓语、问候语和告别语与他人进行得体的交流； 2. 在语境中使用基本的礼貌用语与他人交流； 3. 对他人的赞扬、道歉、致谢等作出恰当的回应。
二级	1. 根据具体语境的需求，初步运用所学语言，得体表达自己的情感、态度和观点； 2. 在具体语境中，如购物、就医、打电话、问路等，与他人进行得体的交流； 3. 对他人的邀请、祝愿、请求与帮助等作出恰当的回应。

5

表 5－8 语言技能内容要求

语言技能	内容要求(一级、一级＋)
理解性技能	1. 理解课堂中的简单指令并作出反应； 2. 根据图片和标题，推测语篇的主题、语境及主要信息； 3. 在听、读、看的过程中有目的地提取、梳理所需信息； 4. 推断多模态语篇(如动画、图书及其他印刷品的封面和封底、邀请卡及贺卡)中的画面、图像、声音、色彩等传达的意义； 5. 借助语气、语调、手势和表情等推断说话者的情绪、情感、态度和意图； 6. 课外视听活动每周不少于 30 分钟； 7. 课外阅读量累计达到 1 500～2 000 词。
表达性技能	1. 在语境中与他人互致简单的问候或道别； 2. 演唱所学的简单英语歌曲； 3. 大声跟读音视频材料，正确朗读学过的对话、故事和文段； 4. 交流简单的个人和家庭信息，如姓名、家庭情况等； 5. 表达简单的情感和喜好，如喜欢或不喜欢、想要或不想要； 6. 简单介绍自己的日常起居和生活，如作息时间、一日三餐、体育活动、兴趣爱好等； 7. 简单介绍自己的学校和学校生活，如学校设施、课程、活动，以及同学、老师等； 8. 简单介绍自己喜欢的动物，如外形特征和生活环境等； 9. 用简单的语句描述图片或事物； 10. 在教师指导下进行简单的角色扮演； 11. 正确书写字母、单词和句子； 12. 根据图片或语境，仿写简单的句子。 ＋1. 在画面的提示下，为所学对话、故事或动画片段配音； ＋2. 口头描述事件或讲述小故事。
语言技能	内容要求(二级、二级＋)
理解性技能	1. 理解日常学习和生活中的简单指令，完成任务； 2. 借助图片、图像等，理解常见主题的语篇，提取、梳理、归纳主要信息； 3. 在听和读的过程中，根据上下文线索和非文字信息猜测语篇中词汇的意思，推测未知信息； 4. 归纳故事类语篇中主要情节的发生、发展与结局； 5. 对语篇中的信息进行分类； 6. 比较语篇中人物、事物或观点间的相似性和差异性，尝试从不同视角观察、认识世界； 7. 概括语篇的主要内容，体会主要信息之间的关联； 8. 理解多模态语篇(如动画、海报、图书及其他印刷品的封面和封底等)传达的意义，提取关键信息； 9. 课外视听活动每周不少于 30 分钟； 10. 课外阅读量累计达到 4 000～5 000 词。 ＋阅读有配图的简单章节书，理解大意，对所读内容进行简单的口头概括与描述。
表达性技能	1. 运用所学的日常用语与他人进行简单的交流，如询问个人基本信息； 2. 完整、连贯地朗读所学语篇，在教师指导下或借助语言支架，简单复述语篇大意； 3. 围绕相关主题和所读内容进行简短叙述或简单交流，表达个人的情感、态度和观点； 4. 在教师帮助下表演小故事或短剧；

（续表）

语言技能	内容要求（二级、二级+）
	5. 简单描述事件或讲述简单的小故事； 6. 围绕图片内容，写出几句意思连贯的描述； 7. 模仿范文的结构和内容写几句意思连贯的话，并尝试使用描述性词语添加细节，使内容丰富、生动； 8. 正确使用大小写字母和常见标点符号，单词拼写基本正确； 9. 根据需要，运用图表、海报、自制绘本等方式创造性地表达意义。 +1. 结合相关主题进行简短的主题演讲，做到观点基本明确、逻辑比较清楚、语音正确、语调自然； +2. 结合主题图或连环画，口头创编故事，有一定的情节，语言基本准确。

课标中相关听说能力的具体要求包含在理解性技能和表达性技能中，其中理解性技能包含听和阅读的能力，表达性技能包含说和写的能力。上述课标中一二级的内容要求中有的明确指听说能力，比如“理解课堂中的简单指令并作出反应；在语境中与他人互致简单的问候或道别；演唱所学的简单英语歌曲等”。有些则是听和读、说和写交织在一起。

二、小学英语会话课的设计内容

小学英语会话课的主要教学内容是围绕主题内容进行有意义的听的输入和说的输出，并要关注交流和表达中的语用知识。因此会话课语篇设计主要包含以下内容。

（一）语言内容：核心的语言句式

会话课语篇的核心的语言内容是交际会话的核心句式。教学设计的核心目标是学生能够听懂、会说核心句式，其中在“说”的层面要做到发音清晰、语音语调基本正确，并能够达到一定的流利度。比如下面教材片段选自 PEP 小学英语（三年级起点）四上 Unit 5 Dinner's ready Part A Let's talk。其核心句式为 What would you like? 及 What would you like for dinner? 以及如何回应：I'd like ... , please. 以及句式：What's for dinner? Dinner's ready. 教师在设计这部分教学时要基于句式进行足量的有意义的练习和运用活动，以便学生能够用正确的语音语调运用核心句式进行交际，并要达到一定的流利度。

（二）语用知识

在进行会话课设计的时候，教师要关注会话内容涉及的相关语用知识。只有语言的形式和意义的传递方式符合语言使用的得体性，即符合该情境下的社会规约，才能判断语言使用正确，即达到有效交际的目的。语音、词汇和语法的正确使用并不能完全决定语言的使用是否正确。语用知识的运用能帮助学生在特定场合和不同人交谈时，根据交际目的、交际场合的正式程度，以及交谈人的身份和角色，选择正式或非正式、直接或委婉、口语和书面等语言形式，得体且恰当地与他人沟通和交流，达到交际目的。教师在设计会话活动时要注意创设有意义的语境，明确交际各方的身份和交际目的，在语篇意义和主题建构的活动中，增强学生的语用意识①。图 5－6 中包含了如何在家里(非正式场合)礼貌、委婉地询问“晚餐是什么”“想吃什么”以及如何得体表达尊重和感激(I would、please 的使用)。同时，在设计练习互动中教师要关注到学生交际的这些语用层面，在设计迁移类活动中，如果场景是在公共场合或正式场合，教师要注意相关点餐语言使用的规范。

图 5－6　PEP 小学英语(三年级起点)四上　Unit 5　Dinner's ready Part A Let's talk

(三) 会话语篇的主题意义

教师在进行会话课教学设计时，除了关注语言知识和语用知识之外，还要对会话语篇的图片、文本进行解读，深入挖掘会话语篇的主题意义。教师要分析对话语篇中的图片、表格、数字等呈现手段，并研读文本的内容，从图文结合的角度解读作者的意图，并进行理性思考和批判性评价，深挖语篇传递的主题意义。比如下面教材片段选自 PEP 小学英语(三年级起点)四下 Unit 2　What time is it? Part B Let's talk & Let's learn 部分。通过分析教材的文本和图片，发现 Let's talk 部分 Mike 在三个时间点都未准备好起床、上学、上课，图片中暗示了 Mike 在时间管理上存在的问题，图片上 Mike 的表情和行为暗示了其匆忙、着急和心情的低落。Let's learn 部分，Mike 在四个时间点都提前准备好了，图片中 Mike 的表情体现了他整个明显的轻松愉快。通过对这两个语篇的分析对比，可以推

① 梅德明、王蔷:《义务教育英语课程标准(2022 年版)解读》，北京师范大学出版社，2022 年版。

测出其语篇主题为时间管理中的自我认识、管理和提升，其主题意义为感知时间和生活的关系以及改进个人的时间管理（姚达文 2022）。

图 5－7　PEP 小学英语（三年级起点）四下 Unit 2　What time is it?
Part B Let's talk & Let's learn

三、小学英语会话课教学目标

小学阶段的会话课通常在一课时内完成，其目标通常为课时教学目标。在单元整体教学设计环节，教师通过对课标、教材、学情的分析完成了单元整体目标的确定、课时划分、课时目标制定。在本节课中不再对会话课目标的确定以及叙写（撰写）进行重复。只介绍会话课作为一个典型课型其目标设计的侧重点以及案例分析。

会话课目标设计侧重点要整合会话课语篇的设计内容的三个语言方面。首先，要关注语言层面，包含能听懂、会说核心句式，并且语音语调正确，达到一定的流利度。这就要求教师设计包含知道、理解、运用三个层面的多样活动，并要达到一定的量。其次，要关注语用层面，这就要求教师设计适合的交际情境，让学生在真实的情境中按照语言规范，得体地使用语言进行理解和表达。最后，教师要关注语篇传递的主题意义，帮助学生通过体验、参与、互动的活动建构起对主题意义的完整理解。

下面是一则会话课语篇教学案例，选择 PEP 小学英语（三年级起点）四上 Unit 5 Dinner's ready Part A Let's talk，其目标设计如下：

案例卡片 5－11

PEP 小学英语(三年级起点)四上 Unit 5 Dinner's Ready Part A Let's talk

设计者:郑州二七区陇西小学 王婧

教学目标:通过本课时学习,学生能够:

(1) 在看、听、说的活动中,获取、梳理餐车菜单中呈现的美食,感知单词的发音,能够正确听读单词;运用核心句型来征求和表达用餐意愿。(学习理解)

(2) 在教师的帮助下,梳理、归纳对话的核心语言,分角色表演对话。(应用实践)

(3) 基于主题语境表达用餐意愿,并就如何点餐,礼貌点餐,合理点餐及健康饮食与朋友进行简单的交流探讨。(迁移创新)

(4) 简要评价健康和不健康饮食,并对铺张浪费的行为进行点评,意识到合理饮食、健康生活的重要性。(迁移创新)

【核心单词】

beef, chicken, noodles, soup, rice, fish, vegetables, bread, fish, milk, juice

【核心句型】

What's for dinner? What would you like for dinner? I'd like ... , please. Dinner's ready.

案例分析:在上述案例中,教学目标列出了本节课核心的词汇和句式,并在目标叙写中体现了对发音、语音语调的要求,同时关注了交际会话的语用层面(目标 3 中的礼貌、合理点餐等),同时突出了主题意义探究活动,引导学生基于主题语境来学习理解、运用语言,并对“用餐”这一主题下的用餐规范、合理点餐、健康饮食等进行探究、评价,引导学生意识到合理饮食、健康生活的重要性,帮助他们逐步建立合理点餐、健康饮食的习惯。

5

四、小学英语会话课教学流程

小学英语会话课通常分为呈现会话、会话练习、交际运用三个主要环节,在三个主要环节之外还包含上课起始阶段的热身导入和结束阶段的小结作业环节。教师在设计会话课教学过程时还要结合具体教学内容,结合活动式教学过程或任务型教学过程进行整合。下面我们将从热身导入、呈现会话、会话练习、交际运用、小结作业五个环节来介绍会话课的教学过程。如下图 5－8 所示:

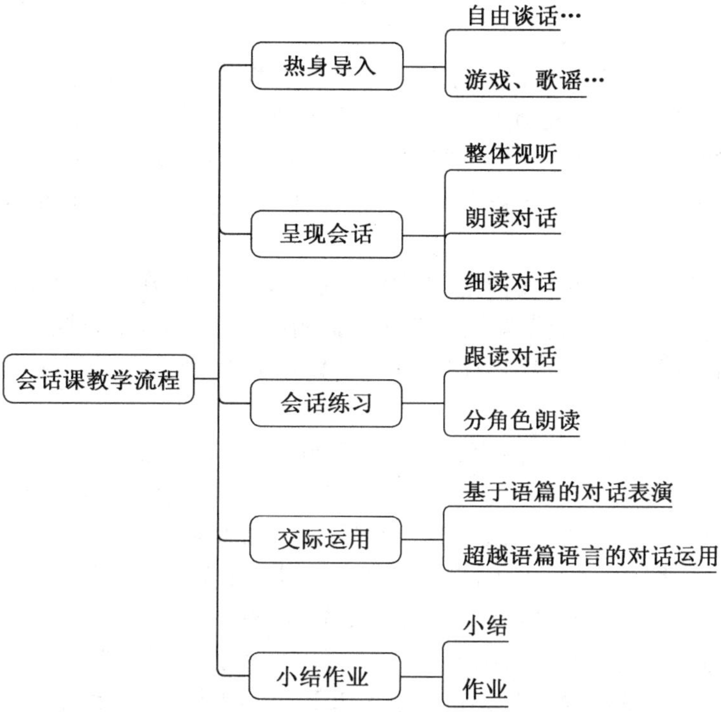

图 5－8　会话课教学流程图

（一）热身导入

小学英语会话课的热身导入环节的主要目的在于引起学生对主题相关语言的注意，激发其学习的兴趣，为学习目标会话内容做好准备。这一环节时间不宜过长，最好控制在3分钟内。

热身导入环节的语言活动设计没有固定要求，教师在设计时要综合考虑学生特点、会话课的具体内容和主题、教学的硬件和软件实际、教师自身的教学特点。学生实际年龄特点决定热身导入时活动呈现方式和方法的选择，比如结合三四年级学生注意力保持时间短、活泼好动、喜爱模仿等特点，教师可以多利用TPR活动、游戏、歌曲、动画等方式；五六年级孩子注意力保持时间更长一些，同时开始能够进行初步的抽象思考，教师则可以使用自由谈话、启发思考等方式进行热身导入。会话课具体内容和主题不同，热身导入的活动方式也会有差异。比如动物主题内容可以使用表演、TPR等方式导入，实物主题则可以利用歌谣、图片等方式。教学设备也是一个重要因素，有的地区多媒体硬件和软件有限，教师就要合理使用其他方式。教师自身的特点也会影响热身导入的活动设计，比如唱歌好的教师可以灵活创编歌谣进行，会玩游戏的教师则多设计有趣的游戏等。

（二）呈现会话

呈现会话环节是会话课的核心环节，在这一环节中教师采用合适的方式来呈现核心的语言内容、语用知识，建构学生对主题意义的理解。在呈现会话阶段，教师要引导学生完成对会话语篇的学习理解，主要活动是学习理解类活动。呈现会话时间控制在 8 分钟内。一般情况下，教师可按照如下步骤进行：

第一，先整体视听，理解会话大意。目的在于帮助学生整体输入感知对话，梳理获取对话大意。这个步骤的核心是听的输入，教师要注意在这个步骤开始之前，听力文本内容对学生是熟悉的，生词或短语的量控制在 2%～5%，学生有听的兴趣。具体方式可以灵活设计，可以通过挖空对话部分文本降低语言难度，也可以借助视频、图片等方式辅助学习理解对话。

第二，朗读对话，巩固对会话大意的理解。这一步的目的在于通过朗读的方式帮助学生巩固和加深对段落大意的理解，同时关注对话的语音、语调等语言层面。朗读的形式多样，可以用小组齐读、听录音跟读、看视频跟读、教师领读、独立自由朗读等形式，也可以结合使用。

第三，细读对话，获取细节内容。在这一部分，一般教师带领学生一起细读图片、数字、表格、对话文本，按照合理的次序，采取合适的方式来帮助学生理解语篇的主题、内容、作者意图、语言内容（如词汇、语法、句法、修辞、语用知识等）。教师可以借助语言、行为（肢体语言）、实物、图片、多媒体、情境等多种方式呈现细节内容。需要指出的是如果对话内容细读中涉及生词，教师可以有侧重地对其音、义两方面适当进行机械操练（如跟读、齐读等），但不可过多停留。一般情况下，在这个环节结束教师需完成板书的主板书内容。

下面是一则会话课语篇教学案例，选择 PEP 小学英语（三年级起点）四上 Unit 5 Dinner's ready Part A Let's talk，其热身导入和呈现会话环节设计如下：

案例卡片 5-12

PEP 小学英语（三年级起点）四上 Unit 5　Dinner's Ready Part A Let's talk

设计者：郑州二七区陇西小学　王婧

表 5-9　热身导入和呈现环节

学习目标	学习活动	效果评价
1. 在看、听、说的活动中，获取、梳理餐车菜单中呈现的美食，感知单词的发音，能够正确听读单词；运用核心句型来征求和表达用餐意愿。（学习理解）	**1. Greeting** T: Morning everyone! S: Morning Eva.  T: Welcome aboard the High-speed BEAUTIFUL HENAN train. We extend you our warm welcome	教师观察学生能否参与互动和交流，能否带着老师的问题积极思考，根据学生的反馈，根据需要进行追问或者给予语言评价和激励。

（续表）

学习目标	学习活动	效果评价
	and wish you have a pleasant Journey.  T：(DING)It's 6 p. m. It's time for dinner. (PPT) We have a dining car where you can choose the food you like. 创设情境，进入火车之旅。 通过 PPT 的图片和铃声进入 情境一：餐车  T：There are a lot of delicious food. What would you like for dinner?  S：I'd like some ... please. 通过 PPT 依次呈现图片，复习食物单词. T：I'd like = I would like(呈现语法点 I'd like = I would like)	观察学生参与情况，根据情况给予必要的指导。 教师根据学生理解词汇、拼读单词和拓展词汇的情况，句型的使用，发现问题，及时提供帮助。

5

（续表）

学习目标	学习活动	效果评价
	2. Lead in T：Today our friends，Mike and his parents are coming，too. Look at the picture，oh，they are hungry. They want to have dinner. T：What would they like? S：... would like some ... 检测课前预习任务单，操练句型。 **3. Presentation** 学生观看对话视频，验证预测，理解对话大意。（提出一个问题） T：Here is the menu. Let's have a look. S：rice，fish，juice，bread，milk. T：They look nice. I'd like some fish. I think it's yummy. What about you? What would you like? S：I'd like some ... . T：Anything else? What is on the menu? Let's have a look! S：Beef. 学生根据图片，看图说一说这是什么。通过引领拼读、书写单词，理解单词 beef，chicken，noodles，soup，vegetables 的词形和意义。并在教师的启发下，学习新知，如：I'd like some beef. What would you like?	教师根据学生回答问题、跟读例词、听说的情况，及时发现学生的问题，并给予指导、帮助和鼓励。
设计意图：本阶段学习活动旨在帮助学生在语境中理解对话内容，学习对话的词汇和核心语言。学生在教师的指导下，通过观看对话视频，从大意到细节逐步理解对话内容。在词汇学习中，学生在教师指导下发展拼读能力，积累并拓展词汇。		

（三）会话练习

会话练习环节是对所学语言进行整合，并通过巩固操练加深对其理解，并提高会话语言运用流畅度的关键环节。其特点是这个环节的练习活动从聚焦于语言形式的练习逐渐过渡到侧重语言意义的练习。在学生会话流畅度还比较低时，常采用跟读模仿、分角色朗读等形式。在学生朗读流畅度基本可以后，采用角色扮演、配音、课本剧等侧重语言意义的练习形式。会话练习的整体时间控制在 10 分钟内。

（四）交际运用

交际运用环节是会话课的核心环节。学生已经能熟练使用对话内容，在这个环节，教师要引导学生运用所学，思考生活中的现实问题，帮助学生借助设置基于现实生活的情境任务来解决问题，形成对会话主题的新的理解和认识。这个环节常用的方式有角色扮演、模拟对话、调查任务、成果设计等。

（五）小结作业

小结作业是课堂教学的收尾环节，一般会在 3 分钟之内。会话课的小结可以借助板书和思维导图，从而对一节课内容进行回顾，可采用教师主体、师生互动、学生总结等方式进行。会话课的课后作业一般设计为基础巩固作业和拓展运用类作业。基础巩固类作业常常是会话的听、读、背诵等记忆类作业。拓展运用类常常是会话运用的形式。教师要根据学生情况灵活设计多样、分层作业。

下面是一则会话课语篇教学案例的会话练习、交际运用和小结作业环节。

案例卡片 5－13

PEP 小学英语（三年级起点）四上 Unit 5　Dinner's Ready Part A Let's talk

设计者：郑州二七区陇西小学　王婧

表 5－10　会话练习、交际运用和小结作业环节

教学目标	学习活动	效果评价
	4. Watch the video and finish Task：再次观看视频并回答问题。 T：What would Mike like? What would dad like? What would mum like? 教师引导学生回答：If you are Mike, you can say: I'd like some soup and bread, Mum. 可能会说：I'd like some rice, Dad. 可能会说：I'd like some fish and vegetables.	教师观察学生在语境中运用核心语言进行问答和交流的情况，根据学生的表现及时引导和给予反馈。
2. 在教师的帮助下，梳理、归纳对话的核心语言，分角色表演对话；程度好的同学可以适当地增加语言，丰富对话 （应用实践）	**5. Listen and repeat** 学生听录音跟读、分角色朗读对话，关注语音、语调、节奏、连读、重读等。	教师根据不同能力水平学生朗读对话的情况，给予指导或鼓励。
	6. Let's act T：OK, Let's act. Who wants to be Mike? Who wants to be dad? Who wants to be mum? OK, now, let's begin. 学生在教师指导下，梳理、归纳对话的核心语言，进行角色替换，开展同伴对话练习。 参考语言： —What would you like? —I'd like some ... . 基于对话内容，学生进行角色扮演。接受能力高的同学可以适当地增加语言，丰富对话，改编对话。	教师观察学生能够借助板书呈现的语言支撑完成角色扮演，介绍自己的朋友，根据学生表现及时给予评价和指导。

（续表）

<table>
<tr><th>教学目标</th><th>学习活动</th><th>效果评价</th></tr>
<tr><td colspan="3">设计意图：本阶段活动引导学生在归纳和整理核心语言的基础上，并利用课中任务单：Think and Choose. 进一步内化语言知识，为语言输出奠定基础。通过角色表演使学生合作互助，深入角色，运用语言表达用餐意愿。接受能力较高好的同学可以适当地增加语言，丰富对话，改编对话。通过文本阅读拼读生词，朗读文本，运用语言理解意义。促使语言内化，从学习理解过渡到应用实践，为后面的真实表达做好准备。</td></tr>
<tr><td>3. 基于主题语境表达用餐意愿，并就如何点餐，礼貌点餐；简要评价健康和不健康饮食，探讨什么是健康生活，养成合理饮食、健康生活的习惯，与同学之间进行简单的交流探讨，合作表演，合理点餐、健康饮食的正确生活态度。（迁移创新）</td><td>7. Make a new conversation
T：Eat healthy food，maintain a balanced nutrition. A balanced diet is good for health!
Look，I have so much money. Can you have try?
(1) let's watch a video. 教师播放提前录制好的去餐厅点餐的视频。
(2) 学生进行小组合作创编对话，结合 PPT 点餐功能，合理计算零用钱，尝试为自己搭配合理健康的饮食，并完成对话。
S1：Hello，What would you like?
S2：I'd like some ...
S1：OK，Here you are! /Your ________.
S2：Thank you!
S：Yes.
T：Now，it's your time.
(3) Show time.</td><td>教师观察学生能否运用所学的语言知识，在真实的语言环境中表达用餐意愿。根据学生遇到的问题给予必要的提示和指导，让学生敢于开口说英语。</td></tr>
<tr><td colspan="3">设计意图：本阶段学习活动引导学生转述对话的核心内容，梳理、学习和内化关键句型，帮助学生理解文本，促进语言的内化，从学习理解过渡到应用实践，为后面的真实表达做准备。学习活动旨在帮助学生在真实的语境中，使用所学语言，进一步了解学生的饮食与就餐习惯。从课本走向生活，在生活情境的过程中，发展学生的语言运用能力。</td></tr>
<tr><td>4. 情感升华：通过只有河南戏剧幻城的剧目片段，和孩子们探讨粮食的意义，通过粮食的现状，引导学生学会珍惜粮食、健康生活。（迁移创新）</td><td>8. 情感升华
1. 吃饱了，可以倒掉食物吗？正确认识粮食的意义和重要性。
2. 通过李家村剧场的视频片段，希望学生知道要珍惜幸福。
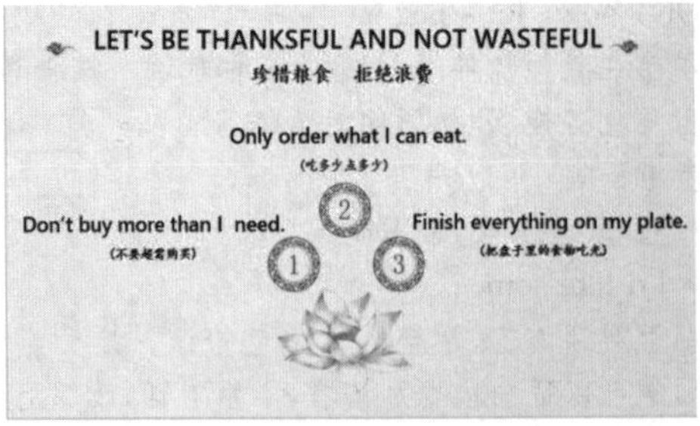

3. 认识在日常生活中该如何珍惜粮食。</td><td>教师根据学生对问题的回应与反馈，引导讨论和正确评价。</td></tr>
</table>

（续表）

教学目标	学习活动	效果评价
设计意图：本阶段活动旨在帮助学生在迁移的语境中，创造性地运用所学语言进行交流，学生从课本走向现实生活。在点餐的过程中，发展语用能力，学会区分健康食物和不健康食物，拒绝浪费，学会在日常生活中，知道如何节约粮食。树立合理饮食、健康生活的态度。		
小结和作业：详见本章第一节（五）作业设计部分的内容。		

第三节　小学英语词汇教学设计

一、小学英语词汇课概念和课标要求

（一）词汇课的相关概念

小学英语词汇课是围绕英语词汇，侧重词汇理解和运用的教学活动的英语教学课型。词汇学习的最终目标是能够自动化提取和输出词汇。小学英语教师进行词汇教学需要对词汇的五个层面、词汇的知识、词汇学习发生的条件等基本要素有基本的了解。

1. 词汇的五个层面

英语词汇可以划分成五个层面。每个层面的学习内容、时间不同，对老师的要求也有所不同。这五个层面中其中三个层面是基于词汇使用的频率来划分的，分别是高频词(high frequency vocabulary)、中频词(mid-frequency vocabulary)和低频词(low frequency vocabulary)。另外两个层面是基于词汇使用的场景来划分的，分别是学术词汇(Academic vocabulary)和专业词汇(Technical vocabulary)。高频词总共有 3 000 个词条。其中 175 个是功能词，其余 2 825 个是实词。这些高频词在任何文本中占 85%～95%。中频词总词量在 6 000 词，在文本中使用占比大约为 9%。以英语为母语者大概 12 岁时会掌握所有高频词和大部分中频词。低频词指 9 000 词以外的英语词汇。学术词汇大约有 570 个，这类词对专业学习至关重要。这些词汇在专业文章中占比大约为 10%，在报刊类文章中占比为 4%，在小说和对话中占比低于 2%。专业词汇指主要在某些具体专业中使用的词汇，专业外文章中较少使用。

针对以上五个层面，学习方法也不同。高频词是首要学习的词汇，学习者需要通过在听、说、读、写 中进行词汇学习，也需要有目的地通过教学来学习。中频词和其他词汇的学习在小学阶段基本不涉及，在此不再赘述。

2. 词汇的知识

英语词汇包含哪些内容？Paul 把英语词汇知识分为形式、意义和使用三个层面。英语词汇的掌握涉及这三个层面。见表 5-11 unintentional 的词汇知识举例①。

表 5-11　unintentional 的词汇知识举例

形式	口头形式	R:此词的英式发音是[ˈʌnɪnˌtenʃənl],美式发音是[ˈʌnɪnˌtɛnʃənl] P:正确地发音
	书面形式	R:了解此词的拼写为 unintentional P:正确地拼写此词
	词的成分	R:了解此词可分为 un-intention-al 三个部分,两个词缀和一个词干 P:清晰地表达此词的三个部分
意义	形式和意义	R:此词的意思是"无意的" P:使用 unintentional 表达"无意的"意思
	概念和所指	R:理解此词在特定语境中的含义 P:运用此词造句,例如 Africa has the highest rate overall for unintentional injury death.
	联系	R:了解与 unintentional 意思紧密相关的词的区别和联系,如它的近义词 accidental 和反义词 deliberate P:在语言表达中分别恰当运用上述三个词
使用	语法功能	R:了解 un-为否定意义的词缀,intention 意为意图,-al 为形容词后缀 P:能够在句子中使用正确的语法表达该词的意思
	搭配	R:unintentional 作为一个形容词,可用于修饰表示状态或结果的名词或名词短语,或者在 be 动词后作表语 P:遵循上述原则表达正确的句子
	使用限制	R:unintentional 更多地用在书面语中或较为正式的交际场合中 P:在日常口语对话中用 not on purpose 等表达方式相同的意思

说明:R 代表接受性知识,P 代表产出性知识

由表 5-11 可知,词汇学习包含的形式、意义和使用三个方面教师要结合小学生的年龄和语言学习内容、特点进行侧重教学。在小学阶段,上述表格中内容除口头形式中 R、词的成分、语法功能不多考虑之外,其他项目都要考虑到。

3. 词汇学习发生的条件

掌握词汇需要两个必备条件,一是复现(repetition),二是重复时大脑加工的深度。复现——初次学习一个词汇只是这个词汇学习的开始,之后的这个词汇的每次复现都是对其的学习,能够促进对其的真正掌握。研究证明,词汇学习中短时间隔、频繁复现该词汇时,其学习效果要优于单词长时、大量重复。因此,教师教授新词时,不需要在新词呈现上花大量时间,更应该思考如何在后续学习中创设更多的复现机会。大脑加工的深度——根据 Craik 和 Lockhart 的记忆加工水平假说(levels of processing hypothesis),记忆存储的水平和学习时信息加工的深度相关。浅层加工的信息产生的记忆痕迹很浅,保

① 徐浩、孙桐、蒋炎富:《英语词汇教学》,外语教学与研究出版社,2018 年版,第 21 页。

持时间较短，而深层分析，精细加工后的信息会产生较强的记忆痕迹，保持时间相对较长。词汇的学习通常分为“引起注意——接受性或产出性提取——接受性复现或产出性使用——掌握运用”四个阶段。每个阶段的活动都可分为“有意注意”和“无意注意”两种。详见下表 5 - 12(Paul 2019)所示。

表 5 - 12　词汇学习发生的条件和活动形式示例

Quality of attention	Incidental attention	Deliberate attention
1. 引起注意	上下文猜测，口语和写作中注意	标记出，使用词卡(形式或意义)，查字典，被教授
2. 接受性/产出性	在听力或阅读输入中重复见到并想起它的意义	借助词卡提取，读完文章做阅读理解题，借助单词墙想起词义
3. 多样接受复现/多样产出运用	在听力/阅读时候遇到单词的新的形式并想起单词意义的时候	寻找新旧词汇的一致性，填空，判断句子对错
深化掌握	在真实的交际中遇到新词并使用词汇，结合图片学和使用新词；互动式阅读	使用关键词；语义地图(思维导图)；词的分析(word parts)，课堂精读学习词汇；寻找核心意义

综上，小学英语教师在进行词汇教学设计时，要对以上词汇的层次、内容和词汇学习发生的条件有充分的理解。再结合具体的内容、对象、环境等综合设计词汇学习活动。

(二) 相关课标要求

《课标》对小学阶段英语词汇知识内容提出了具体的要求，见表 5 - 13 词汇知识内容要求(一级、二级)。

表 5 - 13　词汇知识内容要求(一级、二级)

级别	内容要求
一级	1. 知道单词由字母构成； 2. 借助图片、实物理解词汇的意思； 3. 根据视觉或听觉提示，如图片、动作、动画、声音等，说出单词和短语； 4. 根据单词的音、形、义学习词汇，体会词汇在语境中表达的意思。
二级	1. 在语境中理解词汇的含义，在运用中逐步积累词汇； 2. 在特定语境中，运用词汇描述事物、行为、过程和特征，表达与主题相关的主要信息和观点； 3. 能初步运用 500 个左右单词，就规定的主题进行交流与表达，另外可以根据实际情况接触并学习三级词汇和相关主题范围内 100～300 个单词，以及一定数量的习惯用语或固定搭配。

二、小学英语词汇课设计内容

小学英语词汇课的主要教学内容是围绕主题进行有意义的词汇的形式、意义和语用的输入和输出。其目的在于学习能够自动化提取和输出词汇，并在此基本上围绕主题进行有意义的交流和表达。

小学英语词汇知识是指在小学英语教学中依据词汇知识的形式、意义和使用来有选择地设计适合小学生的词汇知识部分。主要包含词汇形式、词汇意义的形式和意义和语用，详见表5-14小学阶段词汇知识表。

表5-14 小学阶段词汇知识表

		接受性	产出性
词形	语音	听到发音能辨认单词	能够正确读出单词，包括重音
	书写	熟悉单词的书写结构，在阅读中遇到能辨认出单词	能够正确拼写单词
词义	构词和意义	知道单词表示一个特定的意义	能够用单词表达意义
	概念和指称	知道单词在不同语境中的意义	能够在不同语境中用单词表达不同意义
	联想	知道与单词相关联的一些词，如同义词、反义词等	能够正确运用单词的同义词和反义词
语用	语法	能够辨别单词在句中的使用是否正确	能够在句中正确使用单词
	词语搭配	能够辨认出单词的常见搭配	能够正确运用单词的常见搭配
	语言限制	知道单词出现的时间地点和频率	能够根据情景的正式程度，决定是否使用该单词

小学英语教师要结合英语单词的音、义、形，结合语篇语境来学习词汇，引导学生感知、体会词汇在不同情景中表达的含义，并能够正确地在口头和书面语中使用词汇来交流对相关主题意义的理解。

三、小学英语词汇课教学目标

一般情况下，小学阶段的词汇课通常在一课时内完成，小学阶段的词汇学习主要是通过会话语篇，也就是在会话（对话）中通过听、说、读、写等活动学习掌握词汇。其和会话课的课型会有很大的相似性，略有不同的是在学习侧重词汇的会话语篇时，学生对词汇使用的会话句式等已经掌握，主要侧重点在于借助会话句式学习词汇，有时教师会根据实际情况整合词汇课和会话课，比如把PEP小学英语（三年级起点）中的Let's talk和Let's learn部分整合成一个会话课语篇。因此，词汇课教学目标通常为一课时教学目标或会话课目标中的一部分。在本节中，把词汇课单独作为一个课时来介绍。在单元整体教学设计环节，教师通过对课标、教材、学情的分析完成了单元整体目标的确定、课时划分、课时目标制定。在本节课中不再对词汇课目标的确定环节作重复，只介绍词汇课作为一个典型课型其目标设计的内容以及撰写注意事项。

（一）目标内容

词汇课目标设计内容要整合词汇知识的词形、词义、语用三个方面。首先，要关注词汇的词形层面，学生要能够听懂并正确读出单词，能够在语篇中辨认出单词，并能够拼写单词；其次，要关注词汇的词义层面，要知道单词的特定意义、在语境中的意义以及联想相关的同义词和近义词等，并能够在不同语境中使用单词表达不同意义、联想使用相关词汇表达意义；最后，要关注词汇的语用层面，能够辨别单词的使用是否正确、搭配是否合适以及单词使用的语境是否合适，还要能够正确使用单词及其搭配，并能根据场合的正式程度，决定是否使用单词。

这就要求教师设计包含知道、理解、运用（学习理解、应用实践、迁移创新）三个层面的词汇学习，借助多样的听读（输入）和说写（输出）活动来达成学生对词汇的理解、应用、迁移。需要注意的是，教师往往过多关注单词的音、义、形，忽略其语用层面。依据《课标》要求，教师要注重在语境中学习词汇，设计主题语境线，掌握词汇的语用功能，在借助词汇探究主题意义中学习。

（二）目标撰写

词汇课目标的撰写参考表 4－10 目标叙写的语法结构，依据课时的时间长度，逐条撰写目标。下面是一则词汇课语篇教学目标案例，选自 PEP 小学英语（三年级起点）六上 Unit 3　My weekend plan Part A Let's Learn 为例。

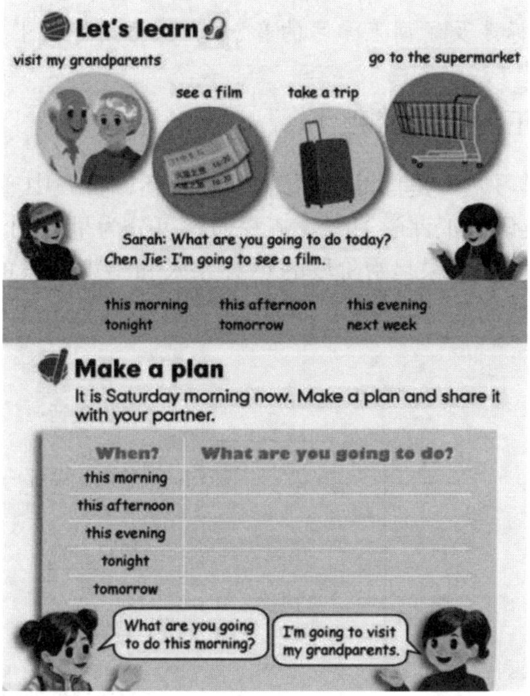

图 5－9　PEP 小学英语（三年级起点）六上 Unit 3　My weekend plan Part A Let's Learn

案例卡片 5－14

设计者：小学教育专业 B20 级　八班　任钰铮

教学目标：通过本课时学习，学生能够：

1. 在看、听、读、说的活动中，获取、梳理有关周末计划具体活动的表达（学习理解）；

2. 通过看图说话和分角色扮演对话，能灵活描述自己的周末计划，并能够转述他人的计划（应用实践）；

3. 在同伴合作中交流分享，完成"Make a plan"的周末计划表，并与全班分享交流(迁移创新)。

【核心词汇】

visit my grandparents, see a film, take a trip, go to the supermarket, morning, afternoon, evening, tonight, tomorrow, next week

【核心句型】

What are you going to do+具体时间?

I'm going to ...

在该词汇课教学目标案例中,其目标表述清晰、具体、可操作、可达成;目标叙写结构规范,兼顾了主体、行为动词、条件、程度等目标要素,符合目标叙写的语法结构要求;行为动词的选择具体、清晰、可操作性强,且涵盖了理解、实践运用、迁移创新三个层面;同时该目标涉及了词汇学习的音、形、义、语用等词汇知识层面。

四、小学英语词汇课教学流程

小学阶段的词汇学习主要是借助会话语篇,在会话(对话)中通过听、说、读、写等活动学习掌握词汇。小学英语词汇课学习教学流程通常可分为呈现词汇、词汇练习、词汇运用三个主要环节,此外还包含上课起始阶段的热身导入和结束阶段的小结作业环节。下面我们将从热身导入、呈现词汇、词汇练习、词汇运用、小结作业五个环节来介绍词汇课教学过程。如图 5-10 所示:

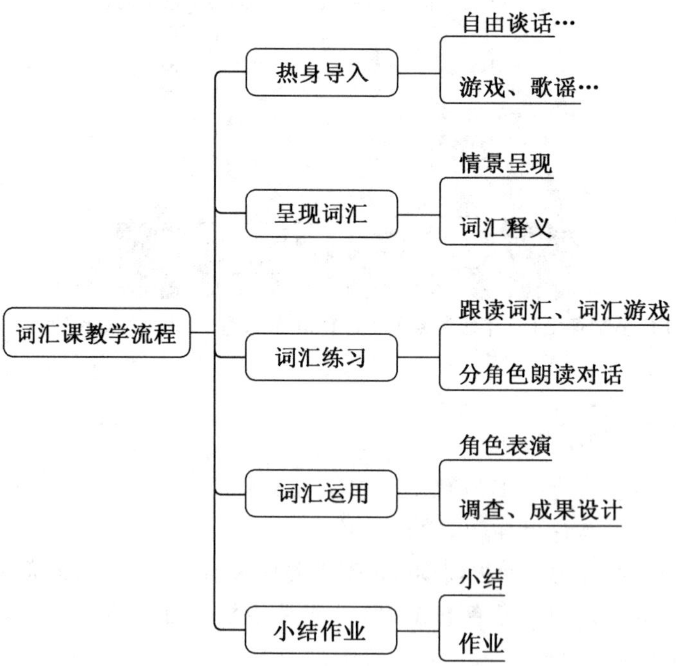

图 5-10 词汇课教学流程图

（一）热身导入

小学英语词汇课的热身导入环节主要目的在于引起学生对主题相关词汇知识（音、义、形）的注意，激发其学习的兴趣，为学习目标词汇内容做好准备。这一环节时间和会话课相似，控制在3分钟内。

热身导入环节的活动设计没有固定方式，教师在设计时要综合考虑学生特点、具体词汇内容和词汇语篇主题、教学的硬件和软件实际、教师自身的教学特点。具体词汇课热身导入的注意事项和会话课大部分相似。

（二）呈现词汇

呈现词汇环节是词汇课的核心环节，在这一环节中教师要通过设计的语境，利用合适的方式来呈现词汇的词形、词义、语用内容，引导学生在语境中记忆、理解词汇。在此阶段，教师要引导学生完成对词汇知识的学习理解，其活动主要是学习理解类活动。呈现词汇时间控制在8分钟内。

教师要整体呈现语篇情景，进行有意义输入。目的在于帮助学生有意义地进行词汇输入，感知获取词汇音、义、形。这个步骤的核心是借助主题情景，通过看、听、读等活动进行词汇知识的输入。教师要注意输入的听力或阅读文本中的核心句式学生是熟悉的，生词和短语的量不影响学生对大意的大致理解。要保证学生有看、听、阅读的兴趣。具体方式可以灵活设计，可以结合文本中的图片、数字、表格等信息，借助视频、图片、卡片、教师语言释义、肢体语言等方式辅助学习理解词汇。下面是一则词汇课语篇的热身导入和呈现新知环节案例，以PEP小学英语（三年级起点）六上 Unit 3　My weekend plan Part A Let's Learn 为例。

5

案例卡片 5－15

设计者：小学教育专业B20级 八班　任钰铮

表 5－15　词汇课热身和呈现环节

教学目标	学习活动	学习评价
1. 在看、听、读、说的活动中，获取、梳理有关周末计划具体活动的表达	1. Play a game. 学生看图说短语并作出相应动作，初步激活语言。 2. Let's guess. “周五放学，Sarah 和 Chen Jie 在谈论 Chen Jie 的周末安排。”学生在教师的引导下猜测图片表示的有关周末具体活动的短语。 3. Let's learn. 学生听录音进行跟读短语；学习词汇 morning，afternoon，evening，tonight，tomorrow，next week。	教师观察学生能否正确表达。根据学生的表现给予积极的语言评价。 教师创设情境，引导学生根据图片积极进行猜测和表达。 教师观察学生理解词汇、拼读单词的情况，发现问题，及时提供帮助。
	设计意图：本阶段学习活动旨在帮助学生放松紧张状态，为积极、愉快、安全的课堂做好准备；整体理解核心词汇，为后面的学习奠定基础；回忆核心句型，激活周末活动的短语，学习有关周末计划具体活动的表达，为语言输出做好准备。	

（三）词汇练习

在词汇练习环节，学生借助教师设计的系列说、写等输出性活动，对呈现的词汇知识进行操练，加深对词汇理解，并逐步提高词汇提取的熟练程度。其特点是这个环节的练习活动从由教师控制的聚焦于语言音、义、形的机械操练逐渐过渡到侧重语言意义的操练。在学生提取词汇的熟练度比较低的起始阶段，常采用跟读、词汇操练游戏（快速反应、抢读、单词接龙、传递单词……）等形式，有时候这类操练可以穿插在词汇呈现阶段。在学生词汇提取达到一定熟练度之后，可以结合对话进行一些简单对话练习、分角色对话等侧重语言意义的练习形式。会话练习的整体时间控制在 10 分钟内。

（四）词汇运用

词汇运用环节是词汇课的核心环节。其目标在于引导学生结合生活中的真实情境，运用所学词汇知识解决基于现实的实际问题。在这个环节，教师如何设置基于现实生活的情境任务至关重要。需要注意的是很多教师开展词汇教学往往关注碎片化的词汇知识中的音、形的练习，导致词汇学习脱离生活语境，激发不了学生学习的兴趣，更谈不上主题意义的建构。词汇运用环节常用的方式和会话课相似，有角色扮演、模拟对话、调查任务、成果设计等。

（五）小结作业

词汇课教学的收尾环节是小结和作业。时间一般控制在 3 分钟之内。词汇课的小结可以借助板书中的对话句式和词汇内容，通过教师主体、师生互动、学生总结等方式进行。词汇课的作业一般分为基础巩固作业和拓展运用类作业。基础巩固类作业常常是词汇的听、读、默写等记忆类作业。拓展运用类常常是词汇运用的形式。教师要结合双减要求，根据学生情况灵活设计多样、分层的词汇课作业。下面是一则词汇课语篇的词汇练习、词汇运用和小结作业环节案例，选自 PEP 小学英语（三年级起点）六上 Unit 3　My weekend plan Part A Let's Learn。

案例卡片 5 - 16

设计者：小学教育专业 B20 级　八班　任钰铮

表 5 - 16　词汇课练习、运用和小结作业环节

教学目标	学习活动	学习评价
2. 通过分角色扮演对话，能灵活描述自己的周末计划，并能够转述他人的计划	4. 分角色朗读对话 5. Role-play. 5.1　学生根据 Chen Jie 自制的每个时间段要做的事情的表格，运用核心句型进行看图说话，开展同伴问答活动，一名学生扮演 Chen Jie，另一名学生向其提问。	教师观察学生是否能正确流利运用所学语言，根据学生的表现给予必要的提示和帮助。

（续表）

<table>
<tr><th>教学目标</th><th>学习活动</th><th>学习评价</th></tr>
<tr><td rowspan="2"></td><td>5.2　运用核心句型进行同伴问答，学生描述自己的周末计划并介绍同伴的计划。</td><td>教师根据不同能力水平学生说话的情况，予以指导或鼓励。</td></tr>
<tr><td colspan="2">设计意图：本阶段活动的主要帮助学生结合目标语言，连接所学知识和实际生活，促进语言内化，引导学生思考合理制定周末计划的必要性，学会制定丰富多彩的周末计划。</td></tr>
<tr><td rowspan="2">3. 在同伴合作中采访交流，完成“Make a plan”的周末表，并与全班分享交流</td><td>6. Survey and Make a plan
两人一组互相交流谈论，分享各自周六一天的计划，以板书中 Chen Jie 的计划为例设计一个计划表（表格、思维导图或者其他创意）
7. Share and Evaluate
学生与全班分享计划表，其他人给出建议和评价。</td><td>教师观察学生在小组内运用所学语言交流周末计划的情况，给予指导和鼓励。
教师根据学生的表现，评价教与学的成效。</td></tr>
<tr><td colspan="2">设计意图：本阶段的学习活动主要是引领学生去思考并展开讨论，从课本走向现实生活，交流计划和评价他人的计划，鼓励孩子们多多在生活中尝试计划安排自己的周末时间。</td></tr>
<tr><td colspan="3">Homework：
同学们，经过今天的学习，你是否学会制定周末计划了呢？请合理安排，做好以下作业。
1. 听读本节课短语和词汇至少 5 分钟，流畅优美的朗读，请发送视频给 Miss Liu.
2. 请用你的画笔绘制一张你在这个周末的计划表，例如：

</td></tr>
<tr><td colspan="3">设计意图：
本次作业分为两个板块。
作业一为复习巩固类作业。先听读，帮助学生巩固所学知识；再朗读，内化知识，帮助学生提升语言能力和学习能力。
作业二为综合实践类作业。运用所学知识，与美术学科结合，制定自己的周末计划。这项作业将学科知识和学生真实生活相结合，希望学生可以真正做到“做中学”。</td></tr>
</table>

5

第四节　小学英语语音教学设计

一、小学英语语音课概念和课标要求

（一）语音课相关概念

小学英语语音课是指围绕英语语音的基础内容，设计英语字母、字母组合、单词重音、句子意群、语调和节奏等语音项目的教学活动。其目的在于学生能够学习、理解、运用这些基础语音内容。小学英语教师进行语音教学了解英语作为外语，其语音教学的关键技巧在于听和模仿。教师要掌握系统的英语语音知识和技能，在课堂教学中有意识、有针对性地引导学生听、模仿相应的语音学习内容。

（二）课标相关要求

《课标》对小学阶段英语语音知识内容提出了具体的要求，见表 5－17 语音知识内容要求（一级、二级）节选自课标。

表 5－17　语音知识内容要求（一级、二级）

级别	内容要求
一级	1. 识别并读出 26 个大、小写字母； 2. 感知字母在单词中的发音； 3. 感知简单的拼读规则，尝试借助拼读规则拼读单词； 4. 感知并模仿说英语，体会单河的重音和句子的升调与降调。
二级	1. 借助拼读规则拼读单词； 2. 使用正确的语音、语调朗读学过的对话和短文； 3. 借助句子中单词的重读表达自己的态度与情感； 4. 感知并模仿说英语，体会意群、语调与节奏； 5. 在口头表达中做到语音基本正确，语调自然、流畅。

二、小学英语语音课设计内容

小学英语语音课的主要教学内容是围绕相关语音学习项目，结合语音语篇主题，进行有意义的语音规则的发音、拼写的输入和输出。其目的在于学生能够自动化提取和输出语音规则，并在此基础上围绕主题进行有意义的交流和表达。小学英语阶段设计的英语语音知识根据学习的优先性以及学习的难度分散到小学英语教学不同年级和学段。具体内容如下。

（一）自然拼读规则

小学阶段英语语音学习主要是借助自然拼读规则来学习单词。因此小学阶段这部分内容的学习占很大比例。自然拼读的相应规则主要包含26个字母的字母名和字母音、五个元音字母在单词中的短音和长音、辅音组合的发音等项目。比如在PEP小学英语（三年级起点）教材中，三年级上主要进行26个字母的字母名和字母音的学习，三年级下主要学习元音字母a，e，i，o，u在闭音节中的发音等。

（二）英语重音、意群、语调等

小学阶段英语重音、意群、语调贯穿整个教学过程。在低学段，英语重音、意群、语调等内容主要是隐性学习，学生借助大量视听材料，通过模仿等方式，在各种课型中进行重音、意群、语调等项目的学习。在高学段，语音项目单独列出作为板块学习内容，比如PEP小学英语（三年级起点）教材，在读写板块中加入重音、连读、意群、语调等内容。无论是在隐性还是显性学习，教师都需要有意识地进行这部分内容的教学设计。比如在会话、词汇等各种课型中设计朗读等活动，同时教师采取“little and often”的策略，在各个课型教学过程中，针对发现的语音问题，用1～2分钟进行语音练习。

三、小学英语语音课教学目标

就语音教学而言，教师可以采取“little and often”的策略，在各种课型的教学中渗透语音项目的学习，也可以结合教材板块设置，单独进行语音项目的学习。本节课讨论的语音教学是针对后者。在现有的教材体系中有单独的语音学习板块，比如PEP小学英语（三年级起点）三、四、五年级的教材中，Part A部分的Let's spell板块就是语音教学板块。由于孤立的语音规则学习对学生意义不大，而语音内容也不可能在没有学习语言之前进行，所以一课时的语音教学通常需要结合其他语篇材料，比如拼读绘本等语篇。因此，语音课的目标不单包含语音内容的学习目标，还会包含与语音项目相关联的语篇内容的学习。

在单元整体教学设计环节，教师通过对课标、教材、学情的分析完成了单元整体目标的确定、课时划分、课时目标制定。在本节课中不再对语音课目标的确定环节作重复，只介绍语音课教学目标设计的内容以及撰写注意事项。

（一）语音课教学目标内容

语音课教学目标设计的内容包含语音规则、语篇主题意义的建构。首先，语音规则的学习。教师要设计合适的学习活动引导学生总结、归纳语音规则，能够在听力文本和阅读文本中辨别语音规则，并能够拼写、运用语音规则。其次，教师要设计合适的关联相应拼读规则的听力文本或阅读语篇，通过视听和阅读的方式让学生练习、运用相应规则去解码。在这个过程中，教师还要注意相应语篇主题意义的挖掘，让学生在真实语境中运用语音规则，理解文本，建构完整意义。

（二）目标撰写

在进行语音课目标的撰写时，教师可参考表4－9目标叙写的语法结构，逐条撰写教学目标。下面是一则语音课教学目标案例，选自PEP小学英语（三年级起点）四上

Unit 5 Dinner's ready Part A Let's spell。

图 5－11 选择 PEP 小学英语(三年级起点)四上 Unit 5 语音内容片段和补充内容

案例卡片 5－17

PEP 小学英语(三年级起点)四上 Unit 5 Dinner's Ready Part A Let's spell

设计者:郑州二七区陇西小学 王婧

教学目标:通过本课时的学习,学生能够:

1. 通过 chant,感知并归纳字母"-e"的拼读规则(学习理解)

2. 通过拼读、圈单词、写单词等活动,强化-e 在不同单词的音形对应关系,尝试借助拼读规则拼读单词(应用实践)

3. 运用"e"的拼读规则,通过新语篇(包含 e 的单词)进一步讲述故事,感知语音规则(迁移创新)

【核心词汇】he, she, we, me

【核心句型】He and she, She and he, Let's play together, He, she and me. He and she, She and he, We all play together, 1, 2, 3

在该语音课教学目标案例中,其目标表述清晰、具体、可操作、可达成;目标叙写结构规范,兼顾了主体、行为动词、条件、程度等目标要素,符合目标叙写的语法结构要求;行为动词的选择具体、清晰、可操作性强,且涵盖了理解、实践运用、迁移创新三个层面;同时该目标涉及了语音的归纳、理解、运用,绘本语篇主题和单元主题相关联,能够帮助学生建构对单元主题的完成理解。

四、小学英语语音课教学流程

小学阶段的语音学习主要是借助教师建构的主题相关情境,通过听、说、读、写等活动学习掌握语音规则。小学英语语音课学习教学流程通常可分为呈现语音项目、语音练习、语音运用三个主要环节，此外还包含上课起始阶段的热身导入和结束阶段的小结作业环节。下面我们将从热身导入、呈现语音规则、语音练习、语音运用、小结作业五个环节来介绍教学过程。如下图 5 - 12 所示：

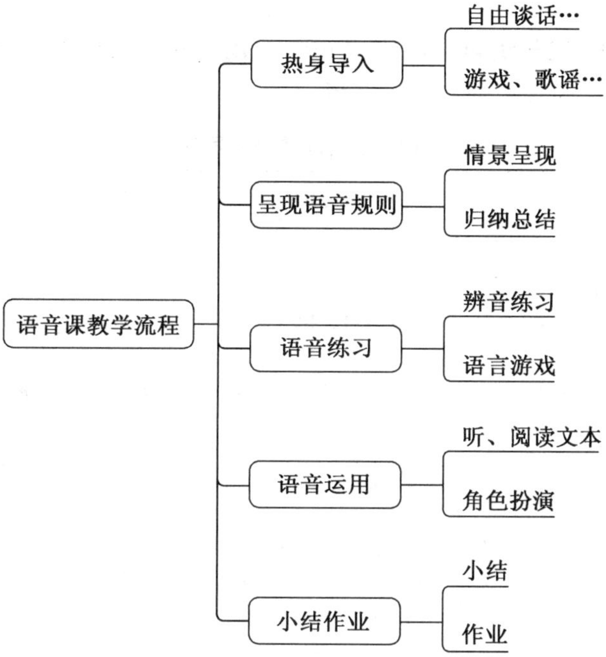

图 5 - 12　语音课教学流程图

(一）热身导入

小学英语语音课的热身导入环节主要目的在于引起学生对主题相关语音规则的注意，激发其学习的兴趣，为学习目标的内容做好准备。这一环节时间控制在 3 分钟内。

热身导入环节的活动设计没有固定方式，教师在设计时要综合考虑学生特点、具体语音内容和单元主题、教学的硬件和软件实际、教师自身的教学特点。就自然拼读部分的学习，网上有丰富具体的教学视频、歌曲等，教师可以在平时多收集相关资源，以便结合教材使用。

(二）呈现语音规则

呈现语音规则环节是语音课的核心环节，在这一环节中教师要通过设计的语境，利用合适的方式来呈现语音项目的音和形，引导学生在语境中记忆、理解语音规则。在此阶段的活动主要是学习理解类活动，时间控制在 8 分钟内。

教师要尽可能通过语境来进行有意义的语音规则呈现。目的在于帮助学生通过聚焦意义的方式感知获取发音规则。这个步骤的核心是借助主题情景，通过看、听、读等活动进行发音规则输入。教师要注意输入的听力或阅读文本中的语言内容是学生已知的，包含语音规则的生词和短语的量不影响意义理解。要保证学生有看、听、阅读的兴趣。具体方式可以灵活设计可借助视频、图片、卡片等方式辅助呈现。

下面是一则语音课教学过程案例的热身导入和呈现新知环节。

案例卡片 5 - 18

PEP 小学英语(三年级起点)四上 Unit 5 Dinner's ready Part A Let's spell

设计者:郑州二七区陇西小学 王婧

表 5 - 18 语音课热身和呈现环节

教学目标	学习活动	效果评价
1. 在 chant 中,感知并归纳字母"-e"的拼读规则;(学习理解)	1. Greeting 2. Review: —What would you like? —I'd like some ...(通过 PPT 呈现食物) T: What does the letter E sound? (呈现词汇 egg、bed、leg ...) S: /e/ T: let's find out other sound. 3. lead in: 3.1 学生听并跟读 Chant—He and she 学生找出含有字母 e 的单词,尝试说出 chant 中听到频率最高的语音因素-e 3.2 圈出对应的单词,并思考发音规律。	复习旧知,引出新知,了解学生是否掌握-e/e/的语音规则 观察学生回答问题的表现,根据学生的反馈,了解学生是否掌握-e/iː/的语音规则
设计意图:跟唱 Chant 学发音,朗朗上口,趣味横生,简单易学。引导学生总结共同点、推测发音及规律,培养学生正迁移、归纳概括的能力。		

(三) 语音规则练习

在语音规则练习环节,学生借助教师设计的系列读、说、写等输出性活动,对呈现的发音规则进行操练内化,并逐步提高解码的熟练程度。在学生解码的熟练度比较低的起始阶段,常采用跟读、拼读操练游戏(字母接龙、抢读字母、听音辨字母、传递字母、字母书写传递比赛、Bingo ...)等形式。在学生解码达到一定熟练度之后,可以结合句式进行歌谣、韵律操等侧重语言意义的练习形式,整体时间控制在 10 分钟内。

(四) 语音运用

语音规则运用环节是语音课的核心环节。其目标在于引导学生教师创设的情景,内化运用所学语音规则,并尽可能形成对单元主题意义的建构。需要注意的是很多教师语音教学时往往是简单的拼读练习,导致语音规则学习脱离单元主题情景,学生价值感不强、兴趣不高。语音运用环节常用的方式有借助相关语篇文本进行角色扮演、模拟情景等。

（五）小结作业

语音课教学的收尾环节是小结和作业。时间一般控制在3分钟内。小结可以借助板书中的语音内容，通过教师主体、师生互动、学生总结等方式进行。词汇课作业一般分为基础巩固作业和拓展运用类作业。基础巩固类作业常常是语音规则的听、读、拼写等记忆类作业。拓展运用类常常是语音规则运用的形式。教师要根据学生情况灵活设计多样、分层的语音课作业。下面是一则语音课教学过程语音练习、语音运用和小结作业环节案例。

案例卡片 5－19

PEP 小学英语（三年级起点）四上 Unit 5　Dinner's ready Part A Let's spell

设计者：郑州二七区陇西小学　王婧

表 5－19　语音课练习、运用和小结

教学目标	学习活动	效果评价
3. 通过拼读、圈单词、写单词等活动，强化-e的音形对应关系，尝试借助拼读规则拼读单词；（应用实践）	4. 学生观看课本动画片 chant：读出动画片中的单词。如 me，she，he，we，再次巩固-e的发音。 教师引导学生用自然拼读法拼读单词： me：/m/-/iː/，/miː/ he：/h/-/iː/，/hiː/ she：/ʃ/-/iː/，/ʃiː/ we：/w/-/iː/，/wiː/ be：/b/-/iː/，/biː/ 5. Read，listen and tick. 引导学生读一读并听一听，选出正确的单词。 6. 听 Listen，circle and write 录音，圈出正确的字母，并把单词写到四线三格上。	观察学生回答问题的表现，根据学生的反馈，了解学生是否掌握-e的发音规则，并引导学生正确地读出例词。 观察学生参与情况，根据情况给予必要的指导。 从学生读和听的情况，评价学生能否正确辨认字母e在不同单词中的发音。 从学生完成拼写单词的情况，评价其是否能够做到见词能读、听音能写。
设计意图：让学生看动画片，激发学生的好奇心，以此引出含有-e结构的语音词汇，可以让学生对新授内容更感兴趣并集中注意力。		
运用"-e"和"-e-"的拼读规则，阅读新语篇（包含e的新单词）；（迁移创新）	7. T：Wu Bin-bin and his friends have a dinner party. There are lots of delicious Chinese food. Let's enjoy. 8. 学生读故事，找到含有e的单词，并与同桌分享。再次感知e的发音为[iː]。 He is Pete. She is Eve. We go to the dinner party. Pete would like some rice. Eve would like some eggs. The vegetables are for me. We enjoy Chinese food. 9. 学生3人一组，表演绘本。 10. 教师和学生讨论并总结，感受多元文化，培养文化自信。	通过学生阅读绘本，评价其对所学语音知识掌握情况，提升阅读能力。 根据学生回答的情况，帮助学生感悟中华文化的魅力。

（续表）

<table>
<tr><th>教学目标</th><th>学习活动</th><th>效果评价</th></tr>
<tr><td colspan="3">设计意图：通过呈现课外语音故事，提升阅读能力，激发学生兴趣，学生能够在故事中感受符合-e发音规律，同时了解不同文化，增长见识。</td></tr>
<tr><td colspan="3">板书设计：
Unit 5　Dinner's ready Part A spell
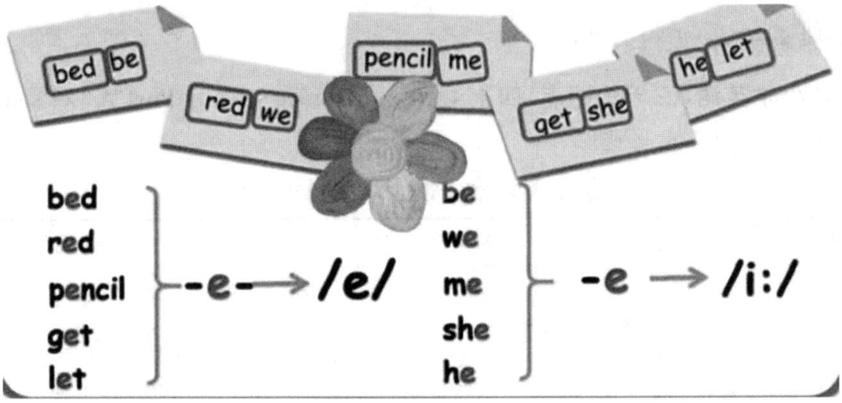
</td></tr>
</table>

作业内容

作业情境：Wu Bin bin、Pete 和 Eve 三位小朋友在晚宴中度过了愉快的时光，现在他们来到了游戏环节，请你来帮他们一起闯关，并赢得我们下一站的车票。

表 5-20　语音课作业

<table>
<tr><th>单元名称</th><th>Dinner's ready</th><th>第四课时　Spell</th></tr>
<tr><td>分层作业设计框架</td><td colspan="2">作业内容</td></tr>
<tr><td>基础型作业（必做）</td><td colspan="2">"我是小小说唱家"
1. 跟读文本，模仿语音语调。
He and she. She and he.
Let's play together.
He, she and me.
He and she. She and he.
We all play together.
One, two, three.
2. 读一读、拼一拼。
me　he　she　we　bed　red　pencil　get　let</td></tr>
</table>

（续表）

拓展型作业（选做）	**“我是小小侦探家”** 请你和他们一起读一读、找一找吧。读绘本故事 A Box For Me 完成下列任务： a. 找出故事中符合字母 e 发音为/iː/的单词。 b. 你还知道中国的哪些传统节日？请你来说一说。 **“我是超级演说家”** 请你用录制视频的方式分享一下你的语音知识吧。 For example： ×××sounds like /×/ ×××sounds like /×/ ×××sounds like /×/

第五节　小学英语读写教学设计

一、小学英语读写课概念和课标要求

（一）读写课相关概念

小学英语读写课是在小学阶段通过读写结合的途径发展学生读写素养的教学课型。其强调以读促写，通过基于主题意义探究的阅读学习给写作搭建内容支架、结构支架和语言支架，然后学生基于主题意义独立写作并展开评价，整个学习过程突出结构化梳理、本质化学习、迁移化应用，体现深度学习的特征①。小学英语读写课一般放在教学单元的后段进行。

阅读与写作具有相似的认知过程，写作是以读者为中心、遵循语言组织规则，不断调整对于语言规则假设的过程，是作者扮演读者角色的过程。读者在阅读中要进行预测，揣摩写作者意图，扮演写作者的角色，同时读者与写作者之间的交流也影响读者的阅读理解②。读写结合的教学必须基于读写的互相促进作用，从阅读材料分析、写作任务设计和教学活动设计等方面展开。

（二）课标相关要求

《课标》对小学阶段英语阅读和写作技能内容提出了具体的要求，见表 5－8 语言技能

① 李兴勇、罗少茜：《基于深度学习的中学英语读写结合教学实践》，《中小学外语教学》2022 年第 7 期。

② 钱小芳、王蔷：《连接视角下的高中英语读写结合的途径与方法》，《中小学外语教学》2020 年第 23 期。

5

内容要求（一级、二级）节选自课标。其中课标中相关阅读和写作能力的具体要求包含在理解性技能和表达性技能中，其中理解性技能包含听和阅读的能力，表达性技能包含说和写的能力。上述课标中一二级的内容要求中有的明确指阅读和写作能力，比如“根据图片和标题，推测语篇的主题、语境及主要信息；课外阅读量累计达到 1 500～2 000 词；正确书写字母、单词和句子；根据图片或语境，仿写简单的句子”等。有些则是听和读、说和写交织在一起，比如“在听、读、看的过程中有目的地提取、梳理所需信息；完整、连贯地朗读所学语篇，在教师指导下或借助语言支架，简单复述语篇大意”等。

二、小学英语读写课内容与教学策略

目前小学英语读写课存在着教学活动之间的逻辑关联弱，普遍缺乏对阅读的内化，对写作的铺垫不够，导致写作任务难以完成（钱小芳 2020）等问题。这和小学英语教师对英语读写课的内容及其教学策略的理解不充分有关，下面是关于英语读写课教学内容及其教学策略的介绍。

（一）英语读写课的教学内容

小学英语读写课的主要教学内容是英语读写素养，其强调以语篇为依托进行主题意义建构，在主题意义的建构过程中学习语言知识、发展阅读理解能力、建构文化意识和阅读品格、体验写作的过程、明确写作的目的、发展写作兴趣、明确作者的身份、学习写作策略、运用语言知识完成写作任务①。其与英语课程六要素高度吻合，见图 5－13（王蔷 2021）。

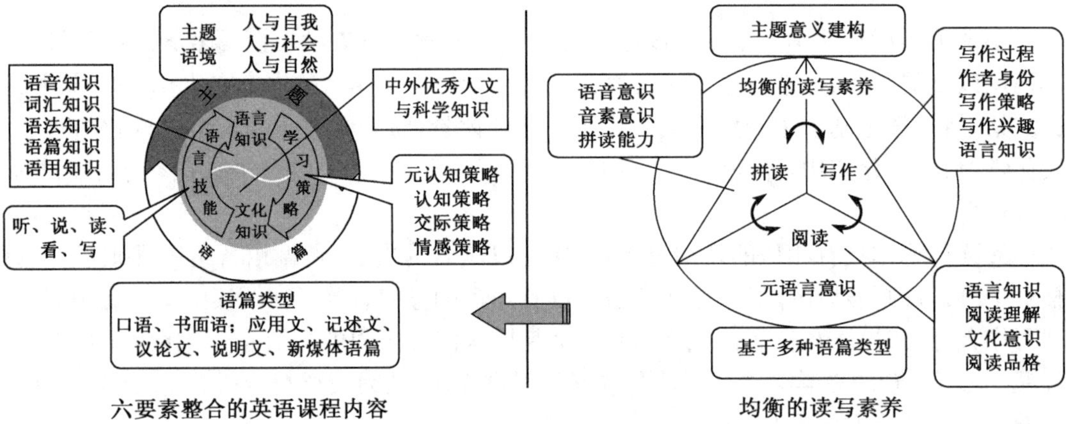

图 5－13　均衡的读写素养与英语课程内容对照

（二）读写课的教学策略

小学英语读写课的教学应该建立在读写的有效连接基础之上，明确阅读文本能提供

① 王蔷：《连接拼读、阅读与写作教学——均衡的英语读写素养发展模式探析》，《英语学习》2021 年第 6 期。

的支架，依据学生特点开展活动，以活动为依托开展基于文本的有意义的真实互动，具体如下(钱小芳 2020)。

1. 研读阅读文本以明确连接

阅读文本的分析是读写连接的起点和教学活动设计的基础，其为写作任务的设计提供支撑，为学生书面表达提供支架。教师参考 What、When、How 三个方面对文本进行解读。教师分析学生所读文本的主要内容和重要细节，提炼主题，思考这些内容和主题是否可以激发学生去分析、评价或创造，同时找出文本的组织方式和结构特征，分析体裁特征和写作手法等是否典型以及是否值得模仿。

2. 设计基于不同连接的写作任务

读写结合的写作任务需要依据阅读文本而定，需要明确学生所读与将写的文本的关系，将读写连接点突显出来。读写结合中的写作任务处于迁移创新层次，其可以分为三类，如下表 5－21 读写结合中迁移创新层次的写作任务类型(钱小芳 2020)。这三类分别是基于阅读文本内容的迁移、基于阅读文本的形式特征的迁移和只和原文话题相关的创造性迁移，其写作形式也不同。

表 5－21　读写结合中迁移创新层次的写作任务类型

	内容迁移类	形式迁移类	完全创新类
问题与情境	全新情境，问题本质不变	全新情境、新的类似问题	全新情境，全新的问题
迁移的部分	内容、语言(尤其是话题词汇)	表达形式(体裁、篇章组织结构、衔接手段等)	话题相关的内容
创新的部分	表达形式	内容、语言	内容、语言和表达形式
写作形式	改写、改编	仿写	叙写、创造性写作

3. 深入理解文本以奠定写的基础

在小学读写结合教学中教师要注意对阅读理解与写作的过程性指导，即要引导学生在阅读过程中充分理解意义，铺垫写作时需要的内容和语言等支撑，对其进行应用实践，将写作时的构思、语言准备、初步写作等过程分解到阅读的应用实践环节，以此培养学生的思维能力。

教师要引导学生在阅读时观察主题图、标题、篇章段落布局等感知文本大意，预测内容，通过速读找到文本的核心问题，注意语篇整体结构和布局(感知与注意活动)；在此基础上围绕文本的核心问题，通过回答问题、填表格、完成知识结构图等任务，运用速读、整体阅读、分部分细读等多种策略获取文本的主要内容，梳理出文章的脉络(获取与梳理活动)；之后，需要对主要内容和重要细节进行概括、整合，理解主题意义(整合与概括活动)。

4. 实践和内化阅读文本语言以过渡

在上面理解类活动的基础上，教师根据体裁、内容和学生情况设计应用实践类活动。比如描述与阐释活动主要是描述结构化的知识，阐释文本的深层意义，需要学生之间互动；分析与判断活动是分析文中隐含的意思，是常见的深层次阅读活动，也可运用文中获取的知识对新的情形进行判断;内化与运用活动通常是内化阅读文本中的内容与语言,比如,在一定的情境中口头复述故事或者分角色扮演与再现主要内容,可作为读写连接的必备活动。

5. 关联下的写作表达借助迁移活动达成

在读后写作的课堂教学中,读写结合的表达能力主要借助迁移创新活动(推理与论证、批判与评价、想象和创新活动)达成。旨在引导学生在新的情境中基于阅读中形成的知识结构进行多元思维,创造性地解决新的情境中的新问题。在口头合作探究之后,学生通过书面形式表达观点、情感、态度和价值观。教学需要突显读写文本的形式特征,如在推理与论证活动中让学生画出形式类似但内容不同的思维导图等,相当于写作中的列提纲步骤,然后通过讨论完善思维导图,最后参考阅读文本的结构,根据需要借鉴内容或结构方面的语言表达,进入全文写作。

三、小学英语读写课教学目标

在单元整体教学设计环节,教师通过对课标、教材、学情的分析完成了单元整体目标的确定、课时划分、课时目标制定。在本节课中不再对读写课目标的确定内容作重复,只介绍教学目标设计的内容以及撰写注意事项。

(一) 教学目标内容

小学英语读写课的目标要有层次性,培养学生学习理解、应用实践、迁移创新能力。设定为通过速读文本,提取与梳理关键信息,归纳文章结构的学习理解目标;通过细读文本,分析与讨论文章结构,初步运用语言的应用实践目标;独立写作并运用评价量表进行合理评价的迁移创新目标①。

(二) 目标撰写

在进行读写课目标的撰写时,教师可参考表 4 - 10 目标叙写的语法结构,逐条撰写教学目标。下面是一则读写课教学目标案例,选自 PEP 小学英语(三年级起点)四上 Unit 5 Dinner's ready Part B Read and Write。

① 李兴勇、罗少茜:《基于深度学习的中学英语读写结合教学实践》,《中小学外语教学》2022 年第 7 期。

图 5－14　PEP 小学英语(三年级起点)四上 Unit 5　Dinner's Ready Part B Read and Write

案例卡片 5－20

PEP 小学英语(三年级起点)四上 Unit 5　Dinner's Ready Part B Read and Write

设计者:郑州二七区陇西小学　王婧

教学目标:

1. 在看、听、说的活动中,提取、梳理语篇内容中 John 想吃的食物,选择与食品搭配的餐具,并与图片相匹配(学习理解);

2. 根据梳理的信息描述个人喜好的食物与情感表达等,能够书写单元的重点词汇并将句子补充完整(应用实践);

3. 通过小组合作完成讨论、创编相关句子;深入了解家人及同伴的食物及餐具喜好,并积极与他人交谈(迁移创新)。

【核心词汇】

chopsticks, fork, spoon, knife, noodles

【核心句型】

What would you like for dinner?

I'd like ... please.

Would you like some ... ?

Try chopsticks for noodles.

在该读写教学目标案例中，其目标表述清晰、具体、可操作、可达成；目标叙写结构规范，兼顾了主体、行为动词、条件、程度等目标要素，符合目标叙写的语法结构要求；行为动词的选择具体、清晰、可操作性强，且涵盖了理解、实践运用、迁移创新三个层面；同时该目标涉及了读写课学习目标各个层面。语篇主题和单元主题一致，能够帮助学生完成对单元主题意义的建构。

四、小学英语读写课教学流程

小学阶段的读写课教学流程通常可分为读前、读中、读后三个主要环节，下面我们将从这三个阶段来介绍读写课的教学过程。如图 5 - 15 所示：

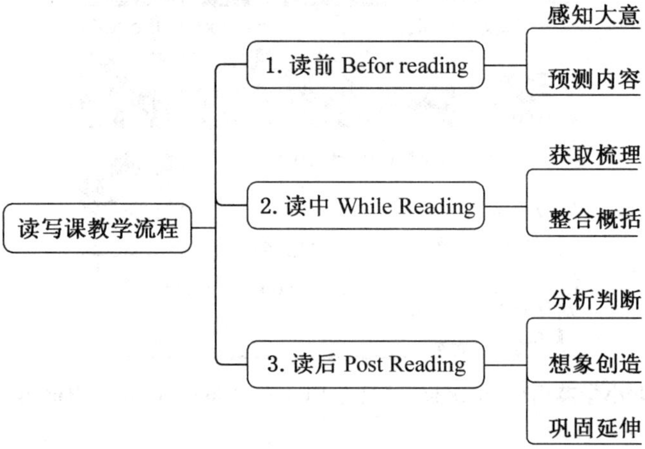

图 5 - 15　读写课教学流程图

5

（一）读前

小学英语读写课的读前阶段主要是通过对教材中的标题、图片、数字、图表等信息进行推断来感知文本大意，预测文本内容，找出文本的关键问题，注意篇章的布局和整体结构。教师设计围绕关键问题，设置阅读任务，如问题、表格填写、概括知识结构图等。

（二）读中

在读中阶段，学生运用速读、整体阅读、细节阅读等各种策略获取文本的主要内容，梳理出文章的脉络。在此基础上引导学生对主要内容和重要细节进行概括、整合，理解主题意义，小学阶段可以多借助思维图，将文本信息进行结构化。

（三）读后

在读后阶段，教师引导学生结合上一阶段的结构化信息，进行描述和阐释，并对其进行分析和判断，随后可以通过口头的复述、角色表演再现文本内容。在完成这部分内容之后，借助上一环节梳理的思维导图进行写作。小学阶段的写作主要形式是文图结合，以文字为主，图画为辅，比如写绘、图画书补充或创编、补充故事细节或情节、仿写、改写等。需要注意的是教师要注意写作的过程的完整性（写作读者、写作中、写作后的编辑、修改、定稿、作品分享等），另外在写作后的评价阶段，教师要注意采用自评、互评、教师点评等方式。下面是一则读写课教学过程案例。

案例卡片 5 - 21

选自 PEP 小学英语（三年级起点）四上 Unit 5　Dinner's ready Part A Read and Write

设计者：郑州二七区陇西小学　王婧

表 5 - 22　读写课教学过程表

教学目标	学习活动	效果评价
1. 在看、听、说的活动中，提取、梳理语篇内容中 John 想吃的食物，选择与食品搭配的餐具，并与图片相匹配（学习理解）	1. Look and say. 老师展示一列装有各种礼物的火车图片，火车里面装有各种美食，老师问"What' this? There are some gifts on the train. Let's guess. What are they?"。通过神秘礼物专列激发学生的兴趣，从而复习巩固有关美食的单词。 2. Free talk. 老师问道 There is food on the train. What food do you like best? And Where is it going? 学生回答自己最喜欢的食物，老师让学生猜测这趟载有神秘礼物的火车将要开往哪里，引起学生的思考。 3. Let's guess. 展示一张礼物列车停在 John 家门口的图片。老师问：What will happen? 从礼物专列里出来一位美食快递员，将礼物放到了 John 家门口，John 的妈妈收到了这份惊喜，发现是来自河南的快递。老师问："Let's guess。What's in it?"学生可以进行头脑风暴猜测是什么礼物。 4. John 的妈妈打开了快递，里面是河南美食——烩面，妈妈打算给 John 做一顿河南烩面，来到课本 53 页配图短文，老师及时奖励猜对礼物的学生。	教师观察学生能否参与互动和交流，主动分享个人对该主题已有的知识、经验，并根据需要调整提问方式，进行追问或给予鼓励。
	5. Watch and answer. 学生听录音回答问题。What would John like for dinner? Can John use a knife and fork? 请学生回答两个问题，核对答案并及时给予口头表扬。 6. Listen and imitate. 听录音进行有感情的跟读。采取分角色朗读，男女生朗读，分小组朗读的形式。关注语音、语调、节奏、连读、重读等，引导学生模仿。	指导学生按意群阅读，教师根据不同能力水平学生完成的情况，给予指导或鼓励。
	7. Read and tick. 看图片选择对话中所出现的食物和餐具。What food and tableware are in the dialogue? 学生对文本已经很熟悉，可以很轻松地进行选择，老师再进行核对。 8. Listen and tick. 老师说：Now let's listen to the tape and tick. What other food is on the train? 学生听录音选择所听到的食物和餐具。 9. Look and match. 载有神秘礼物的专列已经到达目的地，你是否也想拥有一份心仪的礼物，那么请你勇闯	教师观察学生完成匹配活动的情况，根据学生表现给予指导和反馈。

(续表)

教学目标	学习活动	效果评价
	三关,第一关:将图片里的食物与餐具进行匹配。The train is arrived at the station. If you want a gift, you can finish the task. If you're right, you can get it.	
设计意图:由来自美食专列的一份神秘礼物展开教学活动,能够吸引学生的兴趣。环节之间紧紧相扣,能够让学生集中注意力,能够帮助学生在语境中理解语篇内容,正确匹配图片。学生在教师的指导下,能按意群朗读文本,理解文本内容,提取、分析信息,内化语言,为语言输出奠定基础。		
2. 根据梳理的信息描述个人喜好的食物与情感表达等,能够书写单元的重点词汇并将句子补充完整(应用实践)	10. Look, choose and write. 第二关:看图片选单词将句子补充完整。老师先问:What would you like? 学生进行回答:I' d like ... 口头问答后,学生将课本 53 页补充完整。提示学生以规范形式准确书写单词,填充句子。	教师观察学生在语境中运用核心语言进行回答和书写的情况,根据学生的表现及时引导和给予反馈。
设计意图:本阶段学习活动在礼物的激励下,引导学生在语境中进行有意义的书写活动,帮助学生进一步强化本单元的核心词句。书写交流活动旨在帮助学生进一步综合运用所学介绍自己的喜好,促进语言的内化,从学习理解过渡到应用实践,为后面的真实表达做准备。		
3. 能综合运用本单元的核心词句,制作简单的配图绘本,描述自己喜欢的食物与餐具的搭配。对比中西方食物搭配餐具的不同,体会中西方饮食文化的差异(迁移创新)	11. By post. 第三关:邮寄明信片。写出自己喜欢的食物,写出喜欢的原因,并简单配图。放到邮箱里,等列车返程时会取出信件。静等回复!	教师对学生在书写和表达过程出现的问题进行及时指导和鼓励。
设计意图:本阶段学习活动旨在帮助学生在迁移的语境中,创造性地运用所学语言,交流自己喜欢的食物等信息,学生在分享的过程中,及时进行情感表达,引导学生体会食物带给我们的幸福感。		
Homework	1. 跟读文本,模仿语音语调。 2. 看图补全句子。 3. 美食备忘录,采访自己的好朋友喜欢吃的食物以及用到的餐具,完成表格并制作成美食备忘录。	
设计意图:充分发挥英语课程工具性与人文性的统一。强化单元重点句型的口头输出,提高重点句型的书写能力,促进对所学知识的巩固与内化。		

作业内容

作业情景：John 已经收到了来自 Wu Binbin 寄来的神秘礼物。那么载有神秘礼物的列车也即将开往下一站，请认真完成下列内容，就有机会得到一张大美河南——儿童专列的车票开往下一站！

表 5－23　读写课作业表

单元名称	Dinner's ready	Lesson 3 Read and write
分层作业设计框架	作业内容	

基础型作业（必做）

1. 跟读文本，模仿语音语调。
2. 看图补全句子。

(1) What would you like?

I'd like some ________. 

(2) Would you like some ________? 

(3) Can I have the ________? 

Yes, you can.

(4) I'd like some ________  and ________ .

载有神秘礼物的列车				
作业形式	听□	说□	读□	写□
认知水平	识记✓	理解✓	运用✓	综合✓
完成方式	独立完成		合作完成	
评价方式	语音语调优美 详细准确填写表格 书写正确美观 ☆☆☆	语音语调标准 完整准确填写表格 书写正确整洁 ☆☆	语音语调欠佳 基本准确填写表格 少量书写正确 ☆	
自评				
互评				

拓展型作业（选做）

1. 美食备忘录，采访自己的好朋友喜欢吃的食物以及用到的餐具，完成表格并制作成美食备忘录。

参考句型：
1. What would you like?
2. Would you like ... ?
3. Can you have ... ?
4. You can use ... ?

（续表）

People you interview	Food	Tableware

Hello Everyone! My name is ________. I'm ________ years old. I'd like some ________. It's very ________. I can use ________. ________ would like some ________. Because it's so ________. He/She can use ________. He'd/She'd like some ________. He/She can use ________.

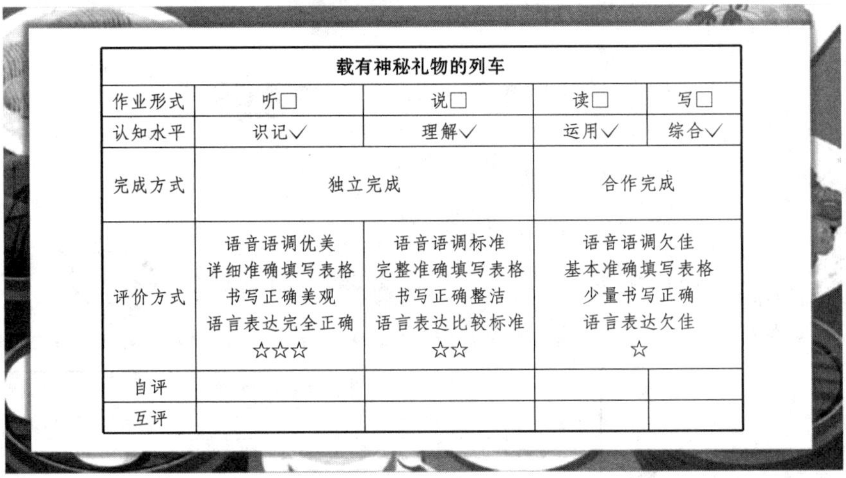

载有神秘礼物的列车				
作业形式	听□	说□	读□	写□
认知水平	识记√	理解√	运用√	综合√
完成方式	独立完成		合作完成	
评价方式	语音语调优美 详细准确填写表格 书写正确美观 语言表达完全正确 ☆☆☆	语音语调标准 完整准确填写表格 书写正确整洁 语言表达比较标准 ☆☆	语音语调欠佳 基本准确填写表格 少量书写正确 语言表达欠佳 ☆	
自评				
互评				

5

本章小结

本章阐述了小学英语课时教学设计的内涵原则和步骤以及四种常见的小学英语课型，在第一节，了解了小学阶段课时教学设计的内涵、要素和要求，并详细学习了其设计步骤；在其余的四节中，分别具体学习了小学英语不同课型的课时教学设计。借助本章的学习，学生能够对小学英语不同课型的课时教学设计有基本的理解。

课后思考

1. 在课时教学设计的步骤是什么样的，在实际教学中如何运用和调整？
2. 如何设计不同课时教学的目标、过程和评价活动？

参考文献

[1] 中华人民共和国教育部. 义务教育英语课程标准(2022 年版)[S]. 北京:北京师范大学出版社,2022.
[2] 鲁子问. 小学英语教学设计[M]. 上海:华东师范大学出版社,2018.
[3] 梅德明,王蔷. 义务教育英语课程标准(2022 年版)解读[M]. 北京:北京师范大学出版社,2022.
[4] 徐浩,孙桐,蒋炎富. 英语词汇教学[M]. 北京:外语教学与研究出版社,2018.
[5] 王蔷,钱小芳,周敏. 英语教学中语篇研读的意义与方法[J]. 外语教育研究前沿学,2019(2).
[6] 张秋会,王蔷. 浅析文本解读的五个角度[J]. 中小学外语教学,2016(11).
[7] 李兴勇,罗少茜. 基于深度学习的中学英语读写结合教学实践[J]. 中小学外语教学,2022(7).
[8] 钱小芳,王蔷. 连接视角下的高中英语读写结合的途径与方法[J]. 中小学外语教学,2020(23).
[9] 王蔷. 连接拼读、阅读与写作教学——均衡的英语读写素养发展模式探析[J]. 英语学习,2021(6).

第六章

小学英语课堂教学技能与运用

章首语

课程改革是时代发展的必然，能否实施新课程与教师的素质密切相关，在诸多素质要素中，课堂教学技能的突出位置毋庸置疑，高效课堂需要教师有高超的教学技能。教学技能是教师在教学活动中运用教与学的有关知识和经验，为促进学生的学习、实现目标而采取的教学行为方式，它是教师所掌握的教学理论转向教学实践的中介环节，对于教师提高教学质量、完成教学任务、增强教学能力具有十分重要的意义。通过本章的学习，希望学习者能够掌握小学英语课堂教学的导入技能、讲解技能、提问技能、操练技能和结束技能。

思维导图

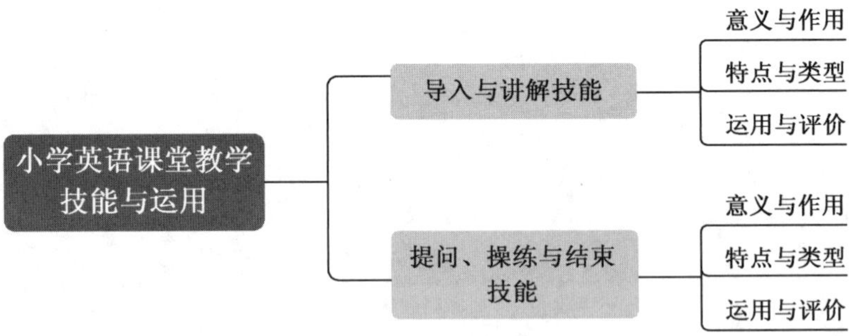

第一节　导入技能

一、导入的意义

导入是教师在新的课题或活动开始时，引导学生进入学习的行为方式。正确且巧妙地导入可以激发学生的学习兴趣和求知欲，将学生的注意力吸引到特定的教学任务和教学程序之中，所以又称为定向导入。①

二、导入的作用

1. 激发学生的学习兴趣，树立正确的学习动机

兴趣是个体积极探究某些事物或进行某些活动的倾向。兴趣是入门的向导，能促使动机的产生，学生学习有兴趣，就能精力集中，积极思考。因此，教师在上课伊始就要循循善诱，唤醒学生的求知欲望，使他们意识到自己的学习活动所要达到的目标和意义，激发内部学习动机。

2. 引导学生进入学习情境，引起对所学内容的关注

从心理学角度讲，学生刚上课时心理处于紧张、消极状态。生动、新颖的导入可以使学生自然进入最佳学习状态，形成对新的学习内容的“兴奋中心”，把学生注意力迅速集中到特定的学习任务中，为完成好新的学习任务做好心理上的准备。

3. 为整个教学过程定下基调，为课堂教学的发展提供良好的开端

导入是教师在一个新的教学内容或教学活动开始，运用一定的方式恰如其分地引导学生注意力，关心上课主题内容，从而引导学生进入学习状态的行为方式。作为课堂教学的重要一环，导入是一堂课的开始，有时也贯穿于课堂教学之中。常言说得好：“良好的开端是成功的一半。”高超、新颖、别致的导入必然会为课堂教学的展开奠定良好的基础，教学也就容易进入最佳境界。

三、导入的特点

Turney 等人在《悉尼大学教学微技能》(*Sydney Micro Skills*)一书中提出，导入技能的构成要素为：引起注意、激起动机、构建教学目标和明确学习任务以及建立联系。

1. 引起注意

在新的教学内容开始时，吸取学生的注意很重要。导入的设计要从如何把学生的心理活动保持在教学行为上出发，使与教学无关的活动迅速得到抑制。一位善导的教师从导入开始，就要采用多种方法把学生的无意注意引向有意注意。如漂亮的板书，精心制作

① 王笃勤：《小学英语教学法导学》，中央广播电视大学出版社，2003 年版，第 188 页。

的教学卡片，丰富多彩的图片、幻灯片，生动形象的语言以及优美的语音语调都会深深吸引着学生，引起他们强烈的好奇心和无意注意。而传统的课堂导入语言常常是"Let's begin our class. Today we are going to learn ... "等模式。这种千篇一律的导语很难引起学生的兴趣和注意，也会影响整堂课的教学效果。所以，经常变化的、生动活泼的导入方式能调动学生的大脑积极思维，为下一步教学成功做铺垫。

2. 激起动机

求知欲是学习动机中最现实、最活跃的成分。教师在导入时根据不同的教学内容和特点，采用多种形式创设真实的或仿真的语言情境，使学生有机会运用从书本上学习的语言知识，激发其浓厚的学习兴趣，产生学习的积极性和自觉性以及克服学习中的困难的决心和动力。

3. 构建教学目标，明确学习任务

导入要构建学习目标，明确学习目的和学习任务，使学生进入良好的心理准备状态，全神贯注地、有意义地开展学习。只有这样才能达到预期的效果。

4. 建立联系

英语语言知识与其他学科的知识一样，有其内在的严密逻辑性。因此教师在进行导入设计时，要充分了解并利用学生已有的知识和技能，创设有意义的语言情境，自然地把新旧知识联系起来，做到以其所知，喻其不知。温故知新，水到渠成。例如在导入定语从句的用法时，教师可以给出两个学生熟悉的简单句：I live in Beijing. It has a lot of people. 教师告诉学生在口语中我们常使用简单句，但在书面语言中应尽量避免句子的口语化现象，那么怎样才能把这两个句子连在一起呢？教师用设问的方式建立新旧知识之间的联系，从而顺理成章地导入新课。①

四、导入的类型

导入的方式应依据教学的任务和内容、学生年龄特点和心理需求，灵活多变地加以运用。常见的导入方式有以下几种：

1. 复习过渡，导入新课

知识是连贯的、系统的，新的知识是在旧有的基础上发展起来的。在导入新的语言知识和技能前先复习旧的知识，以旧带新，自然过渡，学生就能在轻松愉快的气氛中学习知识并使之系统连贯。

2. 设疑置悬，导入新课

"学贵有疑"，疑是积极思维和探索问题的动力。美国心理学家布鲁纳指出："教学过程是一种提出问题和解决问题的持续不断的活动。思维永远是从问题开始的。从教育心理学的观点看，设疑能激发学生的学习兴趣，进而开发学生的想象力和创造力。"一个有经验的教师常常善于在教学之始设疑布阵，引导学生去猜测、预估、联想，将学生的注意力集

① 王笃勤：《小学英语教学法导学》，中央广播电视大学出版社，2003 年版，第 207 页。

中到将要学习的内容中。

3. 直观导入

这种导入方法是指教师通过实物、图片、教学卡片、黑板画、录像片、投影或其他教学媒体的演示，创造有意义的语言情境，引起学生的注意，引导学生通过观察和思维，进入新的学习内容。

4. 用讨论的方式导入

用讨论的方法导入，可以使学生明确学习内容，增强学习动机，在词汇上、语言上和背景知识方面做好学习新课的准备。

5. 故事导入

小学教材中有不少故事性较强的语言材料，教师可以在学生未打开书的情况下，借助幻灯片、简笔画或教学挂图等，用学生熟悉的词汇和浅显的语言把课文转换成故事的形式讲给学生听。用故事导入的方式生动形象，容易引起学生兴趣，符合青少年好奇的心理特点。

6. 启发、诱导式导入

学起于思，教师在导入新课时，要善于对学生进行启发诱导，激发学生思维的涟漪，使学生自然而然地进入新的教学情境中。

7. 用视频影片、录音、图片等现代化教学手段导入

这是外语教学中常用的导入法。视频影片等现代化教学手段使教学不再枯燥。人们可以从视频影片上看到或从录音中听到英语国家人士是如何进行语言交际和社会交往的。例如教师可以通过用电话录音，或者电话视频的方式导入 Making Telephone calls 的教学。

五、导入技能的运用

在运用导入技能时，应注意以下几点：

第一，导入要紧扣教学目标和教学要点，根据不同的教学目的、教学内容及特点采用多样化的方式。

第二，导入要生动、形象，具有趣味性和艺术魅力。

第三，导入要具有关联性，承前启后，新旧知识之间要有紧密联系的“支点”，从复习到导入新课要连贯自然。

第四，导入时间不宜过长，以免影响教学的进度和重点内容的教学，导入一般以不超过 5 分钟为宜。①

六、导入技能的评价

导入技能评价的方式可参考表 6 - 1。

① 何广铿：《英语教学法基础》，暨南大学出版社，2001 年版，第 42 页。

表6-1　导入技能评价表

测量目标	导入技能			时间	
请您在听课后对以下各项评价，在适当的评价等级处打“√”					
导入技能的评价标准	评价成绩记录				权重
	很好	较好	一般	差	
1. 能集中学生的注意力，引起学生的兴趣和积极性					0.20
2. 与新知识联系紧密，目的明确，能自然导入新课，衔接恰当					0.20
3. 确实将学生带进了学习的情境					0.15
4. 感情充沛、表情丰富、语言清晰					0.15
5. 导入时间掌握得当、紧凑					0.15
6. 面向全体学生					0.15
评价员：________					

七、观看导入技能教学录像片段后的任务

扫描目录页二维码获取视频资源

录像片段 6-1-1　观后任务

(1) 录像片段中教师设计了什么类型的导入？
(2) 导入的特点在录像片段中是如何体现的？

录像片段 6-1-2　观后任务

(1) 录像片段中教师设计了什么类型的导入？
(2) 录像片段中教师是否注意了导入的针对性、关联性与趣味性？

录像片段 6-1-3　观后任务

(1) 导入的作用在录像片段中是如何体现的？
(2) 录像片段中教师是如何把教学内容和导入方式联系起来的？

录像片段 6-1-4　观后任务

(1) 录像片段中教师的导入可分为几个步骤？
(2) 录像片段中教师的导入方式每个步骤各有什么作用？

录像 6-1-5　观后任务

(1) 录像片段中教师运用了哪些导入方式？
(2) 录像片段中教师的导入方式有何特点？

第二节　讲解技能

一、讲解的意义

通过讲解教师使学生理解所要传授的内容。讲解不仅仅是一个教师的技能和知识的体现，而且也与学生的技能、兴趣和能力相关联及讲解涉及所要讲解的问题和讲解对象。讲解包括两个部分：第一，教师展现要讲解的主题。第二，教师使用实例、事实、事件、例子、场景等，有意义地描述要讲解的主题。讲解将主题、实例等两个部分联系起来，即概念与例子相结合。讲解有不同的层次，较低层次的讲解过程涉及展示、介绍事实或给出简单的指令。较高层次的讲解超越事实而考虑事实间的各种关系，以及原因、动机和道理。

二、讲解的作用

讲解在语言教学中达到多重目标，其中包括：

其一，教师给学生提供学生自己难以获得的语言信息。

其二，教师为学生把复杂的语言信息简单化。

其三，教师为学生举例说明某种语言现象。

其四，教师为学生解答疑难问题。

其五，教师为学生说明如何使用某种语言功能。

三、讲解的特点

讲解的构成有一些要素，即一些不可或缺的成分，使之成为有效的讲解。

(1) 有意义 (meaningfulness)：指教师给学生的例子适合学生的理解水平，对学生有意义，而且与讲解主题关系清楚。教师所给实例要与学生的能力和经验相符合。

(2) 清楚 (clarity)：清楚的讲解取决于所讲解的内容与所给例子的相关程度与质量，教师的讲解要突出重点，强调例子的相关性。

(3) 变化 (variety)：教师在讲解中给学生提供不同类型的例证、从不同角度说明要讲解的概念等。有时，单一例证不能说明问题，需要使用图表等辅助手段。

(4) 趣味性 (interest value)：教师给学生提供的实例应该有趣味性，引起学生对于所讲内容的兴趣，但要防止其趣味的内容分散学生的注意力。

(5) 简单 (simplicity)：讲解中应使复杂的问题简单化，对复杂问题的讲解应该由一系列简单的例子、清楚的概念组合而成，使学生通过对简单例子和概念的理解明白所讲问题。

(6) 具体 (concreteness)：讲解的效果往往与例证的具体化相关。为了使学生理解，教师可以用实物、动作、模型、图画等，使抽象的概念易于理解。

(7) 逻辑 (logical sequence)：讲解的各个部分前后顺序要有层次性、逻辑性、连贯性，条理不清楚会影响讲解的质量。精心挑选例子、排列例子对于讲解的逻辑性至关重要。

(8) 全面 (comprehensiveness):教师应该全面分析所要讲解的问题,使学生全面、彻底地理解所讲问题,讲解面过窄会影响学生对所讲问题的理解。

四、讲解的类型

(1) 语言讲解 (verbal explanation):教师在讲解时,不使用任何其他辅助手段,只用语言进行讲解。但是在课堂教学时,教师为了提高教学效果,不能只靠语言本身,还要靠说明。

(2) 重点说明 (illustration):教师利用图、表、录像、电影、讲义等强调讲解最重要的部分,说明的方法对语言讲解起良好的辅助作用,能够促进学生理解。

(3) 示范演示(demonstration):教师对某些生词、句子或对某语言点提供示范,演示某一语言功能等。讲到难点或抽象的内容时,教师的示范演示可使所讲内容简单化或具体化,使学生更容易理解所讲问题。

五、讲解技能的运用

在运用讲解技能时,应注意以下几点:

(1) 讲解要简明,即例证简单明了。

(2) 讲解时应注意趣味性,选择能吸引学生注意的例证。

(3) 讲解时应突出重点,例证要紧密围绕讲解的核心问题。

(4) 注意讲解所用语言,教师的语言要适合学生语言水平和认知水平。

(5) 讲解过程要流畅,讲解不可拖泥带水,讲解和例证应衔接流畅。

(6) 讲解中必要时要使用停顿,给学生提供思考、理解的时间。

(7) 讲解中应强调关键问题,可对理解的关键性概念进行重复或提供不同的情景。

(8) 讲解过程应富有变化,使用多种例子,从不同角度讲解。

(9) 讲解要准确,尤其是概念使用要准确,必要时先澄清有关词语。

(10) 讲解要有条理,教师要精心安排、挑选,合理安排讲解和例证。

(11) 讲解要全面,教师应分析、讲解问题的各个方面,力求使学生全面、彻底地认识所讲问题。①

六、讲解技能的评价

讲解技能评价的方式可参考表 6-2。

① 王电建、赖红玲:《小学英语教学法》,北京大学出版社,2002 年版,第 65 页。

表 6－2　讲解技能评价表

测量目标	讲解技能		时间		
请您在听课后对以下各项评价，在适当的评价等级处打“√”					
讲解技能的评价标准	评价成绩记录				权重
	很好	较好	一般	差	
1. 讲解目标明确、设计合理					0.2
2. 讲解内容准确、观点科学					0.2
3. 语言简练、清晰，描述生动，富于感染力，能够调动学生的积极性，提高学生的学习积极性					0.25
4. 有助于学生掌握基础知识、基本概念					0.2
5. 注意来自学生的反馈，并及时反馈调整					0.15
评价员：__________					

七、观看讲解技能教学录像片段后的任务

扫描目录页二维码获取视频资源

录像片段 6-2-1　观后任务

(1) 录像片段中教师设计了什么类型的讲解？
(2) 录像片段中教师是如何做到讲解“有趣”的？

录像片段 6-2-2　观后任务

(1) 录像片段中教师设计了什么类型的讲解？
(2) 录像片段中教师是如何灵活运用“重点说明”方法的？

录像 6-2-3　观后任务

(1) 录像片段中教师是如何做到讲解“有趣”的？
(2) 如何评价录像片段中教师对单词的讲解？

录像片段 6-2-4　观后任务

(1) 录像片段中教师是否做到了讲解“具体”？请简述理由。
(2) 录像片段中教师的讲解在逻辑性和连贯性方面是否合适，请说明原因。

录像片段 6-2-5　观后任务

(1) 录像片段中教师讲解是否做到了“流畅”和“有条理”，请简述理由。
(2) 如何评价录像片段中教师双元音|aʊ|的发音？

6

第三节　提问技能

一、提问的意义

提问是教师在课堂教学中进行师生相互交流的重要教学技能，对检查学生的学习情况、引发学生的探究兴趣、培养和训练学生的语言表达能力，以及发展学生的思维能力都具有积极的作用，教师通过提问，引导学生在自主、合作、探究的学习中努力地发现问题，探求解决问题。

二、提问的作用

1. 激发学生兴趣，活跃课堂气氛

在课堂教学中，教师巧妙地运用提问艺术，在恰当的时刻加以提问，并要求学生针对教师提出的问题进行思考，很容易激发起学生的学习兴趣和热情，调动学生学习的积极性，课堂气氛也会因此而变得活跃起来，学生的听力以及口语能力自然也会得到提高。

2. 启迪学生思维

巧设课堂问题能启发学生去思考、去探索，有利于培养学生的思维能力。教师通过问题设置可以引发学生对于英语问题的进一步思考，使学生更好地了解英语学习的关键所在，对于教师提出的问题，学生可以通过查阅课本、相互探讨等形式进行解决，进一步激发学生的思维能力。

3. 有利于教师及时获得反馈信息

课堂提问是及时获得反馈信息的一种好手段。为判断学生是否真正掌握了所学知识，掌握的程度如何，教师应从听、说、读、写诸方面进行形式多样的提问，以便掌握反馈信息，检查教学效果。

4. 有利于教师组织课堂教学

教师根据教学目的和教学内容有计划地设计和提出问题，引导学生逐步深入的思考探讨，适时进行教学内容的过渡转换。课堂秩序不利于某项教学内容的进行时可以运用提问来调整。学生因困倦而无精打采或走神溜号时，教师适时的提问可以帮助其振作精神、调整学习情绪、恢复注意力。

三、提问的特点

1. 具有目的性

提问的目的不仅是为了得到一个正确的答案，更重要的是让学生掌握已学过的知识，并利用旧知识解决新问题，或使教学向更深一层发展。这就要求提出问题的教师要有明确的教学目标，并明确每个问题与教学内容之间的关系，使学生能够有明确的反馈。

2. 具有具体性

教师在提问时，要尽可能地具体，不要模糊不清。在课堂上，教师提出的问题不能太广、太泛，提出问题要明确、清楚、具体，有一定的指向性，这样才能为学生指明思维的方向，引导学生发现和解决问题。

3. 具有层次性

提问的层次性主要体现在两个方面，一是问题内容本身要有自己的逻辑顺序，遵循由易到难的过渡规律；二是因学生个体的差异，教师需要对学生分层次提问。因此，教师若想增加问题的层次感也需要从问题本身和学生两个方面着手。①

4. 具有全面性

教师在课堂中提出的每个问题都是围绕教学目标、兼顾学习内容而提出的，而且教师的课堂提问是面向全体同学的提问，是使每个学生都能够得到发展的提问，以保证教学目标的完成、促进学生全面发展。

四、提问的类型

1. 记忆性问题

当教师要求学生从长期记忆中提取相关知识时，与之相关的认知过程类别就是记忆。这类问题是最简单的，记忆性的提问涉及单词释义、单词拼写、识别和回忆要素信息等。这类问题可以在教学过程中检查学生的基本知识，检测学生是否具有能够准确地再现教学内容相关信息的能力。

2. 理解性问题

理解性的问题不再只是简单地重复和记忆信息，通常要求学生从口头、书面和图像等交流形式的教学信息中构建意义，检测学生是否掌握了相关信息。这种提问类型虽属于低水平认知活动，只能从学生那里得到比较简单的答案，但它们在促使学生在课堂上掌握基本知识和技能方面却起着不可或缺的作用。

3. 应用性问题

在学习新知识之后，教师通常会先设计熟悉的任务来检查学生能否在相同的情境中使用重点单词和句子结构等，再设计不熟悉的任务来检查学生能否灵活应用于新的情境，解决实际问题。教师要求学生应用学习过的单词或句型随意组合进行场景对话，通过设计此类问题可以检查学生的应用和迁移能力。

4. 分析性问题

在分析性问题中，教师要求学生利用所学知识进行分析和思考，以培养学生的分析能力，锻炼其思维的深刻性。例如，区分相关与无关材料、分析组织结构、解释原因等都是分析性问题的常见形式，教师引导学生将学习到的知识点之间进行关联，整合不同场景下的

① 廖惠平：《浅析小学高年级英语课堂教学中的提问技巧》，《英语广场》2019 年第 5 期。

词汇和句型等，从而构建完整的知识体系。

5. 评价性问题

评价是基于准则和标准做出判断的过程，它通常指的是对一件事或人物进行判断、分析后得出结论。评价性问题要求学生依据自己原有的知识结构等，对问题发表个人观点。在这一类中，教师设计问题让学生做出合理的判断，评论自己或他人的假设或创造成果，用来判断或指导决策。例如“What do you think of ... ”，引导学生进行评论，发表自己的观点。

6. 创造性问题

创造是将要素组成内在一致的整体或功能性整体，根据标准进行假设、设计或建构新内容。课堂上，教师适时进行开放式、创新式的提问，要求学生进行语言输出，综合各种所学的知识形成新的整体或想法，比如进行调查活动并报告、进行表演、故事续写、制定计划等。

五、提问技能的运用

在运用提问技能时，应注意以下几点：

(1) 要设计与学生的知识和智力发展水平相适应的不同层次的问题，使多数学生有机会参与回答。

(2) 注意明确提问内容，用语准确、简练，避免产生不必要的误解。

(3) 结合教学内容与学生已有的知识，合理设计问题，并预想学生可能的回答及处理方法。

(4) 依照教学的进展和学生的思维进程提出问题，把握提问的时机。

(5) 当学生对问题不能正确理解时，教师不要轻易代替学生回答。教师应给予启发和引导，培养他们独立思考的意识和解决问题的能力。

(6) 学生回答后，教师要给予分析和确认，使问题有明确的结论，以便于强化学生的学习。①

六、提问技能的评价

提问技能评价的方式可参考表 6 - 3。

① 彭保发：《微格教学与教学技能训练》，南京大学出版社，2011 年版，第 50 页。

表 6-3　提问技能评价表

测量目标	提问技能			时间	
请您在听课后对以下各项评价，在适当的评价等级处打“√”					
提问技能的评价标准	评价成绩记录				权重
	很好	较好	一般	差	
1. 提问的主题明确，与课题内容联系密切					0.15
2. 问题的难易程度适合学生认知水平					0.1
3. 提问有层次，循序渐进					0.15
4. 提问能联系旧知识，解决新问题					0.1
5. 提问后稍有停顿，给予思考时间					0.1
6. 对学生的回答善于应变及引导					0.15
7. 能适当启发提示，点拨思维					0.1
8. 提问能得到反馈信息，促进师生交流					0.15
评价员：________					

七、观看提问技能教学录像片段后的任务

扫描目录页二维码获取视频资源

录像片段 6-3-1　观后任务

(1) 录像片段中教师设计了什么类型的提问？
(2) 这样做的目的是什么？

录像片段 6-3-2　观后任务

(1) 录像片段中教师如何提问学生？
(2) 录像片段中提问技能的作用是如何体现的？

录像片段 6-3-3　观后任务

(1) 录像片段中教师使用了什么类型的提问？
(2) 录像片段中学生的反馈怎么样？

录像片段 6-3-4　观后任务

(1) 录像片段中教师设计了什么类型的提问？
(2) 录像片段中提问的作用是如何体现的？

录像片段 6-3-5　观后任务

(1) 录像片段中教师采用了什么类型的提问？
(2) 这样做的目的是什么？

第四节　操练技能

一、操练的意义

操练是指教师根据课堂上所学的新语言知识，设计不同的机械练习和意义练习，组织学生用多种方法，对新语言知识进行操练和练习。通过这些练习，学生能够初步掌握所学的语言知识，并运用在有实际意义的练习中，学习运用新语言的行为方式。

操练技能在英语教学的实施中一般分为三个阶段进行：

第一，控制性操练，即在教师完全控制的方式下进行的一些机械性的操练。

第二，半控制性操练，即在教师半控制的方式下进行的一些意义操练和交际操练。

第三，无控制性操练，即学生根据教师所给的话题、讨论题等运用自己的语言进行表达。这种方式多在中、高年级的英语教学中使用。①

二、操练的作用

（1）充分利用学生的机械记忆，帮助他们准确地掌握新语言的结构。通过大量的、不同方式的循环式机械操练，学生在基本理解新语言的基础上能准确地掌握新语言的结构，并做到发音准确。

（2）促进学生主动、积极参与，达到熟练运用新语言的水平。各项操练活动都要围绕学生的特点来进行，使学生能够在教师营造的英语语言环境中积极参与操练，从而达到熟练运用新语言的目的。

（3）通过形式多样的练习，帮助学生加深对新语言理解。教师创设情境把新语言介绍给学生时，学生对新语言只是初步理解。通过操练练习，可加深其对语言知识的理解。

（4）帮助学生把所学语言知识转化为语言技巧，并逐步发展为交际能力。运用语言的过程也是学生把知识转化为能力的过程。教师帮助学生在操练活动中逐步把掌握的语言知识转化为技能，并进一步使技能发展为交际能力，最终能够熟练地运用所学语言。

三、操练的特点

1. 指令明确，释义简明

在每项操练的具体活动开始之前，教师要用简明扼要的语言解释如何开展操练活动，使学生充分理解将要做什么和怎样去做。

2. 控制速度，保证效率

操练时，教师要掌握好时间，保持合适的速度，以保证课堂教学的密度。

---

① 林立：《小学英语教学研究》，首都师范大学出版社，2004年版，第97页。

3. 由浅入深，难易渐进

在一组操练中，教师要遵循从易到难、循序渐进的教学原则，指导学生由浅入深、由简到繁地进行操练。

4. 调整方式，变化激趣

操练的方法和形式要多种多样，只有适时地变换操练形式和方法，才能不断激发学生的学习兴趣，保持学生的学习热情。

5. 准确到位，扮好角色

操练的第一阶段应确保多数学生能够准确地掌握所学语言，操练过程中，教师要及时纠正学生的错误，此时教师的角色是“组织者”或“指挥者”；在操练的第二和第三阶段应力求使学生流利地运用语言，对学生的语言错误应采取宽容的态度，此时教师的角色是“监督者”或“监听者”。教师只有准确到位地扮演好不同角色，才能达到操练的目的。

6. 检查评价，及时反馈

每一项操练活动结束后，教师要及时检查学生是否达到了教学目标，并对学生的表现给予及时反馈。①

四、操练的类型

1. 控制性操练(controlled drilling)

按组织形式分类：

(1) 全班操练(chorus)：在教师的指导下，全班学生跟着教师或录音齐读。

(2) 半班操练(half class)：把全班学生分为两大组，进行轮流操练。

分行操练(rows or lines)：按学生座位进行横行或竖行轮流问答操练。

(3) 两人示范操练(open pairs)：在学生基本掌握了新语言材料后，教师让两名接受程度较好的学生在全班进行示范操练。

(4) 两人一组操练(close pairs)：两人示范操练后，教师把学生分为两人一组，要求他们根据示范进行操练。

(5) 单独操练(individual)：要求学生单独进行个别操练。

按活动的方法分类：

(1) 重复操练(repetition)：指教师说一句，学生重复一句。

(2) 连锁操练(chain work)：要求学生依次进行快速问答操练。

(3) 替换操练(substitution)：给学生提示替换词，学生根据提示，做出快速反应，说出整个替换句。

(4) 扩充操练(expansion)：为学生提供提示词，学生把提示词加到句中，使句子得到扩充。

(5) 转换操练(transformation)：给一句学过的句型，让学生把它转换成新句型并说

① 王笃勤：《英语教学策略论》，外语教学与研究出版社，2002年版，第78页。

出来。

(6) 并句操练(combination):要求学生把两个简单句合并为一个较复杂的句子或复合句。

(7) 造句操练(sentence making):要求学生仿照例句进行造句。

2. 半控制性操练(half-controlled drilling)

按组织形式分类:

(1) 对子活动(pair work):通过两人对话活动使学生熟练运用所学语言。

(2) 小组活动(group work):把全班分成小组进行操练活动。

(3) 全班活动(class activity):活动形式一般为竞赛、游戏、猜谜等。

按活动的具体方法分类:

(1) 提供图卡(pictures and cards):教师利用图卡创设情境,学生根据图卡操练所学语言知识。

(2) 提供图表(tables and charts):教师可以利用图表帮助学生操练各种时态和句型。

(3) 提供骨架(skeletons):教师为学生提供骨架,即对话结构,学生根据所给骨架进行语言练习。

(4) 提供简笔画(blackboard drawing):教师根据要操练的项目设计简笔画,学生根据简笔画的提示进行语言练习。

(5) 提供信息卡(cue cards):教师为一对学生提供不同的两张信息卡,学生按照信息卡上的要求进行操练。

(6) 提供交际练习(communicative activities):教师根据操练的需要,设置语言交际情境,使学生在参加语言交际中,学会灵活运用语言。①

3. 无控制性操练(non-controlled drilling)

按活动的具体方法分类:

(1) 提供谈话主题(talking topics):为学生提供谈话主题,使其根据主题自由发表自己的见解。

(2) 提供表演短剧(short plays):将课文改编成短剧,使学生在表演短剧的过程中提高表达能力。

(3) 提供采访话题(topics of interview):使学生围绕某一话题进行互相采访。②

五、操练技能的运用

在运用操练技能时,应注意以下几点:

(1) 操练技能的目的性:教师要明确操练技能的目的,根据教学要求有计划地设计每一项操练活动。

(2) 设计程序的科学性:教师在设计操练程序时既要从教学目的出发,全面规划,精

① 邢家伟:《小学英语课程与教学》,教育科学出版社,2013 年版,第 151 页。

② 林立:《小学英语教学研究》,首都师范大学出版社,2004 年版,第 65 页。

心安排，有目的、有计划地设计操练阶段的每一项练习，安排好每一项活动，又要把握好各种操练环节的过渡时机。

(3) 组织联系的合理性：在操练过程中，教师要起到指挥者、监督者和监听者的作用，随时解决学生的问题，监控学生的活动。

(4) 操练方法的灵活性：教师要根据学生的具体情况，灵活运用操练方法，适当地调整操练进度，不断变换操练方式，使学生保持思维活跃、积极参与的状态。

(5) 释意、指令的明确性：教师向学生提出的要求、释意和发出的指令，要简明扼要、清晰易懂，使学生明确其要求，能准确进行操练。

(6) 学生参与活动的广泛性和多样性：除了全班、半班、分行、两人一组练习外，还应采用不同方式的操练活动，力求做到让每个学生在课堂上都能得到不同方式的反复的操练机会。

(7) 操练活动的创新性：教师在设计练习时要充分发挥自己的想象力，创造出有特色的操练活动。

六、操练技能的评价

操练技能评价的方式可参考表 6-4。

表 6-4　操练技能评价表

测量目标	操练技能			时间	
请您在听课后对以下各项评价，在适当的评价等级处打“√”					
操练技能的评价标准	评价成绩记录				权重
	很好	较好	一般	差	
1. 操练活动与教学内容紧密联系，促使学生主动、积极地参与					0.15
2. 设置层级化操练活动，为学生知识整合预留空间					0.2
3. 合理开展交际性操练活动，优化人际交互，联结生活实际					0.2
4. 操练过程中，提供练习指导，为学生有效练习提供支架					0.2
5. 操练过程中，恰当安排反馈，为有效知识整合提供针对性指导					0.15
6. 能面向全体学生					0.1
评价员：__________					

七、观看操练技能教学录像片段后的任务

扫描目录页二维码获取视频资源

录像片段 6-4-1　观后任务

(1) 录像片段中教师在操练新单词时使用了什么方法?
(2) 录像片段中教师如何使句型操练更有趣?

录像片段 6-4-2　观后任务

(1) 录像片段中教师设计了什么类型的操练活动?
(2) 录像片段中教师如何使学生充分理解操练要求?

录像片段 6-4-3　观后任务

(1) 录像片段中教师是如何做到操练“有趣”的?
(2) 录像片段中教师如何将句型操练和词汇操练结合起来?

录像片段 6-4-4　观后任务

(1) 按组织形式分类,录像片段中教师采用了什么类型的操练活动?
(2) 结合录像片段中操练内容谈一谈该教师设计的操练活动是否合适,并说明理由。

录像片段 6-4-5　观后任务

(1) 录像片段中教师如何使学生充分理解操练要求和指令?
(2) 录像片段中操练活动是否可以保证学生参与操练的广泛性和充分性?

第五节　结束技能

一、结束的意义

结束是教师在完成一定的教学内容或活动后,总结归纳及实践活动,使学生所学的知识形成系统,稳固地纳入学生的认知结构并转化升华的行为方式。结束不仅广泛地应用于一个单元、一节新课的结尾,也常用于讲授新概念、新知识的结尾。

运用这项技能,能及时反馈教与学的效果,让学生感受到掌握新知识之后的愉悦感;也可设置悬念,留下问题,促使学生进一步思考,从而提升继续学习的积极性。

二、结束的作用

要想使教学获得成功,就应注重教学结构的安排,不仅要有良好的开端,而且要有耐人寻味的结尾。一节英语课如果只有引人入胜的导入和环环紧扣的中间部分而缺少富有

韵味的结尾，也不能得到预期的教学效果，算不上一节成功的英语课。结束的主要作用有：第一，总结归纳所学语言知识和技能，理清头绪、明确重点和难点，加深理解记忆，加强学习和运用；第二，及时得到教学情况反馈，检查学习效果，从而把握教学进度，提高教学效率；第三，拓展延伸教学内容，将学生所学的语言知识与现实生活情境结合起来，激发学生旺盛的求知欲望和浓厚的学习兴趣。

三、结束的特点

1. 概括要点

教学过程头绪纷多，知识点分散，教师通过简约、强调的语言或精心设计的实践活动，帮助学生概括要点、掌握难点，展示教学全貌。

2. 融通知识

建立新知识与已有知识的联系与区别，使课堂教学结构完整，帮助学生将零散的知识联系起来，形成完整的知识结构。

3. 比较异同

比较的认知含意是，在思想上确定一事物与另一事物或一特征与另一特征的相同点和不同点的过程。它是理解问题和解决问题的基础。比较是英语学习不可缺少的方法。如比较可数名称与不可数名称的区别、时态之间的区别、定冠词和不定冠词的用法区别等。通过比较揭示语言知识的联系和差异，更准确地理解和运用语言。

4. 深化、拓展知识

运用结束技能的目的还在于启发思维、培养能力、深化拓展知识，把所学的语言知识和现实生活中的交际情景结合起来，达到实际运用语言进行交际活动的目的。

四、结束的类型

1. 归纳概括式

教师引导学生利用准确简练的语言和图表等，对课堂所讲的语言知识和技能进行归纳概括，总结揭示各部分知识的联系，强化语言知识重点。

2. 比较分析式

教师采用列表、提问、总结及图示等方法，引导学生将新的语言知识项目与原有的语言知识项目进行比较，分析它们各自的本质特征及内在联系，找出相同点和不同点，更加准确深刻地理解所学知识。

3. 活动练习式

教师可根据教学内容组织全班或小组活动，如角色表演、小组讨论、复述、知识竞赛或游戏等，或通过笔头形式，如听写、补全对话、阅读、写作及小测验等，对所学知识进行巩固练习。

4. 讨论总结式

学生是学习的主体。在教学过程中，教师应自始至终关注学生学习的积极性，鼓励他们积极参与课堂教学活动。如学习了 *Six Blind Man and the Elephant* 后引导学生讨论课文的寓意，使学生不仅学习语言知识，而且从中学习做人的道理。又如根据课文内容引导学生讨论爱护树木、保护环境的重要性等，从而使他们学到的语言知识得以融会贯通，达到拓展延伸的目的。[①]

五、结束技能的运用

在运用结束技能时，应注意以下几点：

第一，在讲授新知识接近尾声时，要及时小结和复习巩固，尤其讲授了逻辑性较强的知识后更应如此。

第二，课堂小结要紧扣教学内容的目的、重点和知识结构，针对学生的知识掌握情况以及课堂教学情境等，采取恰当方式，把所学新知识，及时归纳到学生已有的认知结构中。[②]

第三，教师在设计结束活动时要考虑情境的需要和学生的实际水平，做到灵活、恰当。或总结归纳、强调重点，或留下悬念、引人遐思，或含蓄深远、回味无穷，或新旧联系、铺路搭桥。

第四，教学结束要与学生的多项实践活动密切结合，做到"听与说"，"听与写"，"听与演"，"读与写"，"读与说"，"读与演"，"练习、口答"等活动相结合。

第五，要控制好结束的时间。教师布置作业应要求明确，规定完成时间，数量合适。

六、结束技能的评价

结束技能评价的方式可参考表 6－5。

表 6－5　结束技能评价表

测量目标	结束技能		时间		
请您在听课后对以下各项评价，在适当的评价等级处打"√"					
结束技能的评价标准	评价成绩记录				权重
	很好	较好	一般	差	
1. 准确概括知识要点，并使知识系统化					0.2
2. 有效地反馈教学效果，使学生对所学内容得到巩固、深化或运用，并能激发学生兴趣，引导学生进一步学习					0.2
3. 结束时安排有学生活动(练习，提问，小结等)					0.2
4. 教师语言干净利索，情绪饱满					0.15
5. 结束布置的作业明确且面向全体学生					0.15
6. 结束环节时间掌握紧凑、不拖沓					0.1
评价员：________					

① 杨艳、杨细萍：《小学英语教学实用教程》，气象出版社，2008 年版，第 53 页。

② 彭保发：《微格教学与教学技能训练》，南京大学出版社，2011 年版，第 81 页。

七、观看结束技能教学录像片段后的任务

扫描目录页二维码获取视频资源

录像片段 6-5-1　观后任务

（1）录像片段中教师采用了什么类型的结束方式？
（2）结束的作用在录像中是如何体现的？

录像片段 6-5-2　观后任务

（1）录像片段中教师设计了什么类型的结束方式？
（2）录像片段中教师结束方式有哪些特点？

录像片段 6-5-3　观后任务

（1）录像片段中教师运用了什么结束方式？
（2）结束的特点在本段录像片段中是如何体现的？

录像片段 6-5-4　观后任务

（1）录像片段中教师使用了哪些结束方式？
（2）教师在第一个结束活动中是如何体现全体参与的原则的？

录像片段 6-5-5　观后任务

（1）结束技能的作用在录像片段中是如何体现的？
（2）录像片段中结束方式是怎样增强学生对本课学习的兴趣的？

本章小结

课堂教学不仅是一种科学，也是一门艺术。要想讲一堂生动的课，讲出艺术性，讲出闪光点，同时重视组织安排和课堂效率，教师讲得有成就，学生听得有收获，是非常不容易的。这需要教师经过不断地磨炼、改善与提高自身的教学技能。

课后思考

1．结合实际谈谈怎样促进小学英语教师课堂教学技能的提升？（可选一项教学技能进行阐述）

2．小学英语教师应如何有效利用课堂教学技能培养学生英语核心素养？（可选一项教学技能进行阐述）

参考文献

[1] 王笃勤. 小学英语教学法导学[M]. 北京：中央广播电视大学出版社，2003.

[2] 何广铿. 英语教学法基础[M]. 广州：暨南大学出版社，2001.

[3] 王电建，赖红玲. 小学英语教学法[M]. 北京：北京大学出版社，2002.

[4] 廖惠平. 浅析小学高年级英语课堂教学中的提问技巧[J]. 英语广场，2019(5).

[5] 彭保发. 微格教学与教学技能训练[M]. 南京：南京大学出版社，2011.

[6] 林立. 小学英语教学研究[M]. 北京：首都师范大学出版社，2004.

[7] 王笃勤. 英语教学策略论[M]. 北京：外语教学与研究出版社，2002.

[8] 邢家伟. 小学英语课程与教学[M]. 北京：教育科学出版社，2013.

[9] 杨艳，杨细萍. 小学英语教学实用教程[M]. 北京：气象出版社，2008.

第七章

小学英语教学评价

章首语

评价是英语课程的重要组成部分。英语课程的评价应根据《课标》采用科学、合理的评价方式和方法，尽可能做到评价主体的多元化、评价形式和内容的多样化、评价目标的多维化。本章从课堂评价、作业评价、单元评价、期末评价四个方面介绍小学英语教学评价。通过学习本章，学习者可以在今后的评价实施过程中，根据不同阶段英语学习的内容、目标以及评价的不同功能，选择恰当的评价方法，并进行合理组合。

思维导图

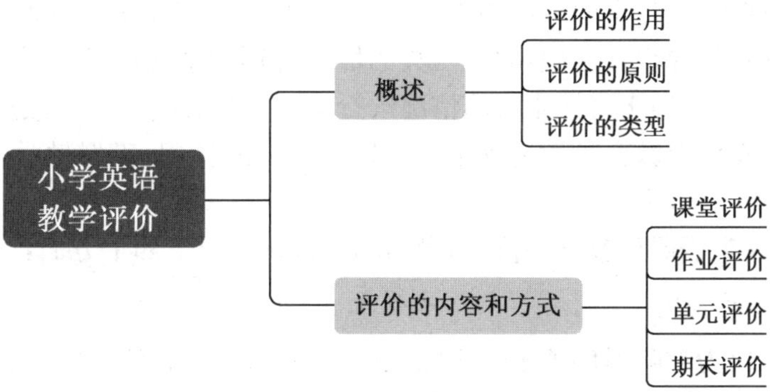

第一节　教学评价概述

教学评价是依据教学目标对教学过程及结果进行价值判断并为教学决策服务的活动，科学的评价体系是实现课程目标的重要保障。英语课程的评价应根据课程标准的目标和要求，实施对教学全过程和结果的有效监控。《课标》的基本理念是落实立德树人的根本任务，其宗旨是发展学生的核心素养。其中指出:“评价与考试旨在评测学生核心素养的发展水平，促进学生全面、健康而有个性地发展。通过形成性评价与终结性评价相结合的多元评价方式，检测和衡量学生在相关学段的学业成就，为高一级学校招生录取提供依据，为评价区域和学校教学质量提供参考，为改进教育教学提供指导。”英语课程评价体系不仅要有利于促进学生综合语言运用能力的发展，通过采用多元优化的评价方式，评价学生综合语言运用能力的发展水平，促进学生自主学习能力、思维能力、跨文化意识和健康人格的发展，还应对促进英语课程改革和日常教学质量监督发挥积极的作用。

一、教学评价的作用

《课标》指出:“坚持以评促学、以评促教，将评价贯穿英语课程教与学的全过程。注重发挥学生的主观能动性，引导学生成为各类评价活动的设计者、参与者和合作者，自觉运用评价结果改进学习。注重引导教师科学运用评价手段与结果，针对学生学习表现及时提供反馈与帮助，反思教学行为和效果，教学相长。坚持形成性评价与终结性评价相结合，逐步建立主体多元、方式多样、素养导向的英语课程评价体系。”教学评价是教学活动的重要组成部分，贯穿教学过程，对教与学起着极为重要的导向、激励、诊断和改进作用。长期以来，传统的教学评价方式重点强调其选拔功能，忽视学生的主体性；强调知识的灌输，忽视学生的创造性，从而形成了只以考分、升学作为评判学生的优劣、能力和培养前途的唯一标准的评价体系。恰当的评价活动可以对学生的学业进步和人格形成产生积极的推动作用。

(一) 导向作用

根据“教育评价之父”泰勒提出的理论，教育评价的本质在于检验课堂实施达到教育目标的程度。在英语课程教学中，评价工具的恰当使用和准确的评价信息是教学评价导向作用的体现，它们有助于对课堂实施情况进行检验，并为课程和教育过程的修正提供依据。评价标准则在整个教育教学过程中起引导和指导的作用，确保教学活动朝着既定的目标方向发展。

具体来说，在英语课程教学评价中，导向功能体现在以下四个方面：

1. 课程目标的制定

评价结果可以为教师提供关于学生在英语学习中的实际表现和水平的反馈信息，教师可以根据评价结果修正和调整课程目标，确保目标的实现度与预期一致。

2. 教学内容的选择

通过评价结果，教师可以了解学生在不同语言技能和知识领域的掌握情况，根据评价信息调整和优化教学内容，使其更符合学生的实际需求和能力水平。

3. 教学方法的使用

评价结果可以揭示教学方法的有效性和适用性，教师可以根据评价信息判断哪些教学方法对学生学习效果更好，并相应地调整和优化教学方法。

4. 教学过程的展开

评价结果可以为教师提供关于教学过程中学生的参与度、学习兴趣、合作能力等方面的反馈信息，教师可以根据评价结果调整教学策略，创设更具吸引力和有效性的教学环境，提高学生的学习动力和积极性。

（二）激励作用

教师在英语课堂上的表扬、鼓励和测验等行为，对于提高学生的学习积极性和检验学习效果具有重要作用。通过评价，教师能够发现和培养学生多方面的潜能，使学生在英语课程学习中通过参与展示自己学习进步的各种活动，不断获得成就感、增强自信心，从而有效调整自己的学习过程。

作为学生，他们最渴望、最幸福的事情莫过于得到教师的鼓励和赏识，而这些正是来自教师对他们真诚的评价。在课堂上，教师的评价应该包含对学生的尊重、信任、表扬和鞭策等激励因素，给予学生激励力量和正能量的言辞。评价能够帮助教师发现和发展学生多个方面的潜能。有些学生在课堂上常常产生令人意想不到的新想法和新主意，点燃智慧的火花。教师应该及时捕捉这些创新的火种，并通过恰当的评价将其进一步发扬光大。

因此，评价在英语课堂中不仅起着检验学习效果的作用，也能够激发学生的学习积极性。通过给予学生积极的评价和正面的反馈，教师能够发现学生的潜力并促使其不断成长。这种评价和鼓励的过程可以激发学生的学习动力，增强他们对学习的投入和兴趣，从而提高他们综合运用语言的能力。

（三）诊断作用

评价的一个重要作用便是有利于让教师了解教学过程的结果，并获取有关英语教学以下方面的反馈信息，从而提高英语教学效率。

1. 教学目标的实现程度

评价可以帮助教师了解学生在英语学习中是否达到预期的教学目标。通过评价结果，教师可以判断自己在教学活动中采取的措施和方法是否有效，是否有利于教学目标的实现。

2. 学生学习表现和问题

评价可以揭示学生的学习表现，包括学习态度、知识掌握和语言应用等方面。教师可以通过评价结果了解学生的学习进展和可能存在的问题。

3. 教学资源整合的有效性

评价可以帮助教师了解自己所选用的教学资源是否符合学生的认知特点，是否能够提高学生的学习效果。

（四）改进作用

评价的作用并不止于获得结果，更有助于学生的发展、教师的成长与政策的完善。

1. 教学方法和策略的调整

评价结果可以揭示教学方法和策略的有效性和适用性程度。通过评价信息,教师可调整教学方法和策略的选择和应用,以提高教学效果。

2. 教学资源和教材的选用

评价可以帮助教师评估教学资源和教材的质量和适用性。教师根据学生对教材的反馈和理解情况,发现问题,并据此调整教材选择、设计和使用,以采用更合适、更有效的教学资源。

3. 学习环境和教学组织的改善

评价结果可以反映学习环境和教学组织的效果和质量。教师可以根据评价信息,了解学生在不同学习环境和组织方式下的反应和表现,发现存在的问题并加以改进,创造更有利于学生学习的条件和氛围。

4. 个性化教学的满足

评价结果可以帮助教师了解学生的个体差异和学习特点,从而提供个性化的教学支持。教师可以根据评价信息,针对不同学生的学习需求和问题,调整教学方法、内容和节奏,以满足每个学生的学习需要,促进个体学生的发展。

5. 教师专业素养的提高

评价是教师专业成长的重要依据。通过评价结果,教师可以反思自己的教学实践,发现自身的不足之处,并制定改进计划和调整目标,提高教学能力和专业素养。

6. 教育政策的完善

通过评价可以使教育管理部门及时了解所发布课程标准的执行情况,促进英语课程与教学的不断发展和完善。

二、小学英语教学评价的原则

(一) 目标导向原则

《课标》提出了新的课程理念,重新设置了英语课程目标,将课程目标分为总目标和学段目标,并从语言能力、文化意识、思维品质和学习能力四个方面提出了各个学段的课程目标,对学生学习的评价应以相应的课程目标和学段目标作为依据。

根据课程目标设置评价目标,通过评价学生的学习行为,有利于促进学生更有效地展开学习、促进教师根据学生学习评价结果调整教学,突出评价的方向性作用。在这一融合中,教师要在设计教学目标的同时,明确采用何种方式评价学生学习达成度,将教学目标与评价目标、评价活动对应。

(二) 综合性原则

评价应涵盖多个维度,包括听、说、读、写等语言技能的发展,语音、词汇、语法等语言知识的掌握,学习策略的运用,学习态度、合作能力以及跨文化意识等方面的表现。评价过程综合考察这些维度，才能全面了解学生的学习结果。同时，评价结果应综合各项评价指标的数据，综合考虑学生在不同维度上的表现，并形成综合评价结果。这样可以避免单一指标的片面评价。

（三）多元化原则

多元化原则是指评价应该采用多种不同的方法和工具，从多个角度对学生的学习进行评估，以获取更全面、客观的评价结果。评价方式可以包括口头表达、书面作业、听力测试、阅读理解、小组合作项目等多种形式，以多样化的方式收集学生的学习表现数据。

评价还应使用多样化的评价工具，可包括问卷调查、观察记录、学习日志、作品展示等，以获取学生的自我评价、生生评价和教师评价的反馈信息。

（四）动态性原则

动态性原则是指评价应该具有动态性，即评价过程和结果应该能够反映学生的学习发展和变化。评价应是一个长期跟踪的过程，持续观察和评估学生的发展情况，以全面了解学生的学习过程和学习成果。此外，评价过程和评价指标要随着教学过程的发展而调整，以保持评价的有效性和灵活性。动态性原则能够使评价过程与学习过程相结合，进而激发学生的自主学习能力。

（五）个性化原则

个性化原则是指每位学生在语言能力、学习风格和兴趣爱好等方面存在差异，评价应该能够针对学生的特点进行个性化评估，不同程度地考虑学生的差异情况，以更好地满足每位学生的学习特点和发展需求。

教师应与学生共同探讨和确定学习目标与策略，制定个性化学习计划，在执行计划过程中提供针对性地指导和支持，以促进学生的个性化发展。

三、小学英语教学评价的类型

《课标》指出教学评价应采用多种评价方式和手段，将形成性评价和终结性评价相结合，定性评价与定量评价相结合。形成性评价与终结性评价是教学常见的评价手段。而基于不同评价目的的教学评价分类，小学英语教学评价可分为诊断性评价、形成性评价和终结性评价三类。

（一）诊断性评价

诊断性评价旨在识别学生在英语学习中的强项和弱项，以帮助教师了解学生的学习需求并提供有针对性的支持和指导。其主要目的是学习前确定学生的起点水平，以便制定个性化的教学计划和教学策略。通过诊断性评价，教师可以确定学生在语音、词汇、语法、阅读、听力和写作等方面的熟练程度，从而进行针对性教学。

（二）形成性评价

形成性评价的概念是在斯克里文于 1967 年所著的《评价方法论》中首先被提出。形成性评价又称过程评价，是在教学过程中进行的评价，是为引导教学过程正确、完善的进行而对学生学习结果和教师教学效果采取的评价。形成性评价是一种着眼于促进学生多方面发展的评价形式，它主要是对学生日常学习过程中的表现、所取得的成绩以及所反映出的情感态度、学习策略等方面的评价。注重教学应面向全体学生，关注其个性发展，主张以学生发展为本，培养学生的合作精神，激发学生的创新潜能。

形成性评价是指通过观察、活动记录、测验、问卷调查和课后访谈等形式对学生的学习进展进行的持续评价。它是伴随学习进程（while-learning）持续进行的评价。它的目的是向师生提供学生状态和进程的反馈信息，从而调节教与学活动的一种评价手段，也是一种学习方式。形成性评价关注学生的学习过程，试图通过改进学习过程来改善学习结果。它除了评价知识、技能等可量化的方面以外，更适于评价兴趣、态度、策略、合作精神等不易量化的品质。评价结果多以描述性评价、等级评定或评分等记录方式为主。

（三）终结性评价

终结性评价（如期末考试、结业考试等）是指在一个学习阶段末对学生的表现和能力所做的评价。终结性评价发生在一个学习阶段结束后（post-learning），其目的是评估学生是否达到和在多大程度上达到了教学的目标：它关注的是学习的结果；它评价的是学习内容中易于量化的方面，如知识、技能，成绩多以精确的百分制来表达。它是检测学生综合语言运用能力发展程度的重要途径，包括语言技能、语言知识、情感态度、学习策略和文化意识等五个方面。终结性评价应根据教学的阶段性目标确定评价的内容和形式，可以包括口语、听力、阅读、写作和语言知识运用等部分。小学阶段的终结性评价应充分考虑小学生的认知特点，选择恰当的形式和内容，做到简明、实用。

第二节　小学英语教学评价的内容和方式

一、课堂评价

《课标》指出，课堂评价主要指对学生课堂学习行为、学习方式和学习表现的评价。教师应根据课堂教学目标，及时了解学生的学习过程、学习进步和学习困难。在课堂评价过程中，教师可以观察学生的参与度和专注度，了解他们对课堂活动和学习内容的兴趣程度。教师还可以通过提问、讨论和小组活动等形式，评估学生的参与程度和积极性。同时，教师应观察学生的思维活跃度，包括他们提出问题、解决问题的能力以及对知识的理解和应用能力。此外，教师还可以评估学生在口头或书面表达中的准确性、流利性和创新性，以及他们观点的合理性和逻辑性。

教师应根据学生回答问题、小组讨论、综述观点、点评互评、随堂检测等环节的具体表现,以口头、书面和肢体语言等反馈方式和量表等评价工具,评价学生对课堂任务的兴趣和投入程度、对任务的适应和完成度、在解决问题过程中的能力和情感发展水平等,给予学生有针对性的鼓励、指导或建议,并基于学生在具体任务中的学业表现调整下一阶段的教学目标,改进教学方式和方法,提高教学效率。

课堂评价应基于教学目标并围绕英语学科核心素养的四个方面展开。以下为课堂评价的实施案例:

案例卡片 7-1

PEP 小学英语(三年级起点)四下 Unit 4 Animals

评价目标:评估学生对动物名称、特征和习性的理解和运用能力以及听力和口语表达能力。

评价方法:

(1) 口头回答问题:教师提出一系列与动物相关的问题,学生逐个回答。例如:"What's your favorite animal? Can you describe it? What does it eat? Where does it live?"通过学生的回答,教师可以了解学生对动物的已有认知水平和口语表达能力。

(2) 角色扮演:学生分组,每个小组扮演不同的动物,并展示该动物的特征和习性。例如,一组学生扮演狮子,另一组学生扮演大象。教师观察学生的表演,评估他们对动物特征的理解和运用能力。

(3) 图片描述:教师给学生展示一些动物的图片,要求学生描述图片中的动物。学生可以描述动物的外貌、行为和生活环境等。教师通过学生的描述,评估他们的语言表达能力和对动物特征的理解水平。

(4) 听力理解练习:教师播放与动物相关的录音,学生听录音并回答问题。问题可以涉及动物的名称、特征、习性等。教师通过学生的回答,评估他们的听力理解能力和对所学内容的掌握程度。

教师通过观察学生的口头回答、角色扮演表演、图片描述和听力理解练习等,收集学生的评价信息。根据评价结果,教师可以针对学生的优点和改进的方向,提供具体的反馈与指导。例如,对于口头回答问题的评价,教师可以针对学生的回答准确性、流利度和语法正确性提供反馈。对于角色扮演表演,教师可以鼓励学生展示更多动物特征和习性的细节。对于图片描述和听力理解练习,教师可以针对学生的理解能力和语言表达能力提供具体的指导和建议。

二、作业评价

作业是一种常见的教学辅助手段,它在巩固课堂教学效果方面具有重要作用。通过作业,可以延续学生学习的时间和空间,加深对知识的理解和记忆,促进语言能力的全面发展。同时,作业作为一种评价任务,为课堂评价提供丰富的内容和补充。作业评价的目的并非仅仅评判学生的优劣,而是将评价作为一种有效的手段,用于诊断教学效果和改进教学方法。通过对作业的评价,教师可以了解学生在学习过程中的表现,发现问题和困难，并有针对性的提供指导和支持。

《课标》指出，教师应根据不同学段学生的认知特点和学习需求，基于单元教学目标，兼顾个体差异，整体设计单元作业和课时作业，把握好作业的内容、难度和数量，使学生形成积极的情感体验，提升自我效能感。

作业评价应基于课程教学目标，围绕落实英语学科核心素养并关注学生的个体差异。以下为作业评价的实施案例：

案例卡片 7-2

PEP 小学英语（三年级起点）五下 Unit 1　My Day①

基本要素	具体内容	
教学目标	单元目标： 能够在向他人介绍自己的日常生活时，说出自己对各种活动的看法。 基于调查、交流和反思等合理规划并重新制定周末安排。 认识到作为家庭一员参与家务劳动的意义，形成正确的劳动意识。	
	课时目标： 通过问卷分析，体会教务劳动的重要性和必要性，初步建议劳动意识。	
作业内容	• Must do 指导家庭成员填写周末安排的问卷。 • Choose to do 仿照教材中的调查报告，写出家庭成员的周末安排分析。	
形式和类型	形式	□听说　□听写　☑读写　□其他
	类型	□基础型　☑拓展应用型　□实践型
作业时长	5 分钟	
完成方式	☑独立完成　□合作完成	
提交时间	□当天完成　☑2 天后	
评价标准	能仿照日常活动安排的调查报告，写出家庭成员的周末安排分析，做到字迹工整。	
	能仿照日常活动安排的调查报告，写出家庭成员的周末安排分析。	
	指导两位及以上家庭成员填写周末安排的问卷。	
	指导一位家庭成员填写周末安排的问卷。	

针对学生完成的作业，教师应从多个方面出发，对其进行及时的反馈。教师的反馈不仅要关注学生是否理解了所学内容，还要关注学生的表达能力、实际操作能力以及是否形成了正确的价值观等方面。在反馈过程中，教师应以积极的反馈为主，鼓励学生的努力和进步，并提供具体的指导和建议。通过积极的反馈，教师可以帮助学生更好地理解自己的学习成果，并激发他们的学习兴趣和动力。

① 王蔷：《新版课程标准解析与教学指导・小学英语》，北京师范大学出版社，2022 年版，第 55 页。

三、单元评价

《课标》指出，单元评价旨在考查学生完成单元学习后所达到的核心素养水平，包括单元学习过程评价和单元学习结果评价两个方面。学习过程评价考查学生参与各项具体学习活动的表现和完成系列学习任务的质量，重点评价学生在核心素养形成和发展过程的中，其语言知识与技能发展、文化知识建构、核心策略与方法掌握和运用的程度，以及思维能力表现等。学习结果评价旨在考查学生完成单元学习后，能否综合运用所学的知识技能、方法策略和价值观念，有逻辑地表达思想、观点和看法，并对事物做出正确的价值判断，重点关注学生核心素养的综合表现。

（一）单元学习过程评价

单元学习过程评价是对学生在完成一个学习单元的过程中的学习表现和学习成果进行评估和反馈。它的目的是了解学生在单元学习过程中的掌握情况，发现问题和困难，并及时采取措施进行调整和改进，以提高学生的学习效果和学习动力。

在进行单元学习过程评价时，可以采用多种评价方法和工具，如课堂观察、学生作业、小组讨论、口头报告、学习日志等。这些评价方法可以帮助教师全面了解学生的学习情况，包括学习态度、参与程度、理解能力、运用能力等方面。

教师在进行单元学习过程评价设计时，可关注以下几个方面：

1. 学习目标达成情况

评估学生是否达到了单元学习的预期目标，包括知识掌握、技能运用和思维能力的发展等方面。

2. 学习过程和策略

评价学生在学习过程中的表现和采用的学习策略，包括学习方法的选择、学习时间的合理安排、学习资源的利用等。

3. 学习成果展示

评估学生通过作业、项目展示、口头报告等形式展示的学习成果，包括作品的质量、创意和表达能力等。

4. 学习动力和合作能力

评价学生的学习态度、积极性和合作能力，包括学习的主动性、参与度和与他人的合作情况。

（二）单元学习结果评价

单元学习结果评价是对学生在完成一个学习单元后所达到的学习成果进行评估和反馈。它旨在衡量学生对单元学习内容的理解程度、掌握的知识和技能水平以及其在实际应用中的能力。通过对学生的学习成果进行评价，教师可以了解学生在学习单元中的学习情况，发现他们的优势和不足之处，并采取相应的教学措施来提高学习效果。

在进行单元学习结果评价时，可以结合单元作业、项目成果、评价任务、学习总结和单元测试等多种方式，以全面、客观地评价学生的学习成果。同时，及时提供针对性的反馈，肯定学生的努力和进步，指出问题并给予建议，以帮助学生不断提高自己的学习水平和能力。

教师在进行单元结果过程评价设计时，可关注以下几个方面：

1. 观念的形成

评估学生是否理解并形成了该单元学习的核心观念，包括概念的掌握和关键思想的理解。

2. 知识技能的应用

评价学生是否能够运用所学的知识技能、方法和策略，解决真实情景中的问题，展现学习成果的实际应用能力。

3. 逻辑表达能力

评估学生在解决问题的过程中，是否能够有条理地表达个人对单元主题的理解，形成结构化的认识，展现逻辑思维和表达能力。

4. 价值判断

评价学生是否能够做出正确的价值判断，在解决问题和讨论主题时展现出正确的价值取向和思考能力。

（三）单元评价的实施案例

案例卡片 7－3

PEP 小学英语（三年级起点）四上 Unit 6 Jobs[①]

（1）单元即课时教学目标

以下为本单元的教学目标、语篇和课时目标。

单元教学目标	语篇	课时目标
听懂、读懂与职业主题有关的简单对话、语段、配图故事等，提取并梳理语篇的关键信息，介绍、描述其主要	课文 We Have Different Jobs （1 课时）	1. 在语境中，提取、说出介绍职业的核心语言及相关职业的词汇； 2. 借助所学拼读规则，拼读有关职业的单词； 3. 结合所学，通过角色扮演，口头介绍自己和同伴扮演的职业。
	对话 I Want to Be a Doctor in the Future （1 课时）	1. 提取并梳理对话的主要信息，理解对话大意； 2. 与同伴合作表演对话，或向同伴介绍、转述对话的核心内容； 3. 在谈论职业理想的情境中，询问他人未来想从事的职业，并简单介绍自己的职业理想。

① 王蔷：《新版课程标准解析与教学指导·小学英语》，北京师范大学出版社，2022 年版，第 89—95 页。

（续表）

单元教学目标	语篇	课时目标
内容，感受职业精神。 在语境中，围绕主题与同伴进行简单交流，如感兴趣的职业、工作内容及对社会的贡献等。 结合自己的兴趣、爱好等，选择喜欢的方式，如海报、自制绘本、图文结合的信息图标等，介绍自己未来想从事的职业并简要说明理由。	介绍性语篇 Getting to Know More Jobs （1 课时）	1. 提取并梳理文段中有关介绍小学生职业理想的关键信息，将任务、职业理想和原因进行匹配； 2. 基于自己的兴趣、擅长、想做的事情等与同伴交流、介绍自己的职业理想。
	配图故事 I Want to Do Many Jobs in the Future（1 课时）	1. 提取并梳理故事的关键信息，完成图文匹配阅读任务； 2. 根据已匹配的图文信息，口头介绍 Binbin 的职业理想； 3. 对 Binbin 的想法进行评价，并简要说明理由。
	实践活动	1. 借助访谈提纲，至少采访一位身边的人物，了解其职业、工作内容等信息，并作简单记录（课前完成）； 2. 在小组内汇报、分享采访获得的信息，介绍所采访人物，包括从事的职业、工作内容及其对职业的感受； 3. 结合所学，介绍自己想从事的职业，并树立从现在做起，朝着自己的理想努力的意识。

（2）第一课时作业设计

① 模仿录音，朗读单词和本课所学课文。

② 根据图片提示，完成字谜。

（3）第二课时作业设计

① 模仿录音，朗读本课所学对话。

② Tom 和 Lisa 正在谈论各自长大后想从事的职业。请选择恰当的句子将对话补充完整，并将标号填写到横线上。其中有一个多余选项。

Lisa：Hello，Tom. __________

Tom：I want to be a police officer. How about you?

Lisa：__________

Tom：That's cool! I know you like drawing pictures.

Lisa：That's right. __________

A. I want to be an artist.
B. What do you want to be in the future?
C. He is a taxi driver.
D. I'm good at drawing.

(4) 第三课时作业设计

① 模仿录音，朗读本课所学语篇。

② 这些小伙伴长大后想从事什么职业呢？请阅读语段，将介绍职业的语段和相应的图片连线。

(5) 第四课时作业设计

① 模仿录音，朗读本课所学配图故事。

② 请借助访谈提纲，完成访谈（父母或他人），了解其职业，并在任务单上用图或简单文字记录下来（可以补充你想问的其他问题）。

Interview Outline
（访谈提纲）

1. What's your job?
2. What do you do at work?
3. Do you like your job? Why?

_______ 's Job

This is __________.

He/She is (a/an) __________.

He/She __________.

He/She likes/doesn't like this job,

because __________.

（6）第五课时作业设计

你长大后想从事什么职业？想一想，写一写

My Future Job

Hello! My name is __________.

I want to __________. I want to be a/an __________ in the future. It's __________.

Words and phrases

help sick people, drive a bus, teach Chinese, keep people safe, raise farm animals, write stories ...	nurse, cook, doctor, teacher, farmer, worker, bus driver, vet, police officer, writer ...	fun, cool, exciting, interesting ...

7

(7) 单元学习自我评价

通过本单元的学习，你有哪些学习收获？请借助下面的自我评价单，进行评价。

单元学习自我评价单

1. 我能朗读本单元所学与职业主题有关的简单对话、语段、配图故事。	
2. 我能与同伴就常见的职业进行简单交流，如感兴趣的职业、工作内容及该职业对社会的贡献等。	
3. 我能用喜欢的方式，如海报、自制绘本或图文结合会的信息图表等，介绍自己未来想从事的职业并简要说明理由。	
4. 通过本单元学习，我认识到从事不同职业的人们都为社会做出了重要贡献，我要努力学习，长大后选择自己热爱的职业，也为社会做贡献。	

四、期末评价

期末评价指的是对学生的一个学期结束时对学生在该学期学习情况的整体评价。《课标》指出，期末评价要综合考虑课程目标、课程内容和学业质量要求，采用不同类型的综合性和表现性评价方式，全面有效地考查学生在学期结束时核心素养发展的实际水平。

期末评价应结合纸笔测试和非纸笔测试的方法，确保评价内容全面覆盖学期所学，题型和素材选择体现正确的价值导向，语言真实、鲜活，情境贴近学生生活，体现交际的真实性。同时，利用信息技术手段进行评价可以提高评价的效率和准确性。

(一) 测试的类型

(1) 测试的类型从目的分，可分为成绩测试、水平测试、学能测试、诊断性测试和进度测试等。

(2) 从阅卷的客观性来分，可分为主观性测试和客观性测试。

(3) 从答题的方式来分，有笔试和口试，在以往的教学中，测试多以笔试为主。

(4) 根据范围不同，测试可以分为单元测试和模块测试。

(5) 根据时间不同，测试可以分为随堂测试、周考、月考、期中测试和期末考试或结课考试。测试通常要划等级，或以百分制记分，或以等级制(A, B, C, D/ 优秀、良好、及格、不及格)，也可以采用百分比的形式。

(二) 测试卷的制作

1. 要求

笔试试卷的制作是英语教师必备的重要技能。试卷命题时应以相应的大纲为依据；

应对教与学有良好的导向作用;应根据不同目的选择题型;应确保试题的效度(即此题要考查学生什么);应在预定范围之内,难度适中。试卷设计还应符合下列要求:

(1) 有题头:标题要包括考试对象、学期、类别(期中、期末等)、所考课程、卷类(A、B卷等)、出卷年月和考试用时。此外,要留出地方填写测试的日期、考生姓名、班级和分数。

(2) 有大题的题号和指示语、此大题总分和每小题分数。

(3) 试题、标准答案和评分标准配套;听力部分要有录音材料和录音稿。

(4) 试题难度适中且分布得当。

(5) 正规考试一般要设计两份难易度相当的试卷,即A、B卷。

(6) 题量和考试时间搭配合适。

2. 题型

试题设计应多样化,可有以下题型:

(1) 选择题。可有单项选择题和多项选择题。这种题型可用来检查英语发音、词汇和语法,在考试中经常遇见。命题时应注意命题的目的,题干要明了简洁;选择项要有干扰项且不宜过于冗长。以下面题目为例:

A: What are you doing?

B: ________________. 题干

A. They row a dragon boat.

B. They running.　　　　干扰项

C. They watch TV.

D. They are playing basketball. 正确答案

(2) 连线。在考虑试题难易程度分布的时候,连线题可作为较为简单的题目出现,因此该类题只考查学生的辨别能力和推测能力。

(3) 听写。听写可以考核学生的词汇掌握能力和拼写能力,可有单词听写、句子听写或短文听写的形式。根据学生的水平,短文听写可分为全文听写和部分听写。试题的难易程度可由听力材料的速度、次数、间隔的长短等控制。

(4) 回答问题。可以是听音答题或阅读理解答题等。根据学生的水平,可以提示或要求完全回答。

(5) 填空题。可有单词填空、句型填空和完形填空的形式。通过填空使句子或段落的意思完整。但需注意填空的空格要有目标性且位置不宜过于密集。空格的抽取以有上下文提示或学习的重点为宜,如语法点。

(6) 阅读理解题。根据学生的所学的水平和内容,给出一至五篇难度适当、长短得当的文章,针对每篇文章的内容出几道题目,考查学生对短文的理解。题目可以是多项选择题,也可以是简答题。

(7) 写作题。根据给出的题目或提示用英语写小短文。

(三) 试卷制作的检查

综上所述,可通过检查以下各项是否考虑并判断试卷制作是否合理的依据:试题的考点是否明确；试题内容是否在命题范围内，难度是否适中；难易题分布是否恰当；题型选择是否合理、是否多样化；题量是否适中；试题格式是否正确；试题题头是否符合要求；指示语是否简洁明了；分数是否分布合理；试卷(答卷)、标准答案和评分标准是否配套；拼写是否正确。

(四) 小学英语测试卷案例①

听力理解部分

一、听句子，选择相应的图片，并将答案的字母标号填涂在答题卡的相应位置上。(每小题1分，共10分)

1. 

A B C

2. 

A B C

3. 

A B C

4. 

A B C

5. 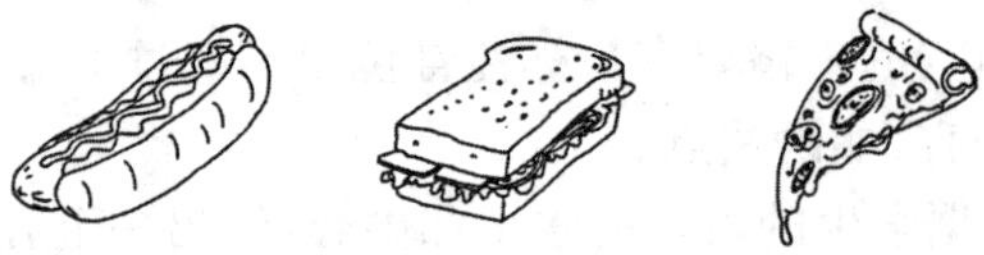

A B C

① 程晓堂:《义务教育课程标准(2022年版)课例式解读·小学英语》，教育科学出版社，2022年版，第159—169页。

6.   

A　　B　　C

7.   

A　　B　　C

8.  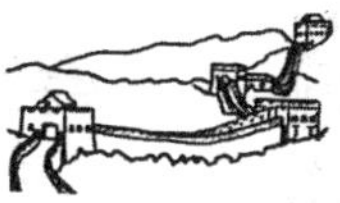 

A　　B　　C

9.   

A　　B　　C

10.   

A　　B　　C

二、听对话，选择相应的图片，并将答案的字母标号填涂在答题卡的相应位置上。（每小题 1 分，共 10 分）

11.   

A　　B　　C

12. 

A　　B　　C

13.

A B C

14.

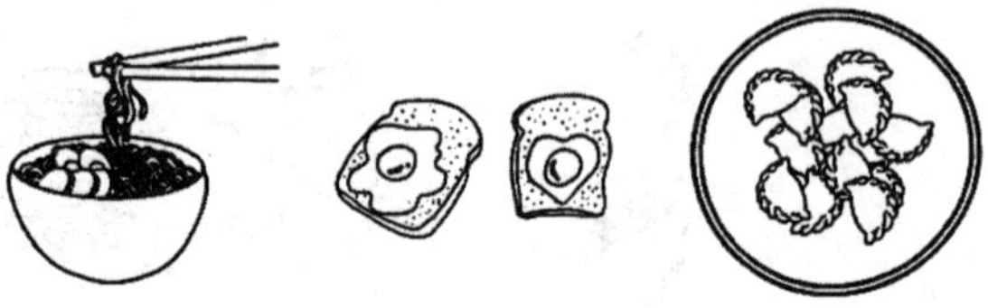

A B C

15.

A B C

16.

A B C

17.

A B C

18.

A B C

19.

A B C

20.

A　　B　　C

三、听描述，将人物与对应的图片匹配，并将答案的字母标号填涂在答题卡的相应位置上。（每小题 2 分，共 10 分）

A. Alice　B. Sally　C. Coco　D. Peter　E. Emma　F. Eric

Example: A

21. ____

22. ____

23. ____

24. ____

25. ____

四、听描述，补全关键信息，数字可以用阿拉伯数字，并将答案填写在答题卡的相应位置上。（每小题 2 分，共 10 分）

Name	Lily
Age	26. ______ years old
School	27. ______ School
Class	28. like ______ class best
Good at	29. ______ pictures
Job (wants to be)	30. ______

7

读写部分

五、仿照范例，给单词分类，并将答案的字母标号填涂在答题卡的相应位置上。（每小题 1 分，共 12 分）

Word Box

A. English	B. panda	C. flower	D. go to the zoo
E. elephant	F. Math	G. root	H. Chinese
I. stem	J. Science	K. giraffe	L. stay at home
M. monkey	N. seed	O. go fishing	P. watch TV

Subjects	例（A）	1.（ ）	2.（ ）	3.（ ）
Animals	例（B）	4.（ ）	5.（ ）	6.（ ）
Plants	例（C）	7.（ ）	8.（ ）	9.（ ）
Activities	例（D）	10.（ ）	11.（ ）	12.（ ）

六、选词填空，补全短文，并将答案填写在答题卡的相应位置上。（每小题 1 分，共 10 分）

Word Box

animals	cute	questions	parents	hour
wonderful	show	clever	bus	photos

Last weekend, I went to the zoo with my 13.________. We went there by 14.________. It took us half an 15.________ to get there. There are many kinds of 16.________. First, we saw the pandas. They are very 17.________. Then we watched the dolphin's 18.________. The dolphins are so 19.________ that they can answer math 20.________. At last, we took some 21.________ in front of the zoo gate. It was a 22.________ weekend.

七、读句子，选择与句子内容相符的图画，并将答案的字母标号填涂在答题卡的相应位置上。（每小题 2 分，共 10 分）

A

B

C

D

E

23. (　　) Mike loves his family. He gets along well with his parents and little sister.

24. (　　) Mr Brown is a dentist. He is kind and friendly. He is checking the boy's teeth now.

25. (　　) Alice misses her grandparents very much. So she plans to visit them this weekend.

26. (　　) Today is Lucy's birthday. She received a birthday gift from her best friend.

27. (　　) Joe has a quick breakfast every day. He often has corn flakes and milk for his breakfast.

八、选择恰当的句子，将对话补充完整，并将答案的字母标号填涂在答题卡的相应位置上。(每小题 2 分，共 12 分)

Jack: Hello, Amy!

Amy: Hello, Jack! 28.________

Jack: Very good. I went to Beijing.

Amy: Cool! 29.__________

Jack: I ate Peking duck. It was delicious.

Amy: Did you visit the Great Wall?

Jack: 30.________ I spent two hours climbing the Great Wall. How was your holiday?

Amy: It was terrible. 31.________

Jack: Cheer up. 32.________ Do you like it?

Amy: Of course. 33.________

A. What did you do in Beijing?
B. Yes, I did.
C. Thank you very much!
D. How's the holiday?
E. I bought a souvenir for you.
F. I spent the whole vacation doing my homework.

九、阅读短文，选择最佳答案，并将答案的字母标号填涂在答题卡的相应位置上。(每小题 2 分，共 10 分)

Mia and Matt want to go on a picnic. "Can we cook burgers in the woods, Mum?" "No, but you can take sandwiches and fruit."

Mia likes egg sandwiches. Matt wants chicken sandwiches. He wants lemonade too. "Would you like a banana or a watermelon?" "A banana, please," says Mia. "A banana and a watermelon, please," says Matt.

Now they're in the woods. They've got sandwiches, fruit, lemonade and... chocolate! "Would you like some chocolate, Matt?" "Yes, Please!" Matt likes chocolate. "Here you are."

But what's this? Birds! "Hey! Go away!" "We need a scarecrow," says Mia. They put the watermelon and some clothes on a stick. The birds don't like scarecrow. They fly away! Mia and Matt finish eating.

But what about the crumbs? "We don't need the scarecrow now," says Matt. So Mia takes the scarecrow down. "Come on, birds," calls Matt. "Come and eat the crumbs!" It's good to share your picnic with friends!

选择最佳选项回答问题。

34. What do Mia and Matt want to do? (　)

A. cook burgers　　B. go on a picnic　　C. eat sandwiches

35. What fruits does Mia want to eat? (　)

A. a banana　　B. a watermelon　　C. a banana and a watermelon

36. What does "scarecrow" mean in Chinese? (　)

A. 乌鸦　　B. 玩具　　C. 稻草人

37. Why do Mia and Matt need a scarecrow? (　)

A. They are eating food.

B. They make it for fun.

C. They want to dress up.

38. Why do Mia and Matt take the scarecrow down? (　)

A. They want to go home.

B. They don't like it.

C. They want birds to eat crumbs.

十、根据图片内容写出一个完整的句子，并将答案填写在答题卡的相应位置上。(每小题2分，共6分)

39. play football ________________________________

40. hamburger car ________________________________

41. ice-skating ________________________________

本章小结

科学的评价体系是实现课程目标的重要保障。小学英语教学的评价应根据《课标》规定的“教—学—评”一体化要求，采用科学、合理的评价方式和方法，对教学的过程和结果加以及时、有效地监控，从而对教学起到的积极导向作用。在课堂评价中，突出学生的主体地位，发挥学生在评价过程中的积极作用。评价应采用诊断性评价、形成性评价与终结性评价等多种评价类型相结合的方式，既关注过程，又关注结果，使对学生学习过程和学习结果的评价达到和谐统一。小学英语教学中可以以档案的形式对学生进行形成性评价。评价除了关注学生综合语言运用能力的发展过程外，还要注重学生在学习过程中文化意识、思维品质和学习能力等方面的发展和变化。

课后思考

1. 为什么小学英语教学评价要采用以形成性评价为主的多种方式相结合的方法？
2. 小学英语教师如何有效对学生进行课堂评价？
3. 小学英语作业应如何设计实现有效评价？

参考文献

[1] 中华人民共和国教育部. 义务教育英语课程标准(2022 年版)[S]. 北京:北京师范大学出版社, 2022.
[2] 王蔷. 新版课程标准解析与教学指导·小学英语[M]. 北京:北京师范大学出版社,2022.
[3] 程晓堂. 义务教育课程标准(2022 年版)课例式解读·小学英语[M]. 北京:教育科学出版社,2022.
[4] 李勤华. 小学英语单元评价的教学实践[J]. 中小学外语教学(小学篇),2017(11).

第八章

小学英语教学的其他组织形式

章首语

小学英语教学的其他组织形式主要体现为说课、微课、听课与评课这四种形式。说课是向同行或专家系统地阐述个人对教材的理解、对学情的分析、对教法和学法的构想以及对教学过程的总体设计，以达到相互交流、共同提高的一种教研和师资培训形式。微课是围绕某个知识点、教学环节或疑难问题，以短小精悍的在线视频为表现形式。听课教师要科学地分析授课教师的水平，并给予正确、客观的评价，这对一个教师业务水平的提高、教学思想的完善、教学特色的形成及良好教学科研氛围的形成都起着重要的作用。

思维导图

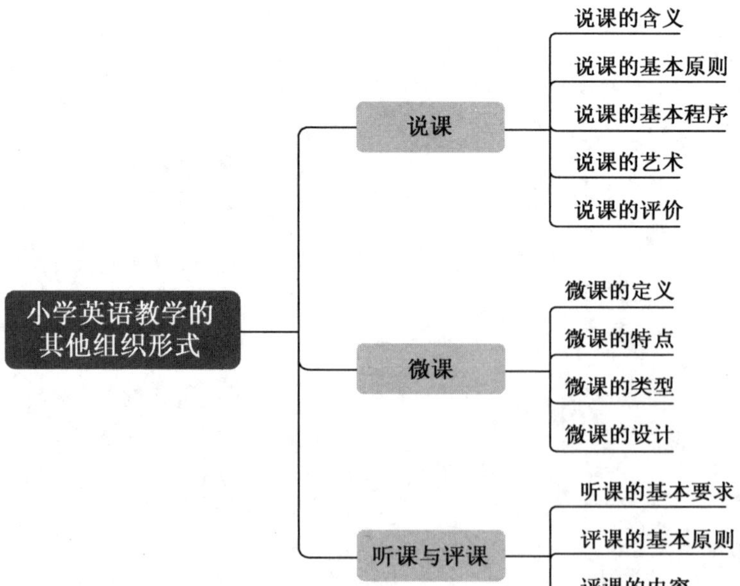

第一节　说　课

一、说课的含义

说课是衡量一位英语教师对教材的把握、分析及教师本人对上课进程的宏观控制能力的有力手段，能从理论上指导教师贯彻教学大纲，真正做到教与学相结合，将教材、大纲、教师、学生、课堂融为有机整体，对不断提高教师的教学能力和教研能力有着突出的作用。

说课就是授课教师在精心备课的基础上，在规定的时间（10～15 分钟）内，根据新课标的要求，依据教育科学理论和教材，围绕某一课题，向同行或专家系统地阐述个人对教材的理解、对学情的分析、对教法和学法的构想以及对教学过程的总体设计。

二、说课的基本原则

（一）科学性原则

科学性原则对说课的基本要求主要体现在以下几个方面：

1. 教材分析透彻

说课中，教师不仅要从微观上弄清弄懂各知识点的内涵和外延，做到准确无误，更重要的是要从宏观上正确把握本节课教材内容在本学科、本年段的地位、作用以及本课内容的知识结构体系，深刻理解各知识点之间的关系。

2. 学情分析客观

说课中，教师要从学生学习本课的原有基础和现有困难两个方面分层次、客观、准确地分析学情，为采取相应的教学对策提供可靠的依据。

3. 教学目标可测可评

教师要根据教学内容和学情从语言能力、思维品质、文化意识和学习能力四个维度制定可测可评的教学目标，以实现“教—学—评”一体化。

4. 教学设计有理有据

说课中，教师既要说清本节课的总体构想与依据，又要说清具体教学环节的设计意图，重点阐述如何实现重难点的突破。

（二）理论联系实际原则

说课是说者向听者展示其对某节课教学设想的一种方式，是教学与研究相结合的一种活动。因此，说课人不仅要说清教学设计，还要说清教学设计的依据，将教育教学理论与课堂教学实践有机地结合起来，做到理论与实践的高度统一。在说课中，对教材的分析应以学科基础理论为指导，对学情的分析要以教育学、心理学理论为指导，对教法的设计应以学科教学论为指导，力求所说内容言之有理、言之有据。

(三) 实效性原则

任何活动的开展都有其鲜明的目的。说课活动也不例外。说课的目的就是要通过"说课"这一简易、速成的形式或手段在短时间内集思广益,检验和提高教师的教学、教研能力,进而优化课堂教学过程,提高课堂教学效率。因此,"实效性"就成了说课活动的核心。为保证每一次说课活动都能达到预期目的、收到可观实效,至少要做到以下几点。

1. 目的明确

大体上,说课可用于检查、研究、评价、示范等几种目的。一般来说,检查性说课主要用于领导检查教师的备课情况;研究性说课主要用于同行之间切磋教法;评价性说课主要用于教学评比、竞赛活动;示范性说课则是为了给教师树立说课的样板,供其学习、参考。在开展说课活动前,首先要明确目的,也就是将要开展的是哪一类型的说课活动,以便做好相应的准备工作。

2. 准备充分

说课前都需要围绕本次说课活动的目的进行系统的准备,认真钻研大纲和教材,分析学情,做到有的放矢。说课者还要写出条理清楚、有理有据、重点突出、言简意赅的说课稿。

3. 评说准确

评说要科学准确,指导性强。说课者说完之后,参加评说的人员要积极发言,抓住教学理论上的重大问题和教学中带有倾向性、普遍性、规律性的问题进行重点评说。说课者还应该将已达成的共识和仍存在分歧的问题分别予以归纳总结,以便在教学中贯彻执行或今后继续进行研究。

(四) 创新性原则

说课是深层次的教研活动,是教师将教学构想转化为教学活动之前的一种课前预演,其本身也是集体备课。在说课活动中,说课者一方面要立足自己的教学特长、教学风格;另一方面更要借助有同行、专家参与评说众人共同研究的良好机会,树立创新意识,大胆假设,小心求证,探索出新的教学思路和方法,从而不断提高自己的业务水平,进而不断提高教学质量。只有在说课中不断发现新问题、解决新问题,才能使说课活动永远"新鲜"、充满生机和活力。

三、说课的基本程序

说课的基本程序见表 8－1。

表 8－1 说课的基本程序

说课项目	具体内容	注意问题
说教材	1. 说明教材的版本、年级、课题 2. 科学分析教材特点 3. 谈谈对教材的独特见解	1. 说教材不是重点,要简略 2. 说教材不必重复教参,要体现自己的独见、创见

（续表）

说课项目	具体内容	注意问题
析学生	1. 谈谈学生的知识水平与能力结构，明确说课内容的难易程度 2. 分析学生的心理基础及可能出现的疑难问题	学生是主体，说课必须了解学生基础和心理特点
说教学目标和重难点	1. 说教学目标 2. 说重难点 3. 说教学目标、重难点确定的依据	1. 教学目标要围绕核心素养四个维度：语言能力、思维品质、文化意识、学习能力来确定 2. 教学目标要可评、可测 3. 重难点要有针对性
说教法	谈谈本节课要实施的教学手段、方法、教具的使用及其使用原因和作用	说明采用的教学手段、方法以及教具使用的目的及可能达到的教学效果
说学法	谈谈学习方法的运用以及将要实现的目标	阐述学法的好处
说教学程序	1. 展开具体的教学步骤，并说明每个教学步骤的设计意图 2. 说出本节课的特点以及精彩的教学环节设计 3. 说清辅助手段使用的原因和作用 4. 说明学习目标是如何在课堂教学中实现的，以及怎样突出重点、克服难点等	1. 这是说课的重点，要详说 2. 教学内容的重难点要详说，并且要抓住课堂教学特点，同时用辅助手段展示有特色的设计 3. 不仅要说教的活动，更要说学的活动，特别是培养学生核心素养的活动
说板书设计	谈谈板书设计的根据和理由，力求体现说板书设计的程序性、概括性和艺术性	强调如何从板书中看出本课的教学重难点，突出布局的科学性
说教学反思	1. 教学预设中的成功之处 2. 教学预设中尚存在的不足或难以把握之处	

四、说课的艺术

说课是一门艺术，不仅要求内容有深度、有特色、有创新，对说课者本身的素质也有较高的要求。一般说来，说课应做好以下几个方面：

（一）说课要突显一个“新”字

创新是艺术的生命，只有创新才能突显说课的艺术。“新”是说课成功的关键。“新”的要求很高，具体有如下几点：

方法新——凭自己对说课内容的理解选用新颖的方式进行阐释。

练习新——要激发学生的兴趣、启发学生的智慧。

手段新——运用多媒体突出重点，图文并茂。

设计新——导入新课、展开新课、巩固新课、结束新课等几个环节，要环环紧扣，具有新意。

引入新，结束新——从引入到结束都要吸引听者，能引起共鸣。

（二）说课要体现一个“美”字

美是艺术的核心，说课要跟讲课一样处处体现美，给人以美的享受。

内容美——教师要善于从教材里感受美、提炼美、揭示美。

语言美——教师说课要脱稿，要用恰当的语气、语调、语速和语感自如地表达。

情感美——教师的情感要与说课内容的情感相融、要与听课者进行情感交流，要体现爱生的情感。

板书美——板书是教师备课中构思的艺术结晶，要具备工整性、概括性、条理性和艺术性。

教态美——教态是沟通师生情感的桥梁，教师应做到仪表端庄、教态自然。

（三）说课要强调一个“说”字

说课要用一节课的四分之一至三分之一的时间说出一节教学环节齐全的课，经历一节完整课堂的各个环节。对常规课型来说，要经过导入新课—开展新课—巩固新课—结束新课等过程。对反馈教学来说，要经过激趣—研讨—反馈—矫正—评价—调控等过程。因此，说课者要根据课型抓住这节课的基本环节去“说”。

（四）说课要把课说“活”

说课的重点应放在实施教学过程、完成教学任务、反馈教学信息、提高教学效率上。换而言之，说课重理性和思维，讲课重感性和实践。因此，在极有限的时间内完成说课，必须详略得当、繁简适宜，准确把握“说”度。说得太详太繁，时间不允许，听众觉得没必要；说得过略过简，说不出基本内容，听众无法接受。

那么，如何把握好“说”度呢？最主要的一点是因材制宜，灵活选择，把课说“活”。说出该课的特点特色，把课说得有条有理、有理有法、有法有效，说得生动有趣。这要求说课者认真钻研“说”的教材，精心设计“说”课教案，灵活选择“说”课方法，准确实施“说”教程。

五、说课的评价

说课评价是指听课者参照一定的标准，对说课者在说课活动中完成说课任务的情况和效果以及与此相关的说课者的说课水平作出科学的判定。说课评价可根据说课的内容、要求与一般特点，确定说课评价的项目及标准。可参看表 8－2。

表 8－2　说课评价表

说课者		内容		组别	
时间		地点		评价者	
评价指标	评价标准			权重	实得分
教材（20）	教材分析正确、透彻，说出知识的前后联系，教材所处地位及教材理解			5	
	教学目标全面、明确，符合大纲要求，符合学生实际			5	
	教学重点、难点确定准确			5	
	联系课标、教材正确说明确定教学目标、重点、难点的依据			5	

（续表）

评价指标	评价标准	权重	实得分	
学情（5）	联系学生已有的知识水平与能力结构，分析学生可能出现的疑难问题	5		
教法（10）	选择恰当、灵活、有启发性的教学方法	5		
	合理运用多种教学媒体	5		
学法（10）	选择合适的学习方法，培养和发展学生能力	5		
	根据学生的年龄特点和认知规律，有针对性地说出理论依据	5		
教学程序（40）	导入新课自然、流畅，与本课主题相关	3		
	教学过程突出重点、解决难点	5		
	教学环节完整，过渡自然，环环相扣	10		
	教学活动体现学生主体，活动形式多样	10		
	教学任务循序渐进，有利于学习目标的达成	5		
	恰当运用常规教、学具或现代教育技术	5		
	作业设计有层次性，联系学生的实际、培养学生的能力	2		
教师基本功（10）	发音标准，语言规范、准确、精练	4		
	板书字体工整，布局合理，重点突出	4		
	说课姿态自然、大方	2		
教学特色（5）	教学有独特风格或在教学某方面有独到之处	5		
评价意见		总分		

六、小学英语说课案例

案例卡片 8－1

小学英语三年级说课稿（新标准）[①]

一、教材分析

今天我说课的内容是外研社小学英语新标准三年级起始第一册 Module 6 School，Unit 2　What's this? 我采用多样化的教学手段将听、说、玩、唱融为一体，

① 资料来源：小学英语外研社英语新标准三年级起始第一册说课稿 Module 6 School 欣瑞教育，http://www.xredu.com/beikao/jiaoshibianzhi/29222_1.html，有改动。

激发学生学习英语的兴趣和愿望，使学生通过合作学习体验荣誉感和成就感，从而树立自信心，发展自主学习的能力，形成初步用英语进行简单日常交际的能力。

二、学情分析

三年级的学生于本期刚接触英语，对学习英语充满了好奇和兴趣，渴望获得更多的英语信息和知识。经过本模块第一单元的学习，学生已经初步掌握了询问并识别物体的句型：What's this? 和 What's that? 学生已掌握的知识和心理状态为本节课的自主探究打下了基础。

三、教学目标

1. 能听、说、认、读 pen, pencil, book, bag 等单词。

2. 在小组活动中，能运用 What's this? 和 What's that? 询问物品，并用 It's a ... 作出相应的回答。

3. 能根据 Let's do 中的指令做出相应动作，如 Point to the ...

四、教学重难点

1. 学习新单词 pen, pencil, book, bag，能正确认读。

2. 巩固已学句型：What's this? 和 What's that? 并能用 It's a ... 作出相应的回答。

五、课前准备

教具准备：课文录音；带单词的物品图片；实物 pen, pencil, book, bag；魔法包；奖品(贴画)。

学具准备：单色物品的图片(学生课前画好)

六、教学策略

为了突破这堂课的重、难点，根据小学生好奇、好胜、好动、模仿力强、表现欲旺盛等生理和心理特点，我主要采取了以下教法和学法。

(一) 小组活动学习法

把全班分成四个大组(两行为一组)，分别用数量单词命名，并书写在黑板的左边或右边。课堂各项教学活动均以小组活动为主线，结对或全班活动为辅，学生互相交流、探究，共同完成学习任务，在合作中感受学习英语的乐趣及交流的意义，也通过小组成员之间“荣辱与共”的关系而形成同步学习的环境。

(二) 情境教学法

给学生不断创设各种真实的场景，促使学生说英语。

(三) 课堂评价主要以鼓励性评价为主

课上恰当使用激励性评语和奖励个人贴画、小组奖红旗(画在黑板上)的方法，让学生渴望成功的心理得到满足，这也是激励学生积极投身英语学习的一个最简单而有效的方法，且易于老师操作。

七、教学过程

(一) 热身复习，营造学习英语的气氛

1. 歌曲导入，激发学生学习的兴趣

教育家托尔斯泰说过：“成功的教学所必须的不是强制，而是激发学生的兴趣。”

激发学生参与学习的兴趣,是新课导入的关键。精彩的课堂开头,不仅能使学生迅速地兴奋起来,而且还会使学生把学习当成一种自我需要,自然地进入学习新知的情境。因此,在热身的时候,首先让学生演唱歌曲"Please stand up",并做相应的动作,这样的导入能很快吸引住学生,还渲染了学生学习英语的良好气氛。同时,歌曲中的物品也可勾起学生们对已学物品单词的回忆,对复习句型 What's this? 和 What's that? 做好铺垫。

2. 复习旧知,培养自信

教师出示 Tom 的图片,谈话间向学生引出本节课的新朋友:"He's Tom.",并让学生热情地和他打招呼。告诉学生们他是 Amy 的弟弟,今年才三岁。小 Tom 对有些物品不认识,由于刚和大家见面,有些害羞,要老师代问,让孩子们帮帮他。孩子们对帮助他人都比较热心,反应都很积极。于是老师拿着 Tom 的图片,在教室里四处走动,随意拿起一件物品或指向一件物品,向学生提问:What's this? 或 What's that? 让学生作出相应的回答。适时还可用 What colour is it? 进行询问,借以复习表示颜色的单词。大力夸奖乐于助人的娃娃。这样不仅复习了旧知识,渲染了学习英语的良好气氛,而且渗透了思想品德教育。

(二) 会话导入新知,促进语言实际运用能力的提高

学生在一个平等尊重的氛围中,他们的思维是放松的,敢于说、敢于参与教学。教师要真心诚意地把学生当成学习的主人,努力提高"导"的艺术,从而在教学中恰到好处地去启发、点拨、尽可能地给学生多一点思考的时间,多一点活动的余地,多一点表现自己的机会,这样才能使课堂氛围充满活力。因此,这个环节我是这样设计的:

1. 利用提问,开展单词教学

教师拿着 Tom 的图片继续指向教室里的物品,向学生提问。课前教师在离讲台较近的墙壁两侧和较远的后墙两边分别贴上 pen,pencil 和 book,bag 的图片,分别使用 What's this? 和 What's that? 向学生提问,学生可用中文来回答。教师引导学生用"It's a ..."来回答,自然引出新单词,进行单词教学。

2. 游戏——变一变

老师先出示魔法包,把实物 pen, pencil, book, bag 一件件地特意让学生看到后,再把它们放进"魔法包"中,然后让一名学生上台,从"魔法包"中握住一件物品,让其余学生猜是什么。若猜对了就把物品拿出来,并让另一名学生上台找出相应的单词卡片,全班进行单词练读。学生们对"魔法包"充满了好奇,而所学的单词又是孩子们非常熟悉的文具物品,从而学习起来非常带劲,能起到很好的巩固作用。通过齐读、指名读、开火车读、看口形猜单词等多种形式的操练,孩子们能十分轻松地掌握单词的认读。对读得对、读得好的个人和小组要给以及时的鼓励,调动学习的兴趣和积极性。

(三) 呈现新知,合作互动

在小学英语课堂中使学生保持一种积极的紧张感,能够激发他们学习的外部动机,引发他们一系列的自主活动,促进外部动机向内部动机的转化。

1. 游戏——say and point

请四位学生上来，分别站在四个不同的方位，手里分别拿着实物 pen，pencil，book，bag，再请一名学生发出指令：Point to the ... 其余学生作出相应的动作，以达到对新单词的熟练掌握。这个活动完全由学生来操作，既锻炼了学生的胆量和能力，又激发了学生学习的兴趣。

2. 演一演

这个部分由学生导学。指派一位学生扮演 Tom，在教室随意走动，指向任一物品，用 What's this? 和 What's that? 进行询问，其余学生扮演 Amy 作答，以达到操练句型的目的。为了激发学生学习的积极性和主动性，可多抽几名学生扮演 Tom 练习。这个环节主要是操练学生能正确使用 What's this? 和 What's that? 来提问。对能正确使用 this 和 that 来询问的学生要加以大力表扬和奖励。

3. 小组活动——ask and answer

以学习小组(四人)为单位，摆出 pen，pencil，book，bag 等文具，可故意将其中的一件放远一些。然后指派一人分别用 What's this? 和 What's that? 进行询问，其他学生作答。依次轮流进行，借以达到熟练掌握句型的目的。若组内成员不懂，其他成员帮助，团结一心，完成任务。教师巡视指导。

4. 学习课文 What's this?

(1) 学生打开书，结合课文插图，听课文录音，理解文意。

(2) 再听录音，生逐句模仿读。教师适时正音。

(3) 趣味操练——多种形式赛读：男女生分角色读；指名分角色读；小组赛读。优胜者分别奖励个人贴画、奖励小组小红旗。各种方式的赛读，从多方面激发学生学习英语的兴趣，培养自信心，让他们感受到成功的快乐。

(四) 巩固新知，拓展练习

1. 完成运用任务(1)

赛一赛——将学生用书 24 页的 Activity 3 设计为一个抢答赛。教师出示单色物品，用 What's this? 询问，学生抢答。在这个环节，教师要注意引导学生加上颜色作答。不仅巩固了新知，也复习了旧知。这个练习有一定的难度，教师要多加诱导，多给孩子思考的余地。通过努力，相信孩子们一定能完成得很好的。对答得对的要大加赞扬和奖励，比如说：呀，你真了不起！能说那么长的英语句子了！太棒了！

2. 完成运用任务(2)

将学生用书 25 页的 Activity 5 设计为小组活动—show and ask。学生展示出课前画好的单色物品图片，在小组内互相用 What's this? 和 What's that? 来进行问答。提醒学生在问时把图片拿出来，做出合适的动作；在答时尽量加上表示颜色的词，教师巡视指导。

此任务的设计，重视了对学生思维能力、观察能力的培养，特别是对学生合作学习能力的培养，让学生们在师生、生生、小组等不同的合作方式中，学会倾听，学会评价，为学生的终身学习奠定基础。

(五) 课堂小结和课堂延伸

1. 总结

总结小组的战利品,(包括个人的贴画和黑板上小组的小红旗)学生掌声祝贺并鼓励未获胜的小组继续努力,为激发下节课的学习气氛打下基础。

2. 布置课外作业——我来当当小老师

将所学的单词或英语句子教教你的家人或朋友。并将你当小老师的情况在下节英语课上向老师和同学汇报。

此环节将课堂延伸至课外,培养了学生的运用能力,让孩子的家人和朋友也来分享学习英语的快乐,从而更加激发孩子学习英语的欲望,真切体验学习英语的成功带来的喜悦,达到学以致用的目的。

八、教学反思

本节课不论是新知的呈现,还是游戏的设计,都是以学生的自主探究学习为中心,充分调动了学生学习英语的积极性,让学生全员积极参与到课堂,在玩中学,学中用,提高了课堂实效,培养了学生学习英语的兴趣。

板书设计

Module 6 School

Unit 2　What's this?

What's this?	What's that?
It's a red pen.	It's a blue bag.
a yellow pencil	a green book

案例卡片 8－2

PEP Book 4 Unit 5 B Let's talk

Ladies and Gentlemen. It's my great pleasure to be here sharing my lesson with you.

The content of my lesson is *PEP Primary English* Book 4 Unit 5 B Let's talk, asking the price and inquiring the clothes size. First, let me talk about the teaching material.

Part 1　Teaching Material:

This lesson is about a shopping topic. By studying this unit, the students know how to ask the price in English and how to describe the size and price with simple words and sentences. The sentence patterns of this lesson "What size?" "How much are they?" and "We'll take them." are the key and difficult points of this unit. The study of this lesson will help the students with daily communication.

Moreover, this lesson completes the transition of the phrase "A pair of ... " to the sentence pattern "A pair of ... for ... ", and helps the students further consolidate the knowledge of words of clothing appearing in plural form.

Therefore, by studying the teaching material and analyzing the regulation of children's growing of mind, I put forward the teaching objectives according to English syllabus and new lesson standard.

(1) To master the main sentence patterns "A pair of ... for ... " "What size?" "How much are they?" "We' ll take them. "

(2) To use the sentence pattern of inquiring the price, and further develop their language ability of "shopping".

(3) To understand what is "love" and how to manage money.

Part 2 The key point of this lesson:

To improve the Students' abilities in "shopping" by studying and using the sentence patterns "What size?" "How much are they?" "A pair of ... for ... . " "We'll take them. "

Difficult point:

To use the words and patterns to describe the clothes in the proper scene, and make simple dialogues of shopping.

Well, how to achieve the teaching objectives better, to stress the key points and break through the difficult points? The key is how to make use of the proper teaching methods, I'll talk about my teaching methods below.

Part 3 Teaching Methods:

According to the modern perception theories and social intercourse teaching theories, I adopt the TSA method and TBLT method in my teaching, namely Total Situational Action and Task-based Language Teaching.

The former is a "scene-activity" teaching method. It establishes a real scene and the interaction between the teacher and the students. It emphasizes a dynamic information exchange between the teacher and students.

The latter offers the students an opportunity to complete the tasks in which students use language to achieve a specific outcome. The tasks should reflect real life and help learners focus on meaning to express themselves freely.

At the same time, make use of the modern electricity teaching equipment and all kinds of teaching means, it can mobilize the students' enthusiasm and creativity in learning English.

Part 4 Studying Methods:

Let students study in a relaxed and agreeable atmosphere. Students understand the new knowledge in certain degree through the mental process of seeing, hearing, saying, observing, imagining, thinking etc.

After feeling and comprehending the language points, let students obtain the knowledge actively by probe study and cooperative study.

Part 5 Teaching Process:

In order to realize the teaching process systematically, properly and efficiently, I divide the teaching process into five steps.

Step 1 Warm-up.

Sing a song: The coat in window.

The teaching purpose is to attract the students' attention and stimulate their knowledge about clothes.

Step 2 Presentation and practice.

1. Design: Look for Cinderella.

Broadcast a part of "Cinderella" with the flash, presenting a crystal shoe that Cinderella has lost, and establishes a scene that ministers look for the proper size everywhere. Through the role-play activity, the students are guided to use the sentence pattern "What size do you wear?" "Size ... " to ask and answer the question. This design is a novelty of my lesson, which leads the students into the fairy tales. They acquire the language unconsciously and communicate in pairs freely.

2. Lead to the shopping topic naturally from the unsuited shoes, and demonstrate the sentence pattern "How much are they?"

With a good student to be the assistant, I perform to go shopping, and guide the students to make the answer: "They are .... "

In this course, students can understand the main contents of this dialogue and get the key points by scene demonstration.

3. Game: Guess the price.

From buying a pair of shoes for myself to buying a pair for my mom, I introduce the sentence pattern "A pair of ... for .... "

I present a big cabinet with various shoes on PPT and ask the students to guess their price.

The game creates a relaxed and natural atmosphere for pattern, drills, which help the students master the sentence patterns more easily.

4. Present the text.

a) At this time, John and his mom come to the shoe store.

I present the text contents with a combination of audio and video, words and pictures, which cater to the characteristics of primary period to be curious and pursuing interest and freshness.

b) After the audio-visual commences, play the tape recorder completely again, let the students concentrate on listening, then answer my questions according to the dialogue. e. g. : What size does John wear? How much? Whether buy or not, etc.

c) After being familiar with the text, the students are encouraged to act out the dialogue.

Step 3 Task time.

Task: Mother's Day.

To master the language capability needs certain amount of practice. So, I still adopt the "Task-based" teaching method, which is defined by strong practicality and exact task, so as to make break-through about the difficult points of this lesson.

Inadvance, I shall arrange the classroom to some business locations, such as clothes store, shoes store, fruit store etc. I shall divide the class into groups, and then give the students a certain quantity of specie currency, so that they may choose and buy the gifts for Mother's Day.

For this step, I shall instruct the students to use the words and patterns learnt in the process of completing certain tasks. Meanwhile, they may have mutual improvement in exchanging information during the communicating activities.

Most students can take their parts in the activities, especially for the students who have trouble in English study. In the group activities, they can speak a little English with ease. With no doubt, this will encourage them to speak English. In fact, it incarnates a kind of demand of human being. Suhomlinski says: " In one's mind, there is always a kind of deeply rooted demand, that is the hope to feel oneself a finder and explorer. In students' spirits, such demand is specially strong. "

Finally, invite some students to show what they bought for their mother and how much they are. This step also leads to the emotion objective of this lesson, that is to have moral education in this step.

Step 4 Summary and homework.

Summarize the whole lesson and arrange the homework.

(1) Do the correlative exercises in the activity book. Check the mastering of knowledge of this lesson.

(2) Ask students to interview their friends asking the price and size of their clothing and make records of the information.

Step 5 Blackboard Design.

Show on the PPT.

The blackboard design emphasizes the key points of the lesson and presents the sentence patterns.

第二节 微 课

一、微课的含义

“微课”全称为“微型视频课程”，它是以教学视频为主要呈现方式，围绕学科知识点、例题习题、疑难问题、实验操作等进行的教学过程及相关资源的有机结合体。“微课”核心资源是“微视频”(教学视频片段)，同时可包含与该教学视频内容相关的“微教案”(教学设计)、“微课件”(教学课件)、“微习题”(练习测试题)、“微反思”(教学反思)等辅助性教与学内容。①

二、小学英语微课的特点

小学英语微课以教学视频片段为主要载体，针对小学英语知识点(如重点、难点、疑点、考点等)或教学环节(如导入、讲解、操练、主题活动、课后巩固等)而设计开发的一种情景化、支持多种学习方式的新型在线网络视频课程。

其特点主要有：

(一) 时长短

根据小学生的认知特点和学习规律，英语微课的时长一般以 5～8 分钟为宜，最长不要超过 10 分钟。微课时间虽短，但也要讲清要点，体现整体性。

(二) 主题鲜明

一节微课一般围绕一个主题，如：讲解某个重要的语言知识点，如介词 in、on、under 的用法等；或是反映某个教学环节，如：导入环节；或是指导学习策略、学习方法的教与学活动，如：听力策略的运用。微课聚焦的主题比较鲜明，便于学生课中学习和课后巩固。

(三) 内容精简

一节微课的知识点应依据课堂教学的需要和学生学习过程中的疑难问题进行设计，所以教学目标相对单一，教学内容更加精简，在最短的时间里完成教学任务。

(四) 文件容量小

微课视频的总容量一般为几十兆，视频格式须是支持网络在线播放的流媒体格式，如

① 乐伟国：《微课实录丛书 小学英语卷》，宁波出版社，2017 年版，第 11 页。

wmv、rm、fly 等，以便师生流畅地在线观摩课例。

三、小学英语微课的类型

（一）导入型微课

根据学生的兴趣点和关注点灵活运用或组合使用情境导入法、旧知导入法、问题导入法、实例导入法等多种方法，充分发挥多媒体的特长，通过图片、声音、动画、视频等多媒体手段，充分调动激发学生学习兴趣。例如 PEP 小学英语四年级下册 Unit 2 After School，导入环节教师可以制作有关一周 7 天的单词微课，通过跟唱星期单词的歌谣，帮助学生初步感知核心语言，为新课做好铺垫。

（二）知识型微课

这是最常见的一种微课类型，教师主要通过创设情境、内容梳理、概念解释、条理归纳等途径，向小学生讲授小学英语语言知识的要点、重点、难点和考点。知识型微课要由浅入深、层层深入、环环相扣引导学生探索、启发思考。为学生创设良好的语言环境，充分调动学生的学习积极性，使其逐步理解掌握重难点，在情境中掌握新知。

（三）习题型微课

根据学生已学的语言知识及在课堂上的表现，教师精准梳理出学生需要掌握的重点、难点，以及学生容易出现的疑点、易错点、易混淆点。在微课中聚焦重难点和学生的易错点，注重分析问题，清晰呈现解题过程，系统归纳解题方法，且注重讲解的趣味性和生动性。

四、小学英语微课的设计

（一）小学英语微课的设计原则

第一，完整性原则。微课时长虽然不到 10 分钟，但仍然要围绕一个主题，讲述一段完整的内容，有引入、讲解和结论，并主次分明。

第二，有序性原则。微课的各个环节要由浅入深、由易到难、循序渐进，做到思路清晰、结构紧凑，逐步引导学生掌握英语语言知识和技能、提升学科核心素养。

第三，趣味性原则。由于小学生的自制能力较差，因此小学英语微课的趣味性非常重要。教师要在微课中融入生动的情境，用幽默的语言来讲述，适时加入一些游戏或歌谣，也可配合适的背景音乐来辅助。

第四，综合性原则。小学英语微课应积极促进英语学科和德育以及其他学科之间的相互渗透和有机结合，使学生的语言能力、思维品质、文化意识和学习能力得到提高。

第五，实用性原则。小学英语微课在教学过程中应起到辅助教学的作用，因此微课的内容要围绕教学目标和教学内容教学来设计，并符合小学生的认知发展特点。

（二）小学英语微课的制作流程

第一，确定选题。微课因时长较短，因此选题要小而精，满足教学的需要。

第二，设计教学。首先根据教学内容制定教学目标与教学重难点，设计教学思路，撰写教学过程内容，准备教具、学具。

第三，制作课件。可以用 PowerPoint，Flash 以及希沃白板等软件制作课件。

第四，录制视频。录制视频主要有以下几种方式：

① 现场拍摄。可以在录播教室或普通教室现场录制真实课堂，优点是有师生互动、情境真实，缺点是教学效果不可控。

② 录屏软件录制。在电脑上用各种录屏软件进行录制，其优点是成本低廉、易于操作，且可重复修改，缺点是没有师生互动。

③ 混合式录制。将拍摄的视频与录制的视频结合起来，其优点是既有师生互动，又能展现好的教学效果，缺点是制作过程比较复杂。

第五，后期加工。在后期加工也是微课制作的关键阶段，需要完成以下工作：

① 视频剪辑。现场拍摄的视频需要将视频素材为若干个镜头，再根据教学的设计将各个镜头进行组接，形成最终的微课。录屏软件录制的视频不需要太多的剪辑工作。

② 特效制作。在微课制作中，可以采用特效突出教学中的重难点，包括标注、分屏画中画、缩放、快动作、慢动作等方式。

③ 声音制作。录制解说词有两种方式，一种是同期录音，便捷高效，但对摄录设备和现场环境要求高；另一种是后期配音，现场录制环境较吵就需要后期配音。教师还可以在微课中添加一些背景音乐和效果音，恰到好处地渲染教学情境、吸引学生注意力。

④ 添加字幕。录制完解说词后，将讲稿输入剪辑软件，软件会自动识别字幕，然后再确定每个画面的声音和字幕是否同步，不同步的再做细微调整。

制作一节好的微课需要精心地设计教学过程，制作精美的课件，还要掌握视频拍摄和视频制作的技术。因此，制作精美的微课也是一名教师综合素质较高的体现。

五、小学英语微课教学案例

案例卡片 8－3

译林版小学英语三年级下册 Unit 2　In the library（扫描目录处二维码获取微课视频）

执教者：赵静江苏省海安市角斜镇沿口小学

Language Objectives

通过观察图片中的行为，学会运用肯定句和否定句表达在图书馆和课堂应该做的和不应该做的事情。

Teaching Procedures

Step 1　Review

1. 通过图片的形式，复习刘涛在图书馆里做了哪些不该做的事情：shout，eat，run，talk，sleep。

2. 复习杨琳对刘涛的建议：Don't shout. Don't eat. Don't run. Don't talk.

Don't sleep.

3. 引导学生思考这几个句子有什么共同的特点？（都由 Don't 引导，后面连接的是不要做的动作，这种句型称为“否定祈使句”。）

Step 2 Presentation

1. 讲解否定祈使句

don't 是“不；不要”的意思，don't=do not。

Don't shout. Don't run. Don't eat. Don't talk. Don't sleep. 这些都是 Rules in library（图书馆规则）。

2. 讲解肯定祈使句

肯定祈使句是表达应该做、可以做的事。

如：在图书馆里应该保持安静，就可以说：Keep quiet, please.

3. 讲解肯定祈使句与否定祈使句的转换

否定祈使句去掉句首的 Don't 就是肯定祈使句。

肯定祈使句句首加 Don't 就是否定祈使句。

如：肯定祈使句：Sit down, please.

否定祈使句：Don't sit down.

Step 3 Practice

1. 用图片的形式呈现以下肯定句和否定句的场景，让学生将肯定句改为否定句、否定句改为肯定句。

Stand up, please.

Don't close the book.

Don't open the door

Drink some water, please.

2. 观察图片，判断课堂上的这些行为中，哪些行为是对的，哪些行为是不对的？

对的行为有：

Listen to your teachers carefully, please.

不对的行为有：

Don't eat. Don't drink. Don't talk. Don't sleep.

Step 4 Summary

引导学生 To be a little guard，要做到：

1. 规范自己的行为：Behave ourselves。

2. 生活中，当人们做出不恰当的行为时你可以说：Please don't ... .

案例卡片 8-4

PEP 四年级下册 Unit 5　Seasons(扫描目录处二维码获取微课视频)

执教者：徐州求是小学 靳秀丽

Language Objectives

1. 会看、说四季单词：spring，summer，autumn，winter。
2. 能够描述四季的特点和四季的活动。

Teaching Procedures

Step 1　Lead in

1. 呈现四张表示四季的图片。

What do they mean? They mean different seasons.

2. 教读单词"seasons"。
3. 引导学生思考：

What are the seasons?

What is the weather like in the four seasons?

What can the children do?

What colour are the seasons?

What clothes can you wear in four seasons?

Step 2　Presentation

1. 呈现四季的图片，学习四季单词及相关的形容词

In spring it is warm.

In summer it is hot.

In autumn it is cool.

In winter it is cold.

2. 利用图片学习孩子们在四季做的活动，并学习生词中元音的发音

(1) 学习 spring

In spring, it is warm. We fly kites. We go boating. We like spring.

学习字母 i,oa 的发音，并列举相同发音的单词，让学生掌握利用相同发音学习词汇的方法。

如：fly kites—bike, like

go boating—coat, goat

(2) 学习 summer

In summer, it is hot. We eat ice creams. We go swimming. We like summer.

(3) 学习 autumn

In autumn, it is cool. We have picnics. We go climbing. We like autumn.

(4) 学习 winter
引导学生用以上句型描述冬天。
In ________, it is ________. We ________. We ________. We like ________.
3. 朗读以上四段话并思考这四段话的共同之处
Step 3 Production
引导学生根据图片内容或者自己的生活经验,用以下句型描述四季。
In ________, it is ________.
We ________.
We ________.
We like ________.

第三节　听课和评课

听课和评课是常规教学的重要组成部分,也是教师业务上相互交流、相互学习、共同提高的重要途径。听课教师要科学地分析所听课的水平,并给予正确、客观的评价,这对一个教师业务水平的提高、教学思想的完善、教学特色的形成及良好教学科研氛围的形成都起着重要的作用。

一、听课的基本要求

第一,听课前要充分做好准备,充分了解该堂课使用的教材,本节课的教学内容、重点、难点、分化点、大纲和考纲的要求。对该课所用的教学设备、教具等尽可能地熟悉,并做一个大概的课堂设计,以便于听课时观摩和课后交流。

第二,听课中要认真观察和记录,并注意找到课堂教学中的闪光点。听课记录要有着重点,着重记录教学设计、教学方法、学法指导、重难点的突破等,避免记成流水账。听课后要认真思考和整理。

第三,观察学生的参与程度,学生的主体地位是否突出。教师可以从以下几个方面进行观察:

(1) 学生参与活动的态度:从学生的激情、兴趣、注意力、自信心、好奇心、进取性、积极性等几处外露情绪去了解学生对课堂的投入程度。

(2) 学生参与的广度:参与学练活动的人数、形式、时间等,是否能按计划完成本课的各项内容。

(3) 学生参与的深度:能否按教师的要求进行练习,取得良好的效果;能否提出有意义的或有个人见解的问题。

二、评课的基本原则

（一）实事求是原则

评课要以课标和教学理论为依据，根据课堂的真实情况，恰如其分地进行评析。对于本节课教学中的优缺点要给予详细诚恳的评价，突出重点，讲究针对性，不能含糊其词，因为评课的目的是帮助提高教师教学能力，因此评课教师应该坚持实事求是的原则，不带个人偏见，以激励执教者的成长为目的。

（二）兼顾整体原则

评课教师在评课时要关注教学的整个过程，不能以偏概全，既要评价教学的局部和细节，也要评析教学的整体情况。校内教师评课时，还要根据执教教师的平时工作进行整体评价。

（三）差异性原则

小学低、中、高年级的英语教学形式和手段存在差异性，因此评课时要针对不同阶段的教学特点进行评析。同时，也要对不同的教学风格和教学艺术进行针对性地评价。有时根据不同的场合，评课教师也要考虑评课的意图，在评课方法上有所侧重。

（四）鼓励性原则

评课的目的不是挑毛病，是为了帮助执教教师认识自己教学中的有待改进之处，从而促进教师的职业发展。因此，从评课的效果考虑，评课教师要讲究说话技巧，尤其是评价一堂不太成功的课时，在提出中肯的建议同时要以鼓励性的语言为主，慎重考虑评课场合对教师心理压力和对其日后工作的影响。①

三、评课的内容

教师如何评课，可以从以下几方面来考虑：

（一）从教学目标上分析

首先，从教学目标制定来看，要看根据本节课所学的知识和能力培养提出的目标是否明确、具体、符合课程标准的要求。其次，从目标达成来看，要看教学目标是否明确地体现在每一教学环节中，教学手段是否都紧密地围绕目标，为实现目标服务。再次，要看制定的教学目标是否符合学生的年龄特点和认知水平。

（二）从教学内容上分析

首先，要分析课堂教学内容的组织和处理是否适当，教师对教材处理和教法的选择上

① 王晞等：《课堂教学技能》，福建教育出版社，2014 年版，第 8 页。

是否突出重点，突破难点，并注意运用已学的知识。其次，要分析教学内容的讲授是否科学、正确、简明。再次，要分析教师讲授中是否充分挖掘教材中培养学生核心素养的元素，并在教学过程中进行体现。

（三）从教学过程上分析

一看教学过程展开是否始终围绕所确定的教学目标，每一教学环节是否与教学目标和谐统一；活动设计是否紧扣本环节教学目的，体现循序渐进原则。二看是否面向大多数，并针对学生的个别差异因材施教，使不同水平的学生都有所提高。三看是否恰当地处理学生在训练活动中出现的错误或失误，并根据学生的反应适时调控教学进度；能否善于激发学生的情感因素，调动学生的积极性，使课堂气氛和谐、师生关系融洽，并且人人参与。

（四）从教学方法和手段上分析

首先，教学方法的选择和运用是否有利于完成教学目标，是否有利于调动学生积极投入学习活动，是否合理多样。其次，根据教学内容是否合理使用了实物、图片等直观教具，是否采用多种教学媒体及视听手段，为学生创造良好的语言学习环境。再次，从课堂教学的创造性上分析，看教师能否不拘泥于教材和教参，在传授知识和培养能力方面有独到之处。

（五）从教师教学基本功上分析

首先，从语言素质看，能否做到发音标准，语调规范、语言流畅、语法正确，并能用外语组织教学。其次，从教学基本技能看，能否做到教态亲切、自然、热情，语言富有感染力。再次，从应变能力上看，能否驾驭课堂教学，对突发情况能予以迅速、果断地处理。最后，看板书和教具使用的熟练程度。好的板书，设计科学合理，有艺术性，字迹工整美观，板画娴熟。

（六）从教学效果上分析

一看教学目标的实现，整个教学过程能否按照预定的教学计划进行，通过课堂教学活动的提问、练习及课后检测等，反映学生是否达到预定的教学目标，思想教育是否收到了预期的效果。二看学生学习的积极性，在整个教学过程中，学生的学习热情、积极思考问题和回答问题的习惯是否得到提高和锻炼，学习主动性是否得到发挥。

当然，课堂教学评析不一定完全按照以上几个方面逐一分析评价，而要对所听的课理出头绪。先从整体上进行分析，如本节课的基本步骤是否清楚，结构是否合理，学生的课堂反应及教师的课堂应变能力等。其次从整体到具体分析，逐项分析、比较，最后作出评价。有时还要看任课教师的潜在素质及环境等其他要素。此外，课后任课教师也可以自己对上课的情况进行分析，可以结合评课老师的观点，找出自己的优点和不足，作为课后小结，写在教案的后面，为改进教学和提高教学质量明确方向，并为今后教学研究积累资料。

表 8－3　小学英语课堂教学评价表

授课教师：＿＿＿＿＿　　课题：＿＿＿＿＿　　班级：＿＿＿＿＿

项目	权重	序号	评价要点	分值	得分
教学目标	15	1	目标明确具体，可操作性强，符合新课程标准	5	
		2	符合学生实际水平，有利于学生的发展	5	
		3	重视培养学生的核心素养，并渗透进教学内容中	5	
教学设计	15	4	教学过程设计合理，符合学生的认知规律	5	
		5	教学内容安排适当，层次清楚，过渡自然	5	
		6	合理使用教学用具：录音机、单词卡片、自制教具、多媒体等	5	
教学过程	20	7	课堂结构严谨，逻辑性强，教学过程流畅	5	
		8	发挥教师主导作用，突出学生的主体地位，教与学活动比例合理	5	
		9	师生交流亲切自然，学习气氛平等、民主、和谐	5	
		10	学生兴趣浓厚，思维活跃，积极参加教学活动	5	
教学策略与方法	20	11	围绕目标联系生活实际创设学生感兴趣的话题，创建灵活的、有助于学生学习情境，营造民主、平等、互动、开放的学习氛围，激发学生学习兴趣	6	
		12	根据教学实际选用恰当教法，为学生学习提供合理的学习资源	8	
		13	善于引导学生主动学习、合作学习，特别是小组间的合作学习	6	
教师素质	10	14	教态自然、亲切、大方，有感染力	5	
		15	发音规范，标准，有激情，富有感染力，板书工整、规范，教学基本功扎实	5	
教学效果	20	16	完成教学目标的要求，有一定的教学特色	8	
		17	学生积极性高，课堂的参与面广泛	6	
		18	学生在情感、态度、价值观等方面得到相应发展	6	
总分					
评课人			时间		

四、小学英语评课案例

案例卡片 8－5

××老师执教的这一堂课重难点突出，层次性强，知识挖掘有广度、有深度、有梯度，以新的课程理念为指导，充分考虑儿童的年龄特点，运用多媒体组织教学，学生参与率高，课堂气氛活跃。在本课的教学设计和组织上注重了以下几个方面：

1. 教学目标明确，符合教学实际

从教学目标上看，本课的语言能力、思维品质、文化意识和学习能力四个目标明确，符合新课标的要求，符合教材和学生的实际，体现了循序渐进的教学规律，操作性强。

2. 导入自然，歌曲激趣，新旧知识连接紧密

良好的开头对一堂课的成功起着关键的作用。本堂课一开始，教师就说：I like singing. Do you like singing? 使学生的注意力在最短的时间里被激活。接着教师利用游戏"I do and you say"复习了以前学过的句式和动词过去式，使新旧知识自然有效地连接在一起。

3. 关注教学方法，体现了一个活字

教师的教学方法灵活，新单词呈现形式多样。语言环境是学好语言的关键。英语教学必须从交际的情境出发，根据教材内容，创设生动有趣的情景，让学生受到情景的感染激发学习兴趣和求知欲。应该说整堂课中，教师在引入新词时，都是比较新颖而又自然，而且具有生活化的。教师还注意利用多媒体课件、实物、图片、卡片、身体语言、表情动作等作为教学资源，创设讲解、操练和运用英语的情景。××老师能贯彻以学生为中心的原则，关注教学过程，尽可能发挥学生的主体作用，让学生真实地去感受知识、体验知识、积极参与、努力实践，在活动中学会用语言表达交流，较好地体现了从不懂到懂，从不会到会，从不熟练到熟练的过程。

4. 教学活动的设计丰富多彩、有效，训练方式多样

有全班活动，师生互动，小组活动，双人活动，个人活动等。在活动中突破难点，在活动中发展能力。教师为了巩固本课的内容，精心设计了从学习理解到应用实践再到迁移创新三个层次的多个活动，如：有扩句、歌曲、游戏，内容非常丰富。不但使单词、句型的操练面广，练习次数多，而且还调动了每一个学生的参与热情，将热闹的形式与有效的语言实践有机结合。耳语连句的游戏给我留下的印象最深，对于较难的句式，以这种形式加以练习，不但新颖，而且能够让学生记忆牢固。

5. 练习设计形式多样，梯度练习由浅入深

看词听音——听音写词，符合认知规律，使学生由易到难地掌握和运用了所学的知识。把练习与电脑操作相结合，既激发了学生对英语学习的兴趣，又使学生练习了电脑的操作。采用完全开放性的练习，这样充分发挥了学生的想象力和创造

力，很多学生不仅很好地操练了新学知识，也能回忆起以前学过的知识。

总之，××老师的这节课值得我学习的地方很多，很好地践行了新课标对培养学生核心素养的要求，在以后的教学中我会不断探索、取长补短，使自己的课堂教学也更有实效性。

案例卡片 8-6

××老师开设了××的校本研究课，这是一节主题鲜明、脉络清晰、活动丰富且又稳扎稳打的英语课，本节课的主要特色总结如下：

1. 教学目标明确，教学效果显著

这节课的教学目标的制定源于教材，但又高于教材，整个教学过程中重视通过对话来培养学生语言技能和语言运用能力。××老师个人素质较高，课堂驾驭能力强，口语流利，具有较好的亲和力和感染力。同时能根据学生的知识现状进行教学设计，由易到难，使得课堂教学更为有效。

最值得学习的环节为：先通过图片教学来引入生词，然后用挖词填空的形式来描述学生们的班主任，让学生的思维过渡到句子，为学生的段落输出铺设了一个缓坡。这样不仅为学生打下扎实的知识基础，而且给予学生更多开口说的勇气和信心，不断提高他们的语言交际能力。

2. 合理整合教材，优化教学效果

本节课以教材为基本，但又不拘泥于课本，教师也没让学生动笔做，而是通过简单的板书演示，在无形中让学生达成了相应的教学目标。这足以看出××老师在设计时的巧妙用心，这样合理地对教材进行调整充实与处理，使得源于教材的教学活动更具有魅力。

3. 丰富活动形式，强调体验参与

××老师遵循“用中学，学中用，学用结合，学以致用”的原则。根据教学内容和目标设计问题，然后师生间进行各种形式的问答，仿佛是在与学生聊天，其实是通过学生已有知识来构建新知识，学生在不知不觉中感受知识、体验知识、积极参与、勇于表达，为能顺利地完成家庭作业做好了充分的准备。

4. 文本的学习，情感的升华

××老师的教学思想非常正确，课堂不仅要发挥教学的功能，也要发挥其教育的功能。在整堂课中××老师始终面带笑容，以自己积极乐观的态度来感染学生，从开头对朋友的重要性的描述，到不能以貌取人的择友原则，到患难朋友才是真朋友的朋友真谛，以及最后有关朋友谚语的分享。虽只是只言片语，却能促使学生形成正确的价值观和朋友观。同时××老师对学生回答问题后的评价也是十分到位的，这都能体现老师对于学生心灵的熏陶。

当然这节课还有很多优点，如××老师能很好地运用教学智慧解决突发状况，词汇教学方式多样等，所以大家在听评课中受益匪浅，同时为了锦上添花，各位评课老师也对一些环节进行了深入的探讨。

在这次评课交流中有些老师也提出了平时教学中比较困惑的问题：

1. 如何提高教师处理课堂突发事件的机智？
2. 如何激发后进生的学习兴趣和参与热情？
3. 遇到大量词汇时，如何处理词汇与课文的教学？

总之，通过这次听评课活动，使我们更深刻地领悟了新课标的理念，反思了目前存在的不足，找到了今后探究的方向，让我们在行动中相互启迪，不断成长吧。

本章小结

说课、微课、听课和评课是小学英语教师开展教学和研究的重要环节。说课与上课是截然不同的，强调说理性，围绕上课的内容向同行或专家系统阐述个人的教学思路，并且比备课研究问题更深入。微课是从学生的角度而不是从教师的角度去设计，要体现以学生为本的教学思想。听课和评课是教师业务上相互交流、相互学习、共同提高的重要途径。

课后思考

1. 编写一个课时的说课稿且在课堂上展示。
2. 选择一个知识点或教学环节，小组合作制作一个 10 分钟以内的微课视频。
3. 小学英语教师应从哪几个方面进行课后自我评价与反思？

参考文献

[1] 乐伟国. 微课实录丛书 小学英语卷[M]. 宁波：宁波出版社，2017.
[2] 王晞等. 课堂教学技能[M]. 福州：福建教育出版社，2014.

附　录

一、英语字母表(手写体)

二、常用课堂用语

1. 上课（Beginning a class）

(1) Let's start now. / Let's begin our class / lesson.

(2) Let's start a new lesson / Lesson 1.

(3) Let's get ready for class.

(4) Stand up，please.

(5) Sit down，please.

(6) Have you got everything ready for class?

2. 问候（Greeting）

(7) Hello，boys and girls / children.

(8) Good morning，class / everyone / everybody / children / boys and girls.

(9) Good afternoon，class / everyone / everybody / children / boys and girls.

(10) How are you today?

3. 考勤（Checking attendance）

(11) Who's on duty today? / Who's helping this morning / today?

(12) Is everyone / everybody here / present?

(13) Is anyone away? / Is anybody away?

(14) Is anyone absent? / Is anybody absent?

(15) Who's absent? / Who's away?

(16) Where is he / she?

(17) Try to be on time. / Don't be late next time.

(18) Go back to your seat，please.

(20) What day is it today?

(21) What's the date today?

(22) What's the weather like today?

(23) What's it like outside?

4. 宣布（Announcing）

(24) Let's start working. / Let's begin / start a new lesson. / Let's begin / start our lesson.

(25) First，let's review / do some review.

(26) What did we learn in the last lesson?

(27) Who can tell / remember what we did in the last lesson / yesterday?

(28) Now we're going to do something new / different. / Now let's learn something new.

(29) We have some now words / sentences.

5. 提起注意（Directing attention）

(30) Ready? / Are you ready?

(31) Did you get there? / Do you understand?
(32) Is that clear?
(33) Any volunteers? / Anyone else?
(34) Do you know what to do?
(35) Be quiet, please. / Quiet, please.
(36) Listen, please.
(37) Listen carefully, please.
(38) Listen to the tape recorder / the recording.
(39) Look carefully, please.
(40) Look over here.
(41) Watch carefully.
(42) Are your watching?
(43) Please look at the blackboard / picture / map ...
(44) Pay attention to your spelling / pronunciation…

6. 课堂活动(Classroom activities)

(45) Start! / Start now.
(46) Everybody together. / All together.
(47) Practise in a group. / Practise in groups / in groups, please.
(48) Get into groups of three / four ...
(49) Everybody finds a partner / friend.
(50) In pairs, please.
(51) One at a time. / Let's do it one by one.
(52) Now you, please. / Your turn (Student's name).
(53) Next, please. Now you do the same, please.
(54) Let's act. / Let's act out / do the dialogue.
(55) Who wants to be A?
(56) Practise the dialogue, please.
(57) Now Tom will be A, and the other half will be B.
(58) Please take (play) the part of ...
(59) Whose turn is it?
(60) It's your turn.
(61) Wait your turn, please.
(62) Stand in line. / Line up.
(63) One by one. / One at a time, please.
(64) In twos. / In pairs.
(65) Don't speak out.
(66) Turn around.

7. 请求(Request)

(67) Could you please try it again?

(68) Could you please try the next one?

(69) Will you please help me?

8. 鼓励(Encouraging)

(70) Can you try?

(71) Try, please. / Come on.

(72) Try your best. / Do your best.

(73) Think it over and try again.

(74) Don't be afraid / shy.

9. 指令(Issuing a command)

(75) Say / Read after me, please.

(76) Follow me, please. / Repeat after me.

(77) Do what I do.

(78) Look carefully, please. / Watch carefully.

(79) Once more, please. / One more time, please.

(80) All together.

(81) Please come to the front. / Come up and write on the blackboard / chalkboard.

(82) Come and write it on the blackboard.

(83) Please go back to your seat.

(84) Practice in groups, please. / In pairs.

(85) Put your hand up, please. / Raise your hand, please.

(86) Put your hands down, please. / Hands down, please.

(87) Say it / Write it in Chinese / English, please.

(88) Please take out your books.

(89) Please open your books at page ... / Find page ... / Turn to page ...

(90) Please answer the question / questions. / Please answer my question (s).

(91) Please read this letter / word / sentence out loud. / Please read out this letter / word / sentence.

(92) Please stop now. / Stop now, please. / Stop here, please.

(93) Clean up your desk / the classroom, please.

(94) It's clean-up time. / Tidy up your desk / the classroom.

(95) Put your things away. / Clean off your desk. / Pick up the scraps.

(96) Clean the blackboard.

(97) Plug in the tape-recorder, please.

(98) Put the tape-recorder away.

(99) Put the tape in its box / cassette.

(100) Listen and repeat.

(101) Look and listen.

(102) Follow the words.
(103) Help each other, please.
(104) Fast. / Quickly! / Be quick, please.
(105) Hurry! / Hurry up, please.
(106) Slow down, please.
(107) Slowly.
(108) Bring me some chalk, please.

10. 禁止和警告 (Prohibition and warning)

(109) Stop talking. / Stop talking now, please.
(110) Don't talk. / Everybody quiet, please.
(111) Don't be silly.
(112) Settle down.

11. 评价(Evaluation)

(113) Good, thank you.
(114) Good! / Very good. / Good job. / Good work. / Excellent. / Great! / Well done.
(115) Let's clap hands for Tom.
(116) I like the way you ...
(117) That's interesting! / That's better.
(118) Don't worry about it. / No problem. / Come on, Tom. / Take it easy.
(119) You're getting better every day. / Keep it up.
(120) I don't think so.
(121) That's not quite right, any other answers? / That's close. / That's almost right.
(122) Not quite, can anyone help him / her? / Try again.
(123) A good try.

12. 布置作业 (Setting homework)

(124) For today's homework ...
(125) Practise after class. / Practise at home.
(126) Say it out loud, before you write it down.
(127) Copy / Print / Write each word twice.
(128) Remember (Memorize) these words / sentences.
(129) Learn these words / these sentences / this text by heart.
(130) Do your homework. / Do the next lesson. / Do the new work.

13. 下课 (Dismissing the class)

(131) Hand in your workbooks, please.
(132) Time is up.
(133) The bell is ringing.

(134) There's the bell.

(135) There goes the bell.

(136) Let's stop here.

(137) That's all for today.

(138) Class is over.

(139) Goodbye. / Bye. / See you next time.